Carsten Sebastian Henn

Die letzte Praline

PIPER

Zu diesem Buch

Brügge, die Stadt, in der selbst das mittelalterliche Mauerwerk nach Kakao zu duften scheint, lädt unter dem Motto »Köstlicher Wein und göttliche Schokolade« zur Weltmeisterschaft der Chocolatiers. Doch noch bevor die erste Ganache angerührt wird, macht der belgische Teilnehmer einen grausigen Fund: Eine junge Frau wurde ermordet, ihr lebloser Körper vom Scheitel bis zur Fußsohle mit Schokolade überzogen. Kulinaristik-Professor Adalbert Bietigheim, der als Juryvorsitzender des Wettbewerbs nach Brügge gereist ist, stellt Nachforschungen an und findet schon bald heraus, dass einer der Chocolatiers der Mörder sein muss. Wird Bietigheim ihn rechtzeitig ausfindig machen können, bevor er selbst als überlebensgroßes Praliné endet?

Carsten Sebastian Henn, geboren 1973 in Köln, ist Schriftsteller, Weinjournalist und Restaurantkritiker. Er ist Besitzer eines Riesling-Weinbergs in St. Aldegund an der Mosel und ständig auf der Suche nach neuen Gaumenfreuden. Seine Bücher verkauften sich bereits über 450 000 Mal und standen mehrfach auf den Bestsellerlisten. »Die letzte Praline« ist der dritte Fall für den ermittelnden Kulinaristikprofessor Adalbert Bietigheim und seinen Kompagnon Pit Kossitzke.

Carsten Sebastian Henn

Die letzte Praline

Ein kulinarischer Krimi

Piper München Zürich

Mehr über unsere Autoren und Bücher:
www.piper.de

Von Carsten Sebastian Henn liegen vor:
Die letzte Reifung
Der letzte Aufguss
Die letzte Praline
Der letzte Whisky (Pendo)
Gran Reserva

MIX
Papier aus verantwortungsvollen Quellen
FSC® C083411
FSC
www.fsc.org

Ungekürzte Taschenbuchausgabe
Januar 2015

erschienen im Verlagsprogramm Pendo
Umschlaggestaltung: Mediabureau Di Stefano, Berlin,
unter Verwendung einer Illustration von Oliver Wetter
Satz: seitenweise, Tübingen
Gesetzt aus der Scala
Papier: Munken Print von Arctic Paper Munkedals AB, Schweden
Druck und Bindung: CPI books GmbH, Leck
Printed in Germany ISBN 978-3-492-30602-7

Für Frederick und Charlotte, die jetzt schon mehr Nutella gegessen haben als ich in meinem ganzen Leben.

»Das Leben ist wie eine Schachtel Pralinen,
man weiß nie, was man kriegt.«

Forrest Gump

KAPITEL 1

Das Leben ist wie eine Schachtel Pralinen …

… nämlich viel zu schnell zu Ende.

Die Dampflok hielt schnaubend und mit quietschenden Bremsen im Bahnhof der westflandrischen Stadt Brügge, der wie eine Insel des Lichts im Dunkel der herbstlichen Nacht aufgetaucht war.

Natürlich dampfte der Zug nicht, schließlich war dies das 21. Jahrhundert, doch für Prof. Dr. Dr. Adalbert Bietigheim, Inhaber von Deutschlands einzigem Lehrstuhl für Kulinaristik, fühlte es sich so an. Schließlich strahlte Brügge Tradition und Historie aus, wie eine gute Tasse Tee Wärme und Wohlgefühl. Gerade war ihm allerdings nicht nach Tee, und das wollte wirklich etwas heißen. Gerade war ihm nach Zorn, gerechtem Zorn. Kaum aus dem Zugabteil gestiegen, ging Adalbert forschen Schrittes zur Lok, seinen Foxterrier Benno von Saber ungestüm bellend im Schlepptau. Mit dem goldenen Knauf seines Gehstocks pochte er erbost an die Scheibe des Führerhauses. Das Fenster wurde zur Seite geschoben.

Von einem mampfenden Mann, eine Tasse heißen Tee in der Hand – Bietigheim erschnupperte eine Feld-Wald-und-Wiesen-Schwarzteebeutelmischung. So einer war das also.

»Goedenavond«, grüßte der Mampfer ihn.

Belgisch, oder korrekter das belgische Niederländisch, war eine von Bietigheims leichtesten Übungen. Eng verwandt mit dem Niederdeutschen, seiner Meinung nach eine rustikale Unterform. Passte zu dem Burschen.

»Anderthalb Stunden zu spät! Für solch eine läppische Strecke! Jetzt ist es mitten in der Nacht, schon nach elf Uhr. Denken Sie, ich habe meine Zeit gestohlen?«

»Nein.«

»Habe ich auch nicht. Da hätte ich ja zu Fuß von Hamburg aus kommen können!«

»Bestimmt ein schöner Spaziergang.«

»Jetzt werden Sie mal nicht frech!«

Der Lokführer biss in eine Stulle. »Zurzeit werde ich nur satt.« Er lehnte sich hinaus und bot Bietigheim seinen Tee an. »Auch einen Bissen? Oder einen Schluck? Ist gut für die Nerven, irre gesund.«

»Erzählen Sie mir nichts über Tee! Ich bin Professor Dr. Dr. Adalbert Bietigheim!«

»Sie kommen mir irgendwie bekannt vor. Sind Sie nicht Fernsehkoch?«

»Professor!«

»Ich hab Sie mal irgendwo gesehen – da waren Sie aber viel netter.«

»Das kann nicht sein. Ich bin nicht nett. Ich bin Gelehrter!«

Der Lokführer nahm noch einen Schluck und lächelte zufrieden. »Genießen Sie den Abend. Ist es nicht ein wundervoller Abend? So warm, und die Sterne. Herrlich. Ich fahre jetzt nach Hause zu meiner Frau und lege die Füße hoch. Und morgen beginnt die Weltmeisterschaft der Chocolatiers. Die sollten Sie sich anschauen, Schokolade ist nämlich auch gut für die Nerven.«

Er schloss das Fenster und wandte sich ab.

Adalbert schlug noch einige Male mit seinem Spazierstock dagegen, doch es wurde nicht mehr geöffnet.

Die Nacht funkelte sternenklar über ihm, und der Wind blies eine angenehm kühle, salzige Brise von der nahen Nordseeküste über die Bahngleise. Brügge meinte es gut mit Bietigheim. Seinen ledernen Koffer in der Hand, wandte er sich von der Lok ab und machte sich auf den Weg zum Hotel. Wie immer trug er einen Maßanzug von einem der besten Schneider der Londoner Einkaufsstraße Savile Row sowie handgenähte Budapester Schuhe aus Vigevano. Seine rote Seidenfliege lockerte er für den Spaziergang nur wenige Millimeter. Nur eine Viertelstunde zu Fuß, für einen Hamburger ein Klacks. Womit Adalbert Bietigheim jedoch nicht gerechnet hatte, war, dass es zwar nur ein kurzes Stück Weg, doch eine Reise in der Zeit war. Je näher er dem mittelalterlichen Zentrum der Stadt kam, das von der UNESCO zum Weltkulturerbe erklärt worden war, desto mehr wurde die Uhr zurückgedreht, um Jahre, Jahrzehnte, Jahrhunderte. Brügge war fraglos das größte Freilichtmuseum Belgiens. Die Altstadt war von Wallanlagen mit Windmühlen und Kanälen umgeben, die von keinem Krieg und durch keinen großen Brand zerstört worden waren.

Jetzt, kurz vor Mitternacht, waren nur ganz vereinzelt Menschen unterwegs, Brügge war eine Stadt der Schatten und, mehr noch, der Dunkelheit, die sich in den engen Gassen wohlfühlte und Passanten auflauerte. Es hätte nur noch gefehlt, dass Bodennebel durch die Stadt kroch, doch auch so spürte Benno von Saber die unheimliche Stimmung und hielt sich nahe bei Adalbert Bietigheim, als sie über das Kopfsteinpflaster gingen.

Als Bietigheim in die Lendestraat einbog, gingen plötzlich sämtliche Lichter aus. Stromausfall. Das passierte wohl öfter. Ohne elektrischen Strom war die Illusion perfekt: Er befand sich im Mittelalter. Im wortwörtlich dunklen Mittelalter, in dem das Funkeln der Sterne und das Leuchten des Mondes um so vieles heller erschienen. Schon nach kurzer Zeit flackerte Kerzenlicht in einigen Häusern auf. Hier war man anscheinend gut vorbereitet.

Der salzige Geruch der Nordsee war innerhalb der alten Befestigungsanlagen kaum mehr wahrzunehmen, stattdessen schien es, als habe sich der Duft von Schokolade tief in das Mauerwerk geprägt, welches nun eine süßliche Note verströmte.

Adalbert war nicht überrascht, als plötzlich ein Nachtwächter mit weitem Umhang, Schlapphut, Signalhorn, Hellebarde und Laterne um die Ecke bog. Viel mehr verwunderte ihn die neumodisch gekleidete Gruppe hinter diesem.

»Guten Abend, Herr Professor.« Der Nachtwächter zog den Hut und verbeugte sich tief.

Verdutzt nickte Adalbert. Kannte er den Mann? Nun ja, dieser kannte zumindest ihn. Merkwürdig.

Bietigheim ging weiter, seine Schritte hallten durch die menschenleeren Gassen, bis endlich der Grote Markt mit dem stolzen Belfried an der Südseite vor ihm auftauchte. Es war zweifellos einer der schönsten Plätze Europas, 110 Meter lang und 68 Meter breit, neun Straßen trafen auf ihn, wie Adern in ein pumpendes Herz. Auf der Westseite stand das Haus Craenenburg mit dem gleichnamigen Café, die Ostseite des Marktes prägte das neogotische Provinzialratsgebäude mit der Wohnung des Gouverneurs von Westflandern, und die Nordseite schließlich bot wundervoll farbige, alte Zunfthäuser – und fast in jedem ein Restaurant.

Plötzlich war der Spuk vorbei, und mit einem Schlag gingen die Lichter wieder an. Adalbert schirmte seine Augen gegen den Schein der Straßenlaterne über ihm ab. Ein junges Pärchen schlenderte auf den Professor zu, er hatte seinen Arm um sie gelegt, das leichte Torkeln deutete auf übermäßigen Alkoholkonsum hin, vermutlich belgisches Bier. Der junge Mann hatte einen Glatzkopf und trug trotz der Kühle der Nacht nur ein Harley-Davidson-T-Shirt, sie ein Pailettenkleid – und sie sang. Adalbert konnte sich verhört haben, aber es klang wie »smakelijk chocolade, verleidelijk chocolade« – leckere Schokolade, verführerische Schokolade. Und obwohl ihre Stimme auch ganz leicht torkelte, klang sie wunderschön und ließ das düstere Brügge sogleich viel heimeliger erscheinen.

»Guten Abend, Professor Bietigheim. Schön, dass Sie da sind!«, sagte der Mann.

»Und das ist der kleine Benno von Saber«, ergänzte die junge Frau, bevor sie sich hinkniete und den Foxterrier am Köpfchen kraulte. »Du bist ja so ein süßer kleiner Teufel.«

Sie hatte lange braune Haare und ein sehr hübsches, ein wenig puppenhaftes Gesicht mit ausdrucksstarken Augen. Ihre Haut war leicht gebräunt – fast wie Vollmilchschokolade.

Ihr Begleiter rief plötzlich in Richtung des Platzes: »Er ist hier! Der Professor ist hier!«

Aus den dunklen Ecken lösten sich Gestalten, und plötzlich war Adalbert Bietigheim von gut zwanzig Menschen umringt, die ihn willkommen hießen.

»Wir freuen uns so, Sie zu sehen!«, sagte eine ältere Frau, die ihrer gemütlichen Körperfülle zufolge jeden Tag einen Klotz Butter, dick mit Margarine bestrichen und Sahne besprüht, aß, umarmte Adalbert und drückte ihm einen feuchten Kuss auf die Wange. Ja, gab es denn so was!? Was sollte dieser Rummel? Hatte sich etwa seine Aufklärung der Teemordserie bis nach Brügge herumgesprochen oder dass er es war, der das Rätsel um den Käsemörder im Burgund gelöst hatte? Oder hatten sie alle seine bahnbrechende Abhandlung über »Belgisches Bier – Vom Brauen als Kunst und Resteverwertung von Obst« gelesen? Wie auch immer, verdient hatte er diese Bewunderung mit Sicherheit. Und mehr als das! Aber diese Knutscherei musste trotzdem nicht sein.

Bietigheim löste sich aus der Umarmung, zog den ebenfalls heftig beschmusten Benno zu sich und ging über den beeindruckenden Marktplatz Brügges in Richtung Belfried.

Dann sah er es.

Vor dem Rathaus hing ein riesiges Banner zur »Weltmeisterschaft der Chocolatiers« mit dem Konterfei des Vorsitzenden der internationalen Jury: ihm selbst. Gezeichnet als Comicfigur, die gütig lächelnd in eine Tafel Schokolade biss. Wie ein netter Onkel, der den Kinderchen Süßes schenkt. Daneben Benno von Saber mit Kochmütze mit Kochlöffel in der Pfote. Solch eine Verdrehung der Tatsachen! Schokolade war doch nicht zum Vergnügen da! Und dies war immerhin eine Weltmeisterschaft, also eine ernst zu nehmende Angelegenheit! Fast schon eine Art Krieg. Statt Waffen schwangen die Gegner Schneebesen, statt mit Patronen erledigten sie den Gegner mit Kakaobutter, aber ansonsten: völlig gleich.

Adalbert Bietigheim dampfte innerlich. Und dann dampfte er ab zum Hotel, schnellsten Schrittes, niemanden, der ihn erkannte, eines Blickes würdigend.

Das »Relais Bourgondisch Cruyce« lag in der Wollestraat und galt als erstes Haus am Platz. Eine echte Schönheit. Das kleine, alte Luxushotel war direkt an einen der Kanäle gebaut, die die Stadt durchzogen. Sie wurden Reien genannt, wegen des im Mittelalter kanalisierten Flüsschens Reie, auf dem die Waren zum Meeresarm Het Zwin transportiert worden waren. Das Hotel war eines der ältesten Gebäude Brügges, seine hölzerne Front eines der meistfotografierten Motive der Stadt.

Adalbert hielt Benno die Tür auf und schlug mit solch einer Kraft auf die Tischglocke, dass sie eigentlich in dem Tresen hätte versinken müssen.

»Professor Bietigheim ist eingetroffen und wünscht, auf sein Zimmer gelassen zu werden!«, verkündete er lautstark. »Sein getreuer Hund ist ebenfalls im Hotel!« Er warf Benno einen stolzen Blick zu, während dieser sich ausgiebig am Ohr kratzte.

»Oh, Sie sind es! Herzlich willkommen im ›Relais Bourgondisch Cruyce‹. Wir freuen uns sehr, dass Sie hier sind.«

»Ich mich auch. Denn der Tag war lang, und ich möchte

möglichst schnell nächtigen. Die Schlüssel bitte.« Er streckte die Handfläche auffordernd über den Tresen.

Die junge, rotlockige Rezeptionistin legte ein Anmeldeformular hinein. »Das Chocomuseum hat ein sehr schönes Zimmer für Sie reservieren lassen.«

»Welche Kategorie?«, fragte Adalbert, während er das Formular akribisch mit seinem Füllfederhalter ausfüllte.

»De luxe.«

»Ich darf annehmen, dass dies die höchste ist?«

»Äh ... nun ja, eigentlich nicht.«

»Dann erhöhen Sie. Geben Sie mir Ihr schönstes freies Zimmer. Der Veranstalter zahlt.«

»Wir hätten aber nur noch eine Suite mit Marmorbadezimmer, ›Rouge Royal‹, für 450 Euro die Nacht.«

»Gerade gut genug.« Er pustete über die Tinte und reichte das Formular zurück.

Endlich übergab sie ihm den Schlüssel.

Forsch schloss Bietigheim die Suite auf, Benno rannte als Erster hinein und bellte vorsorglich in alle Ecken. Hm, ja, sah aus wie bei Königs zu Hause. Himmelbett, Stilmöbel, Ralph-Lauren-Bettwäsche, es lag sogar eine ganze Tafel Edelschokolade auf dem spitzenbedeckten Kopfkissen. Es war die Schokolade zur Weltmeisterschaft, und da deren Thema »Schokolade & Wein« lautete, war sie auf Bietigheims Wunsch hin mit moselanischem Riesling aus St. Aldegund angereichert worden. Er brach sich flugs einen Riegel ab und ließ ihn mit geschlossenen Augen am Gaumen schmelzen. Wundervoll! Nichts war besser für die Seele. Die Lieblingsspeise der Schlaraffen.

Adalbert ließ Benno etwas Wasser in einen mitgebrachten goldenen Napf ein, sortierte penibel seine Kleidung in dic Schränke, stellte seine handgefertigten Lederschuhe ordentlich nebeneinander vor die Tür zum Wienern, glättete mit dem Reisebügeleisen seine – passend zum Anlass –

vollmilchschokoladenbraun gepunktete Fliege, zog sein knielanges Nachthemd an – ein Familienerbstück seines Großvaters – und öffnete das Fenster, um hinaus auf den Kanal zu blicken. Tief atmete er die kühle Nachtluft Brügges ein, während Benno sich neben ihm auf die Hinterläufe stellte, die Pfoten auf das Fensterbrett und seine Nase in den leichten Wind streckte.

Morgen würde die Weltmeisterschaft der Chocolatiers mit der Vorstellung der für die Endausscheidung nominierten Top Ten im Schokoladenmuseum der Stadt beginnen. Noch sah hier alles ganz friedlich aus – das würde sich bald ändern.

Ein einsames Ruderboot glitt völlig unbeleuchtet durch den Kanal vor seinem Fenster, ganz eng ans Ufer gedrückt, wo es nicht auffiel. Der Ruderer machte kaum Geräusche – und ließ langsam etwas ins schwarze Nass gleiten, das sofort versank, bevor er selbst wieder in den Schatten der Stadt verschwand.

Müllentsorgung auf Belgisch, dachte Bietigheim.

Bestimmt eine jahrhundertealte Tradition.

Das Glockenspiel des Belfried weckte Adalbert Bietigheim um sechs Uhr früh sanft aus seinen Träumen. Zu seinen Füßen hatte Benno sich auf den Rücken gedreht, seine Beine zuckten, er jagte wohl Kaninchen oder seinen eigenen Stummelschwanz. Adalbert nahm eine kalte Dusche, seifte dabei die Körperteile in der korrekten Reihenfolge ein, kleidete sich an und begab sich zum Frühstück. Er beanspruchte selbstverständlich den schönsten Platz am Fenster mit Blick auf den Kanal, obwohl dieser eigentlich für einen Stammgast reserviert war, und setzte zudem durch, dass Benno von Saber auf dem Stuhl neben ihm Platz nehmen durfte. Keine Widerrede! Die Zeitung wurde ihm – wie gewünscht gebügelt – an den Tisch gebracht.

»De Standaard« berichtete auf der Titelseite über die

Weltmeisterschaft – obwohl die Regierung mal wieder kriselte und die Flamen ihre Unabhängigkeit lautstark forderten. Aber Schokolade ging in Belgien nun mal vor. Auf der Titelseite: die Chocofee, neue Galionsfigur des Schokoladenmuseums und nun auch der Weltmeisterschaft. Sie trug ein Kostüm, für den der Ausdruck ›Hauch von Nichts‹ erfunden worden war. Ein schulterfreies Negligé aus weißer, fast völlig transparenter Seide, mit Spitzenbesatz in Blütenform am oberen Ende, das von braunen Lederriemen auf ihrem schönen Körper gehalten wurde. Der Stoff gab alles darunter preis – auch dass es darunter kaum weiteren Stoff gab. In ihrem voluminös toupierten braunen Haar steckten unzählige Kakaoblüten, die aussahen wie rosa-weiße Lilien. Auf ihrer Brust eine weitere große Kakaoblüte sowie eine Brosche mit zwei Astern, als Armreifen Rosen und um die Hüfte ein Band aus Orchideen. Das Gesicht … es kam ihm bekannt vor … puppenhaft schön … das war doch … aber ja … tatsächlich! Die junge Frau vom Vorabend! Die Sängerin, welche Benno gleich so ins Herz geschlossen hatte.

Dem Bericht zufolge würde sie heute die Vorstellung der zehn besten Chocolatiers der Welt übernehmen. Die Teilnehmer waren schon seit einer Woche hier, hatten Zeit gehabt, sich aneinander zu gewöhnen, ans Englische, das während der Weltmeisterschaft von allen gesprochen werden musste, und alle ihre zum Teil exotischen Zutaten zu organisieren. Adalbert würde sich gleich auf den Weg zum Schokoladenmuseum machen – aber erst nach einem ausgiebigen Frühstück, bei dem nicht gehetzt wurde, sonst konnte man es auch gleich sein lassen.

Der Ort des offiziellen Startschusses, das Schokoladenmuseum, lag in der Wijnzakstraat 2 am Sint-Jansplein, einem Platz im Stadtzentrum. Es war nicht zu übersehen. Für ein Gebäude dieses Alters – errichtet worden war es im Jahr 1480 – war seine vierstöckige Bauweise in Brügge eine echte Seltenheit. Bietigheim hatte sich selbstverständlich im Vorfeld informiert, weshalb er wusste, dass hier einst eine Weinstube existiert hatte, die Fässer lagerte und weiterverkaufte – wie passend.

Ein roter Teppich war bereits vor dem Eingang ausgerollt worden, und eine flämische Musikkapelle in Tracht stand daneben und rauchte Zigaretten, als gelte es, den gesamten Platz einzunebeln. In den Rauch trat eine Frau wie eine Erscheinung. Ach was, keine Frau, ein Weib! Eine Matrone, eine ... Walküre! Blond gelocktes Haar, breite Schultern, ein imposanter Busen, eine herrische Haltung. Sie trug zwar ein rotes Brokatkleid, das aussah wie eine Gardine, doch sie trug es wie ein Kettenhemd. Sie breitete die Arme aus und schloss Adalbert in dieselben, drückte ihm Küsse mit der Wucht von Backpfeifen auf die Wangen und stellte sich erst danach vor. Es war Josephine-Charlotte Baels, die Organisatorin, die Gastgeberin, die Herrin der Weltmeisterschaft. Belgiens erste Dame der Schokolade, Gründerin des Museums, eine direkte Nachfahrin von Jean Neuhaus, der 1912 im Keller seiner Brüsseler Apotheke Creme in eine Schokoladenhülle füllte – und damit die belgische Praline erfand. Diese Frau war fleischgewordene Schokoladengeschichte.

»Treten Sie ein in die gute Stube. Aber putzen Sie sich vorher bitte die Schuhe ab!«

Eine Frau, die Wert auf Sauberkeit legte, war eine Frau nach Adalberts Geschmack!

Doch als er eintreten wollte, hinderte ihn einer der livrierten Lakaien daran und blickte streng auf Benno. »Hunde sind im Museum nicht erlaubt.«

»Das ist kein Hund, das ist Benno von Saber. Sein Stammbaum ist länger und edler als der Ihrige. Er ist mein Personal Assistant und weiß sich sehr wohl zu benehmen.« Ohne den Hanswurst eines weiteren Blickes zu würdigen, marschierte Adalbert hinein, Personal Assistant Benno mit stolz erhobenem Kopf an seiner Seite.

Die Grandezza des alten Hauses war unübersehbar, doch es war viel kleiner und enger als erwartet, verschachtelt und verwinkelt, wie die Altstadt Brügges. Die Walküre nahm seine Hand und führte ihn das Treppenhaus empor.

»Gestern gab es bereits eine kleine Zusammenkunft der Top Ten, ein letztes Mal unbeschwert zusammen sein, bevor der Wettkampf startet. Es ging bis spät in die Nacht, unsere bezaubernde Chocofee war auch zugegen, und einige lokale Berühmtheiten durften natürlich ebenfalls nicht fehlen. Wie schade, dass Sie nicht dabei waren!«

»Professionelle Distanz«, antwortete Bietigheim. »Man darf sich mit den Wettbewerbern nicht gemein machen, schließlich muss man sie bewerten und kritisieren. Ich bin ihr Richter – und für einige der Henker.«

Madame Baels lächelte. »Oh, là, là, Professor Bietigheim. Das soll hier doch kein Schlachtfest werden!«

»Obwohl der Schotte Edward Macallan einige seiner Pralinen mit Blut anrührt.«

»Hören Sie mir bloß auf mit Macallan! Solch ein Krawallbruder!«

Sie führte ihn lautstark durch die verschiedenen Etagen des Museums, in denen Herstellung und Historie der Schokolade ausführlich dargestellt wurden. Es gab sogar einen künstlichen Kakaobaum. Eine ganze Horde Putzfrauen war unterwegs, um alles auf Hochglanz zu polieren und die Spuren der nächtlichen Feier zu beseitigen – Madame Baels trieb sie mit harschem Ton an. Bietigheim dagegen schenkte die Herrin des Hauses ihr süßestes Lächeln. »Sie sehen, hier oben ist bereits alles très chic, nur in unserer Versuchsküche müssen die Damen noch ordentlich ran, da muss natürlich auch alles tippitoppi sein!« Den letzten Teil des Satzes sagte sie so laut, dass die Putzfrauen ihn nicht überhören konnten. Auch nicht die Putzfrauen aus dem Nachbarhaus.

»Haben Sie schon die Wettquoten gesehen?«

»Die … was haben Sie gesagt, Gnädigste?«

»In England bei den Buchmachern ist Urs Egeli, der Schweizer Chocolatiermeister, haushoher Favorit. Pierre Cloizel aus Frankreich folgt dahinter und mit etwas Abstand Edward Macallan. Wunschdenken, wenn Sie mich fragen. Macallan ist bloß ein verrückter Außenseiter, Egeli dagegen ein Großmeister, und Cloizel will die Krone unbedingt, ohne Frage. Und er hat immerhin ein französisches Schokoladenimperium hinter sich.«

»Ich weiß nicht, ob Sie es wussten, aber einst waren es die Spanier, welche die Schokolade nach Frankreich brachten«, setzte Adalbert an, der diese überwältigende Frau von Anfang an mit seinem Wissen zu überwältigen gedachte. »Es war 1615, als die spanische Infantin Anne von Österreich den französischen König Ludwig XIII. ehelichte. Erst dank ihr fand die Schokolade den Weg vom spanischen Königshof, wo sie schon Mode war, in die Grande Nation. Im Jahre 1659 ...«

»... wurde dann ein Königliches Privileg für den Vertrieb einer ›Komposition, die sich Schokolade nennt, als Getränk, Pastillen oder in Dosen‹ an den Franzosen David Chaillon ausgestellt. Wie könnte ich dies nicht wissen, mein lieber Professor Bietigheim?«

Zunder und Donner, was für ein Weib. Schön und klug!

»Wissen Sie denn, dass auch Ludwig XIV. eine spanische Königstochter ...«

»... ehelichte? Natürlich. Maria-Theresia. Durch sie wurde Schokolade in Versailles erst richtig en vogue. Dreimal die Woche wurde Kakao serviert. Die kleine Küstenstadt Bayonne wurde aufgrund von Juden, die vor der Inquisition nach Frankreich flohen, zum Zentrum der Schokoladenwelt, und 1780 ...«

»... wurde dort die erste mechanisierte Schokoladenfabrik errichtet! Potztausend. Sie sind eine Frau ganz nach meinem Geschmack, wenn ich das sagen darf.«

»Aber immer gern.« Sie lächelte verschmitzt und hakte

sich bei ihm ein. »Und nun kommen wir in den inspiriertesten Teil unserer Ausstellung. Kunst aus Schokolade! Ihnen werden die Augen übergehen – auch weil Sie unbändigen Appetit bekommen werden.«

Benno sah sich um – Appetit hatte er augenscheinlich jetzt schon. Die Frage war nur, in welche Schokolade er zuerst beißen sollte. Sein Köpfchen schoss ständig von einer zur anderen Seite.

Die hohen Decken und die weißen Wände des großen Raums wirkten majestätisch und bildeten den perfekten Rahmen. Ein großes, mannshohes Schokoei mit Schleife kündete von der Eröffnung des Museums 2004, doch was folgte, waren keine Weihnachtsmänner und Osterhasen, sondern wahre Kunstwerke. Die Skulpturen waren teils sehr realistisch, teils abstrakt und erinnerten an Rodin, Giacometti oder Henry Moore. Für Adalberts Geschmack alles viel zu modern.

Eine junge Frau lief aufgeregt hinein. Sie trug ein schokoladenbraunes Etuikleid, schokoladenbraune Ballerinas, ihre Haare waren dunkel wie hundertprozentige Schokolade, und ihre Zähne waren ... blendend weiß. Ihr Namensschild wies sie als Mareijke Dovendaan aus.

»Madame Baels! Unsere Chocofee ist nirgends zu finden. Dabei sollte Bea schon seit einer Stunde hier sein. Und sonst ist sie immer pünktlich. Wir müssen ihr doch noch das Kostüm anziehen und sie schminken, das schaffen wir schon gar nicht mehr vor der Pressekonferenz!«

»Haben Sie versucht, Bea auf dem Telefon zu erreichen?«

»Natürlich, Madame Baels. Seit einer Stunde, Festnetz und Handy. Habe auch bei ihren Eltern angerufen und in dem Studio, wo sie ihr Album aufnimmt. Sie ist nirgendwo. Und keiner weiß was.«

Madame Baels tststste. Und wie sie das machte. Laut und vorwurfsvoll, wie es nur die Besten hinbekamen. Dann musterte sie ihre Mitarbeiterin. »In diesem Fall ziehen Sie halt das Kostüm an. Hopphopp!«

»Aber wir haben Bea angekündigt! Und sie sollte doch das Lied zur Weltmeisterschaft singen.«

»Playback!«

Professor Adalbert Bietigheim tippte Madame Baels sachte auf die Schulter, doch diese reagierte nicht.

»Aber es gibt doch auch ein Fotoshooting neben ihrer Schokoladenskulptur. Da fällt auf, dass ich nicht sie bin.«

»Abgesagt!«

Bietigheim versuchte es abermals, diesmal fester, denn er hatte etwas entdeckt. Es war groß. Und ziegenkäseweiß.

»Und sie sollte sich ins Goldene Buch der Stadt eintragen!«

»Meinetwegen fälschen Sie die Unterschrift, merkt sowieso kein Mensch.«

Bietigheim griff nun zu drastischeren Maßnahmen. Er schüttelte Madame Baels an der Schulter.

Endlich drehte sie sich um. Ihr Blick herrisch, wie der einer nordischen Göttin.

Bietigheim schmolz dahin wie Schokolade im Hochsommer.

»Ich bin mir ja nicht sicher«, begann er, »also nicht völlig. Aber ich glaube, dass dieser Mann hier, nun ja, dass er, wie soll ich es sagen, normalerweise anders aussieht. Gesünder.«

Im Raum war ein Mann aufgetaucht. Eine Bergkette von einem Mann. Mindestens Alpen, vielleicht sogar Himalaja. Beim heiteren Beruferaten hätte bei ihm niemand auf Chocolatier getippt, eher auf Mammutmetzger. Doch es war, wie Bietigheim wusste, Franky van der Elst, der belgische Kandidat. Seine blasse Haut war stets gerötet, seine Schweinsäuglein leicht glasig. Er hatte ungefähr die Ausmaße von Bietigheims altem Freund, dem Rocker Pit Kossitzke, doch bei diesem lagen mächtige Muskeln unter dem

Speckmantel, wogegen bei van der Elst vor allem eines unter dem Speck lag: noch mehr Speck.

Van der Elst war blass. Wo auch immer sein Blut steckte, es war nicht zu sehen. Er zeigte in Richtung der Demonstrationschocolaterie, in welcher vor den Augen der Besucher und geschützt durch eine deckenhohe Plexiglasscheibe Pralinen und Schokoladen erzeugt werden konnten.

»Die Skulptur«, stotterte er. »Die gehört da nicht hin.«

»Mein lieber van der Elst«, erwiderte Madame Baels genervt. »Skulptur hin oder her, wir haben gerade ganz andere Sorgen.«

Bietigheim blickte um die Ecke in die Chocolaterie und ging ein paar Schritte näher. Er schreckte zurück. Dann machte er eiligst kehrt und ergriff Madame Baels' Hand. Sie war groß, fleischig und mit festem Griff. Atemberaubend, diese Frau! Nur widerwillig ließ sie sich mitziehen.

»Diese Skulptur, von der Mijnheer van der Elst spricht … also, sie ist wohl gar keine. Nicht im eigentlichen Sinne.«

Er zog Madame Baels vor die Plexiglasfront.

»Was reden Sie denn da, Herr Professor? Fangen Sie nicht auch noch …«

Doch weiter kam sie nicht, denn ein Schrei aus der Kehle Mareijke Dovendaans zerriss die Luft. Und sie hörte erst auf zu schreien, als Madame Baels ihr eine scheuerte.

Erst danach erblickte die Museumsleiterin den Grund des Schreckens und verhinderte nur durch beherztes Pressen der Hand auf ihren Mund eine ähnlich lautstarke Gefühlsäußerung.

Auf der riesigen Marmorplatte der Chocolaterie, auf welcher sonst die Schokoladenmasse bewegt wurde, um sie kontrolliert und gleichmäßig abzukühlen, lag etwas definitiv Abgekühltes. Eine tote Frau. Sie war nackt, soweit man dies sagen konnte, da ihr ganzer Körper, auch ihr Gesicht und ihre Haare, von Schokolade überzogen waren. Ihr Mund stand offen und war bis zu den Lippen mit Kuvertüre gefüllt worden.

»Sechzigprozentige Madagaskar-Kuvertüre von *Walrhano*, würde ich meinen«, sagte Bietigheim, der den besonderen Farbton sofort wiedererkannt hatte. »Gehe ich recht in der Annahme, dass wir die Chocofee hiermit gefunden haben?«

»Absolut, Professor«, sagte Madame Baels, um Atem ringend.

Dann fiel sie in Ohnmacht.

Adalbert dachte darüber nach, wie sich ein Raum veränderte, sobald ein Toter darin lag, wie es merkwürdig ruhig wurde, die Welt lauernd und gefahrvoll wirkte, einer sich langsam schließenden Wolfsfalle gleich.

Es war van der Elst, der als Erster die Worte wiederfand. »Wie bei Goldfinger«, sagte er stotternd. »Sie ist mit Schokolade statt Gold erstickt worden. Ihr Körper konnte nicht mehr atmen.« Van der Elst sprach damit aus, was alle dachten. Die tote Chocofee sah aus wie Goldfingers Gespielin Jill Masterson, die von James Bond komplett vergoldet und komplett tot in ihrem Hotelzimmer aufgefunden wird. Die schönste Leiche der Filmgeschichte.

Und Beatrice Reekmans, die Chocofee, war fraglos die schönste Leiche, die Adalbert Bietigheim je gesehen hatte. Und er hatte in seinem Leben bereits mehr Leichen gesehen als geplant.

Doch diese hinter der Plexiglaswand wollte er unbedingt genauer in Augenschein nehmen. In seinem Kopf tauchten Fragen auf wie Bläschen in frisch eingeschenktem Champagner.

»Ist Madame Baels im Besitz des Schlüssels für die Glastür?«

Mareijke Dovendaan nickte und holte ihn aus der Sakkotasche ihrer immer noch bewusstlosen Chefin, deren Kopf sie auf ihre Jacke gebettet hatte. Während Adalbert die Tür öffnete, instruierte er van der Elst, die Polizei zu rufen. Er selbst besaß aus Überzeugung keines dieser neumodischen tragbaren Telefone. Er leistete sich mit größtem Vergnügen den Luxus, nicht jederzeit für Krethi und Plethi erreichbar zu sein.

Der schwere, wärmende Duft der Schokolade schlug ihm verheißungsvoll entgegen – kein Wunder bei der Menge, die sich auf Beatrice Reekmans sowie dem Fußboden befand. Die junge Frau lag auf dem Rücken, die Beine ausgestreckt, die Arme anliegend. Die dick und gleichmäßig auf dem Körper verteilte Schokolade gab ihre wohlgeformten Proportionen preis. Der Täter musste eine Unmenge erwärmt und über sie gegossen haben. So erschreckend die Situation war, so bedrückend der Tod einer jungen Frau in der Blüte ihres Lebens, in Adalberts Kopf feuerten die wissenschaftlichen Synapsen unbeeindruckt aus allen Rohren – wegen des Glanzes der Schokolade. Oder genauer: wegen des Fehlens von diesem. Beim Abkühlen bildete die Kakaobutter nur dann stabile Kristalle und damit einen samtigen Glanz, wenn es langsam geschah, ansonsten wurde die Schokolade brüchig und matt. Sein Blick wanderte über die braune Masse.

Adalbert ging ganz nah heran, um die Struktur der Schokolade auszumachen.

Doch das Auge verriet ihm nicht alles.

Er blickte sich rasch um. Van der Elst telefonierte, aber wohl nicht mehr mit der Polizei, sondern mit seiner Frau. Madame Baels kam langsam zu sich, und Mareijke Dovendaan blickte hektisch abwechselnd auf das Ziffernblatt ihrer Uhr und in Madame Baels' Gesicht, dem sie mit einem Museumsprospekt Luft zufächelte.

Niemand sah zu ihm. Da drückte er fest auf den Ellbogen

der Toten und brach ein Stück Schokolade heraus. Noch immer achtete keiner auf ihn.

Er biss in das Stück abgebrochene Schokolade.

Die Erhitzung war fraglos korrekt gelaufen, aber die Abkühlung ... Bietigheim war sich nicht sicher. Er musste noch ein Stück probieren.

»Was haben Sie da in der Hand?«

Die Stimme war es gewohnt, dass ihre Fragen umgehend beantwortet wurden und man ihren Befehlen Folge leistete. Die Stimme war es überhaupt nicht gewohnt, warten zu müssen. »Was haben Sie da in der Hand? Legen Sie es sofort auf den Boden!«

Bietigheim ließ die Schokolade augenblicklich fallen. Selbstverständlich zu seiner rechten Seite, wo Benno von Saber stand, allzeit hungrig.

Und blitzschnell.

Adalbert drehte sich um.

Der Mann hatte seine Dienstwaffe gezogen und auf ihn gerichtet, nicht um zu schießen, sondern nur um zu zeigen, wer die Hosen anhatte. Der Polizist schien einem Film noir entsprungen zu sein. Lässig gekleidet, einer dieser Trenchcoattypen mit fusseligem Vollbart, auf dessen Haut man jede Zigarette, jeden Genever und jede nächtliche Überstunde erkennen konnte wie sechsspurige Autobahnen auf einer Landkarte. »Hauptkommissar Pieter Aspe, Politie Brugge«, stellte er sich vor. »Und wen sollen Sie darstel... Sie sind der Professor, nicht wahr? Dieser lustige Schokoladenonkel?«

Schlimmer hätte er Adalbert nicht beleidigen können.

»Ich bin beileibe kein ...«

»Weg von meiner Leiche, die Spurensicherung trifft jeden Augenblick ein, wahrscheinlich haben Sie schon etliche Spuren verwischt und vernichtet. – Holt mir den Kerl da raus, dann großräumig absperren, ich will hier keinen mehr sehen, der keine Hundemarke trägt. Snel!«, wandte er sich lautstark an zwei Lakaien, die hinter ihm standen. Unsanft beförderten sie Bietigheim hinaus, und kaum dass er sich's versah, bugsierte ihn Mareijke Dovendaan in den großen Saal des Museums, welcher bis auf den letzten Platz von Journalisten, Fotografen und Kamerateams besetzt war.

Bietigheim drehte sich zu der jungen Frau um, die ihn unaufhaltsam in Richtung Bühne schob. »Ist Madame Baels in der Lage, die Weltmeisterschaft abzusagen, oder soll ich diese schmerzhafte Aufgabe übernehmen?«

»Sie wird die richtigen Worte finden.«

Hinter der Bühne hing ein weiteres schreckliches Weltmeisterschaftsplakat, das Adalbert auf einem Schokoladenschwan reitend zeigte, einem *Brugsche Swaentje,* der hiesigen Pralinenspezialität. Benno hatte es sogar noch schlimmer erwischt, er flog auf dem Rücken eines Schokoladenschwans um den Brügger Belfried.

Wenn das seine Hamburger Kollegen sahen! Oder die göttliche Hildegard zu Trömmsen, Hohepriesterin der feinen Hamburger Gesellschaft.

Er würde auf Jahre hinaus mit *Brugsche Swaentje* verspottet werden. Gott sei Dank hatte der Spuk bald ein Ende!

Neben dem Rednerpult stand eine Schokoladenskulptur der toten Beatrice Reekmans in ihrem Kostüm als Chocofee. Die Ähnlichkeit war beängstigend, und Adalbert wurde das Gefühl nicht los, im Inneren stecke eine weitere Leiche. Benno beschnupperte die Skulptur aufgeregt. Hoffentlich hob er nicht das Beinchen.

Madame Baels Turbosanierung war erfolgreich, sie sah wieder aus, als zöge sie gleich in Walhalla ein – allerdings mit etwas zu viel Rouge auf den Wangen. Sie trat ans Mikrofon und räusperte sich, gleichermaßen damenhaft wie kraftvoll. Bärinnen räusperten sich bestimmt so.

»Herzlich willkommen in Brügge, das für eine Woche das Herz der Schokoladenwelt sein wird!«, setzte sie an. Es folgte die Erwähnung von allerlei Honoratioren und Sponsoren, auch Adalbert wurde ausgiebig gewürdigt und von Madame Baels als »Schokoladenpapst« tituliert. Eine gewagte Bezeichnung, wie Adalbert fand, aber inhaltlich nicht unverdient. Selbst Benno wurde erwähnt, als Hund mit der feinsten Trüffelnase – ein doppeldeutiger Witz –, gleichzeitig wurde er quasi zum Maskottchen der Weltmeisterschaft ausgerufen. Dann holte Madame Baels tief Luft, und ihr gewaltiger Brustkorb hob sich, als würden sich Berge aus dem Meer erheben. Jetzt war es also so weit.

»Leider kann unsere bezaubernde Chocofee Beatrice Reekmans heute nicht bei uns sein«, begann die Schirmherrin. »Aber sie hätte sicher gewollt, dass wir uns davon nicht abhalten lassen, die erstmals in Brügge stattfindende Weltmeisterschaft der Chocolatiers heute offiziell zu eröffnen. Und damit darf ich die Wettbewerber auf die Bühne bitten, die zehn besten Chocolatiers der Welt, welche sich in den kontinentalen Vorrunden gegen vielköpfige Konkurrenz durchgesetzt haben. Das Thema der Weltmeisterschaft lautet: Schokolade & Wein – Eine göttliche Verbindung, und sie ist hiermit eröffnet!«

Sie zog es wirklich durch, obwohl gerade erst eine junge Frau ermordet worden war, nur wenige Meter entfernt!

Das Licht wurde gedimmt, dann begann sich an der Decke eine Discokugel zu drehen, die Titelmelodie von »Rocky« dröhnte aus den Boxen, und Madame Baels klang plötzlich wie eine Rummelplatzansagerin.

»Und nun darf ich Ihnen die Wettbewerber vorstellen. Aus Schottland: Edward Macallan, der Jamie Oliver der Chocolatiers!«

Ein junger Mann mit wilder Lokenmähne sprang unter dem Applaus der anwesenden Medienmeute in Bermudashorts, Badelatschen und Surfer-T-Shirt auf die Bühne.

»Aus Österreich Leopold Ribisel, Chef-Patissier im Hotel

Sacher, der Mozart unter den Chocolatiers.« Ein älterer Herr mit buschigen Augenbrauen und perfekt sitzendem Frack ging gesetzten Schrittes neben Macallan und streckte die Arme in Siegerpose empor.

Wer kam als Nächstes? Der Carl Lewis der Chocolatiers? Der Picasso? Oder das Krümelmonster unter den Chocolatiers?

»Aus der Schweiz Urs Egeli, der Denker, der Sokrates unter den Chocolatiers – und nicht zuletzt: der Titelverteidiger.«

Sokrates, na klar, der hatte noch gefehlt.

Ein asketischer Mann betrat die Bühne, die grau melierten Haare streng nach hinten gelegt, nicht eine Strähne stand ab, eine Nickelbrille auf der Nase, mehr Bibliothekar als Künstler. Es folgte William »Bill« Bulldoss aus den USA – der Schöpfer der größten Praline der Welt war überraschenderweise ein kleines Männchen, um nicht zu sagen: ein Zwerg. Aus Brasilien kam die erste Frau, Jana Elisa da Costa, eine junge, dunkelhaarige Schönheit, deren Augen in Groschenromanen sicher als glutvoll beschrieben worden wären. Sie trug eine schlichte schwarze Kochuniform und trat ganz ohne große Geste auf. Ihr Lächeln war schüchtern und vielleicht gerade deshalb bezaubernd.

Dann war es Zeit für van der Elst, der die Menge mit einem »Goedemiddag« herzlich begrüßte, kein Anzeichen des Schocks mehr in seinem Gesicht, stattdessen Siegesgewissheit.

Was Corporate Design bedeutet, zeigte Pierre Cloizel aus Frankreich, genauer gesagt aus Bayonne, dem alten Herzen der Schokoladenindustrie. Der Erbe des mächtigen Marelle-Konzerns, der auch Produktionsstätten im belgischen Knokke-Heist, in Amsterdam, London und sogar Tokio hatte, trug eine Kochjacke, auf welcher ein farbenprächtiger Schmetterling zu sehen war, nicht gedruckt, sondern gestickt und mit Swarovski-Kristallen geschmückt. Cloizel verbeugte sich höflich und elegant, sein Lächeln war fein. Die blonden Haare hatte er zu einem Pferdeschwanz gebunden, selbst das Band zierte der Schmetterling, welcher auf der erfolgreichsten Schokoladenlinie des Hauses prangte.

Auch Deutschland schickte eine Frau ins Rennen, Vanessa Hohenhausen aus Bad Neuenahr-Ahrweiler, die als Patissière im Sternerestaurant »Zur Alten Eiche« arbeitete. Eine Frau mit einem Lachen, nicht nur auf ihren Lippen, auch in den Augen. Ihre Korkenzieherlocken wurden nur notdürftig von einem Haarband zusammengehalten, ihre Brille war regenbogenbunt, ihre Lippen strahlend lila.

Italien hatte Ottavio Bertinotti entsandt, einen Mann, der in einem Armani-Katalog nicht fehl am Platze gewesen wäre. Volles schwarzes Haar, perfekter Dreitagebart, gebräunte Haut und ein austrainierter Körper, der in einem Maßanzug steckte.

Und schließlich die Nummer 10, der absolute Außenseiter, die Überraschung schlechthin: Jón Gnarr aus Kópavogur in Island, einem Land ohne Pralinentradition, und ein Mann, der niemals zuvor international Aufmerksamkeit erregt hatte. Er arbeitete in einer kleinen Bäckerei, die kaum mehr als Schokoweckchen verkaufte.

Doch das war es nicht, weswegen Adalbert Bietigheim den jungen Glatzkopf nun so fassungslos anstarrte.

Der Grund war ein anderer.

Jón Gnarr war der Mann, der ihm gestern Arm in Arm mit Beatrice Reekmans auf dem Brügger Grote Markt begegnet war.

Alle Teilnehmer wollten Bietigheim die Hand schütteln und einen guten Eindruck machen. Alle bis auf Jana Elisa da Costa aus Brasilien, die wortlos die Pressekonferenz verließ. Als Letzte trat die deutsche Teilnehmerin Vanessa Hohenhausen zu ihm.

Mit beiden Händen ergriff sie seine Rechte. »Ich soll Sie ganz herzlich von meinem Chef Julius Eichendorff grüßen, Sie kennen sich wohl.«

»Seit Jahren verbindet uns das Band der Freundschaft«, entgegnete Bietigheim erfreut.

»Ich soll Ihnen sagen –«, sie grinste, »also wirklich, das kommt von Julius! Ich soll Ihnen sagen, dass ich die beste Patissière bin, die er je hatte und je haben wird. Und …«, jetzt grinste sie noch breiter, »Sie sollen mich hart rannehmen.« Vanessa Hohenhausen lachte schallend. »Also nicht *so*, nicht was Sie jetzt meinen, sondern im Wettbewerb.«

»Selbstverständlich.«

»Aber ich sage Ihnen jetzt schon: Ich werde Sie umhauen! Also, meine Pralinen werden Sie umhauen. Damit überstehe ich die Vorrunde bestimmt, und dann bin ich die glücklichste Patissière auf der ganzen Welt.«

Die Weltmeisterschaft bestand aus Vorrunde, Halbfinale, Finale – und nach jeder Runde schieden Kandidaten aus. Nur vier kämpften schließlich um die Krone im härtesten Finale, das die Chocolatierwelt je gesehen hatte – das war Professor Dr. Dr. Adalbert Bietigheim seinem Ruf schließlich schuldig.

Die junge Ahrtalerin zog einen Beutel aus ihrer Tasche. »Das ist noch von Julius, selbst gebackene Hundekuchen für Benno. Keine Bestechung, sagt er! Benno sitzt ja nicht in der Jury.«

»Sagen Sie ihm bitte vielmals Dank – auch im Namen von Benno.«

Adalbert wollte seinem Foxterrier eine Kostprobe geben, doch mit einem Mal wurde er von einem rüpelhaften Polizeilakaien zur Vernehmung geführt.

Die Befragung war ebenso kurz wie unangenehm. Er und dieser schreckliche, unhöfliche, ungehobelte, müffelnde, unausstehliche Kommissar würden bestimmt keine

Freunde mehr werden. Und eines war Bietigheim danach ebenfalls klar: Ein solcher Popanz von einem Polizisten würde niemals herausfinden, wer die Chocofee ermordet und damit Adalbert Bietigheims Weltmeisterschaft besudelt hatte. Der Mörder musste schnell ausgemacht werden, damit der Wettbewerb Ruhe fand. Und wenn die belgische Polizei nur solche labbrigen Fritten in ihrer Belegschaft hatte, dann musste er eben selbst ran. Schließlich hatte er Übung darin! Deswegen ging Adalbert nun entschlossenen Schrittes Richtung Steenstraat, wo sich die Pralinerie von Franky van der Elst befand – des Mannes, der die Leiche gefunden hatte.

Der Laden des schweinehaften Belgiers war keine der schicken modernen Schokoladenboutiquen, sondern einer der alten Art, der nur so platzte vor Süßigkeiten, Schokoladen und Pralinen, die in jeder Ecke neben- und übereinandergestapelt waren. Sexualität war dem Belgier nicht fremd und nackte Brüste etwas, das man sich hierzulande neben dem Meer und Fritten stets gerne anschaute. Warum also nicht auch Brüste aus Schokolade? Eben! Sowohl in ganz nackig als auch in Netz-BHs, die nur bis kurz unter die Brustwarzen gingen, hatte van der Elst sie im Angebot. Der Auswahl wegen. Und wo man schon mal dabei war: So ein Schokoladenpenis war doch auch nicht schlecht – vor allem wegen der Gleichberechtigung. Und da der Penis ein Körperteil war, aus dem praktischerweise etwas herauskam, das wie Zuckerguss aussah, durfte dies hier natürlich auch nicht fehlen. Der Authentizität halber. Und um die Sache komplett zu machen, mussten wohlgerundete Schokoladenhinterteile natürlich ebenfalls sein. In Vollmilch, Zartbitter und Weiß sowie in vielen Größen. Für jeden Geschmack etwas.

Das Schaufenster war voll mit dem sündigen Zeug. So viele Brüste sah man sonst selten auf einmal. Und nie in 100-Gramm-Packungen.

Bietigheim war froh, dass Bennos Blickwinkel ihn vor diesen zuckersüßen Obszönitäten bewahrte.

Er selbst schoss ein paar Fotos für sein nächstes Schokoladenseminar. Das glaubte ihm ja sonst keiner. Und erst recht nicht, dass van der Elst bei Weitem nicht der einzige Chocolatier Brügges war, der mit derlei Gussformen arbeitete.

Van der Elst stand hinter dem Tresen des vor Touristen überquellenden Ladens und verpackte gerade eine gigantische Schokoladentafel mit Meersalz in Cellophanfolie. Als er den Professor eintreten sah, übergab er diese Aufgabe umgehend einer seiner Mitarbeiterinnen.

»Herr Professor! Welche Ehre. Darf ich Ihnen etwas anbieten? Pralinen, Penisse, Brüste?«

»Nein danke. Heute keine Pornoschokolade.«

Van der Elst war kein bisschen pikiert. »Womit kann ich Ihnen helfen?«

»Was hatten Sie in der Skulpturenhalle zu suchen, in deren Chocolaterie die Tote lag?«

»Das habe ich der Polizei doch alles schon gesagt.«

»Und jetzt sagen Sie es mir noch einmal. Natürlich müssen Sie nicht mit mir sprechen, natürlich können Sie mich, den Vorsitzenden der Jury, den Mann also, der den Weltmeister krönt, einfach wie einen dummen Jungen stehen lassen.« Er blickte van der Elst ruhig an. Und lächelte.

Alle Augen in der Pralinerie waren nun auf sie gerichtet, und etliche Münder standen offen. Man hätte einen Schokopenis fallen hören können.

Van der Elst zwang sich ein Lächeln auf die feisten Wangen. »Lassen Sie uns nach hinten gehen. Bitte!«

»Wenn ich mich nicht täusche«, setzte Bietigheim in der Chocolaterie hinter den Verkaufsräumen wieder an, »gab es keinen Grund für Sie, in der Probeküche zu sein.«

»Ich hab die Bea gesucht.«

»Warum?«

»Ich wollte dem Mädchen vor der Pressekonferenz noch etwas sagen…«

Van der Elst strich ein paar Schokokrümel von der Marmorplatte im Zentrum des Raums.

»Was sagen? Herrgott noch mal, muss ich Ihnen denn alles aus der Nase ziehen?« Bietigheim wurde allmählich ungeduldig.

»Dass sie sich fernhalten sollte von diesem Typen, mit dem sie gestern auf der Party geflirtet hat, dass der kein Guter ist.«

»Wieso sind…waren Sie denn so besorgt um Beatrice Reekmans?«

»Wir kennen uns…kannten uns. Unsere Familien sind seit Generationen befreundet, beides alte Brügger Geschlechter, ihres hat seit langer Zeit mit dem Aalfang zu tun, im Kanal von Damme, und meine macht in Schokolade. Mein Großvater kam auf die Idee, dunkle Schokolade in Aalform zu gießen, und so lernte man sich kennen.«

»Das erklärt immer noch nicht, warum Sie Beatrice in der Chocolaterie gesucht haben! Es gab keinen Grund, warum sie gerade dort sein sollte.«

»Das sagen Sie nur, weil Sie die Bea nicht kennen…also kannten. Sie liebte die Schokoladenskulpturen, konnte sich gar nicht an ihnen sattsehen.«

»Im wahrsten Sinne des Wortes.«

Van der Elst lächelte gequält. »Genau, sie war oft in der Skulpturenhalle, immer schon, hatte ja bereits mehrere Jahre im Museum gejobbt, bevor sie zur Chocofee auserkoren wurde. Eigentlich ist sie damit ja nur das Gesicht einer Werbekampagne geworden, aber für sie war es wie eine Krönung. Als sie das damals erfuhr, ist sie auch in die Halle, hat sich auf einen Stuhl gesetzt und sich die Arbeiten von Fred de Vaele angeschaut. Das gab ihr irgendwie Ruhe. Na ja, und wo ich wegen der Pressekonferenz schon mal im Museum war, habe ich eben um die Ecke geguckt. Und sie gesehen … und das ist mir so auf den Magen … jetzt schon wieder …«

Hektisch öffnete er eine Dose mit Schokostreuseln und ließ sich den Großteil davon in den Mund rieseln.

»Sie kannten sich gut?«

»Seit sie ein Kind war. Es hat mich wahnsinnig gefreut, als sie Chocofee wurde. Aber das sollte ja nur eine Zwischenstation sein, sie war ja eigentlich Sängerin. War dieses Jahr Vierte bei ›Belgien sucht den Superstar‹ geworden und hatte einen Plattenvertrag bekommen. Sie wollte mit ihren 24 Jahren durchstarten.« Van der Elsts Blick haftete auf dem dunkel gekachelten Boden. »Ihr Vater hoffte dagegen, dass sie das Aalgeschäft übernehmen würde.«

»Oder zumindest über Aale singt.«

»Wieso sollte sie über Aale singen? Ach so! Ja, natürlich. Aber über Aale singt man nicht.«

Van der Elst blickte auf die Uhr. »Ich muss los, gleich beginnt die Vorbereitungszeit. Eine Stunde, oder?«

Bietigheim nickte. »Und keine Minute mehr!«

»Können Sie mir vielleicht einen Tipp geben, zu welchem Wein wir morgen eine Praline kreieren müssen? So einen klitzekleinen Hinweis? Aus Versehen? Sie können sich auch eine Tafel Schokolade mitnehmen. Gerne auch mehr!« Er zwinkerte.

Bietigheim hatte noch nie ein Schweinchen zwinkern sehen.

»Noch ein Bestechungsversuch, und Sie fliegen raus!«

»Ist ja gar keine Bestechung, nur Verpflegung. Der Mensch lebt nicht von Luft allein.« Van der Elst band sich die Schürze ab und griff nach einem in der Ecke bereitstehenden Alukoffer, den er stolz tätschelte. »Hier ist alles drin, was ich morgen benötige. Zwei Stunden sind zwar knapp, um alles vorzubereiten, aber ich kriege das hin. Für

Belgien!« Mit stolz in die Höhe gerecktem Kopf öffnete er die Hintertür. »Lassen Sie uns lieber hier rausgehen, drinnen ist so viel los.«

Bietigheim folgte ihm schweigend in die enge Hintergasse. Doch mit einer Frage musste er seinem Hauptverdächtigen noch auf den Zahn fühlen. »Haben Sie denn auch Ihrem jungen Kollegen nahegelegt, dass er die Finger von Beatrice Reekmans lassen sollte?«

»Na klar, gestern Abend noch«, gab van der Elst ohne Umschweife zu. »Aber meinen Sie, so ein Schnösel schert sich darum? Bei denen zu Hause ist es doch ganz normal, Frauen auf den Pelz zu rücken.«

»In Island?«

»Wieso Island? Frankreich!«

»Frankreich?«

»Na, Pierre hat sie doch abgeschleppt. Und diesem hochwohlgeborenen Herrn traue ich nicht weiter, als ich spucken kann.«

Van der Elst spuckte.

Er schaffte es gerade vor die Spitze seines Schuhs.

Die 47 Glocken des Belfried spielten die Melodie zur Viertelstunde, als Bietigheim mit Benno und van der Elst den Grote Markt überquerte. Gestern in der Nacht noch leer, herrschte hier nun ein Gewusel wie in einem Ameisenhaufen. Rund um das 1887 im Gedenken an die Freiheitskämpfer Jan Breydel und Pieter de Coninck geschaffene Denkmal warteten Pferdekutschen auf Touristen mit zu viel Geld, vor den beiden Frittenbuden, die unzählige Saucen zur Auswahl boten, hatten sich lange Schlangen gebildet. Unaufhörlich klickten Fotoapparate und Handys, die Schönheit des Platzes in digitaler Form bannend. Dem Aussehen nach stammten die meisten Touristen aus Asien oder Schottland – viele stellten in Kilts ihre knubbeligen Knie zur Schau. Es gab wirklich Schöneres.

Und wenig Hässlicheres.

Die erste Runde der Weltmeisterschaft wurde im prächtigen, gotischen Saal des Rathauses ausgefochten. Geschmückt war dieser mit Wandmalereien aus dem 19. Jahrhundert, die den Eindruck vermittelten, als befände man sich mitten in einem historischen Bilderbuch. Sie schilderten die ruhmreiche Vergangenheit der alten Handelsstadt. Selbst mit Gold war gemalt worden, die Decken gingen hoch hinauf, ebenso die Fenster. Der Saal erzählte mit jedem Quadratzentimeter von Reichtum und Pracht.

Zehn Kochstellen waren darin aufgebaut worden, in zwei Reihen und mit exakt demselben Abstand zueinander. Die Chocolatiers durften ihren Arbeitsplatz erstmals in Augenschein nehmen, Herd und Ofen austesten und ihre Kochutensilien bereitlegen für die morgige erste Runde, doch beginnen durften sie noch nicht. Es hätte auch wenig Sinn gemacht, denn erst morgen wurde ihnen der Wein genannt – und jeweils eine Flasche übergeben –, zu dem sie eine Praline kreieren sollten. Ob es ein Weiß-, Rot- oder Roséwein sein würde, ein trockener oder süßer, nichts war im Vorfeld bekannt. Deshalb hatten sich die Chocolatiers mit Gewürzen, Obst, Nüssen und anderen Zutaten für alle denkbaren Kreationen eingedeckt.

Nur Edward Macallan nicht. Dieser Schotte stellte demonstrativ eine Zweiliterflasche mit Rinderblut auf die Arbeitsplatte und ließ einige Stücke Schweinespeck im Backofen trocknen. Er machte seinem Ruf alle Ehre.

Die Pressefotografen stürzten sich auf ihn.

Adalbert blickte sich um. Alle Kandidaten waren da – bis auf Jana Elisa da Costa, die schweigsame Schönheit aus Brasilien. Ihr Tisch war leer.

Der Professor behielt Jón Gnarr und Pierre Cloizel genau im Blick. Ob sich noch eine Gelegenheit ergab, mit ihnen über ihre Beziehung zu Beatrice Reekmans zu sprechen? Er hoffte es sehr.

»Ist das Ihr Foxterrier, Herr Professor?«, war plötzlich Macallans Stimme zu hören. »Er bewegt sich keinen Zentimeter von meinem Backofen weg.«

Adalbert wandte sich um. »Weil er ein kluger Hund ist und in dem Backofen Speck. Aber keine Sorge, er ist, soweit ich Kenntnis habe, nicht in der Lage, die Tür zu öffnen. Doch er lernt schnell.«

Bietigheim trat sicherheitshalber zum Backofen und hob den empört strampelnden Benno empor – es war wohl an der Zeit zu gehen. Hier wurde er momentan ohnehin nicht benötigt, die Atmosphäre war angespannt, die Kandidaten beäugten sich wie Gladiatoren vor einem Kampf, und er würde erst morgen beurteilen, wie der Arbeitsplatz und das Mise en Place, also die Vorbereitung und Anordnung der Zutaten, gelungen war. Gnarr und Cloizel würden ihm nicht weglaufen – und hier vor aller Augen würden sie sowieso nicht mit ihm sprechen.

Um den immer noch zappelnden Benno zu beruhigen, verabreichte er ihm einen der Eichendorff'schen Hundekuchen – er wirkte sofort. Benno war mit einem Mal zahm wie ein Lämmchen. Er ging sogar ohne Leine brav bei Fuß.

Was steckte bloß für ein Kraut in dem Canidengebäck?

Baldrian, Engelskraut oder Haschisch?

Eigentlich war es ihm völlig egal. Der neue, bekekste Benno passte wunderbar zu ihm.

Die Gänge des Rathauses waren dunkel und leer, denn alle Mitarbeiter hatten längst Feierabend. Nur der Saal mit den Chocolatiers war belebt, Publikum heute jedoch noch nicht zugelassen.

Als Bietigheim um eine Ecke bog, sah er Jana Elisa da Costa auf sich zukommen, doch sie war nicht allein.

Hinter ihr schlich ein Mann, der nicht nach Brügge passte, ja nicht einmal nach Europa und ganz sicher nicht in diese Zeit.

Er trug einen hauchdünnen, eng anliegenden schwarzen

Ganzkörperoverall, der alles bedeckte, sogar sein Gesicht. Darüber einen Lendenschurz und ein Jaguarfell um seine Schultern, das am Hals zusammengebunden war. Ein aufgerissener Jaguarschädel zierte seinen Kopf. Es wirkte, als blicke einem das vermummte Gesicht des Mannes aus dem Rachen des Raubtiers entgegen.

Als er den Professor erblickte, hob er blitzschnell den rechten Arm, in dem er eine Art Schlagstock von der Breite eines Paddels hielt, holte aus – und versetzte der dunkelhaarigen Brasilianerin einen kräftigen Schlag auf den Kopf.

Jana Elisa da Costa ging sofort zu Boden.

Dann rannte der Verkleidete davon.

Adalbert stürzte zu der bewusstlosen Frau und fühlte ihre Halsschlagader.

Sie hatte noch einen Puls.

Die Schritte des Angreifers hallten in dem langen Gang nach, während Adalbert die junge Patissière zu einer nahe stehenden Sitzbank trug.

Es kam selten vor, dass er sich wünschte, eines dieser tragbaren Telefone zu besitzen – doch dies war ein solcher Moment.

Und es war ein Moment – der erste in seinem Leben –, in dem ihm ein Mann mit Jaguarschädel nicht aus dem Kopf ging.

KAPITEL 2

Das Leben ist wie eine Schachtel Pralinen …

… irgendwer schnappt dir immer das Beste weg.

Ohne es zu merken, schmierte sich Adalbert fünfmal hintereinander Lavendelhonig auf sein Brot und streichelte Benno weiter, nachdem dieser seinen Kopf längst weggezogen hatte und nur noch ein Kissen neben ihm lag. Denn der Professor studierte die vor ihm neben dem Teller liegende Zeitung, welche zwar über Beatrice Reekmans' Tod berichtete, jedoch kein Wort zu den genauen Umständen verlor. Es war nur die Rede von einem »nicht natürlichen Tod«. Hauptkommissar Pieter Aspe hielt den Deckel fest drauf. Kein Wort über den Angriff des Kostümierten auf Jana Elisa da Costa – obwohl es nicht weit hergeholt schien, einen Zusammenhang mit dem Mord herzustellen. Der Brasilianerin ging es wieder besser, die Bewusstlosigkeit war nur von kurzer Dauer gewesen. Über Nacht hatte man sie zur Beobachtung im Krankenhaus behalten, doch rechtzeitig zum Wettbewerb würde sie wieder entlassen werden.

Unruhe ergoss sich über Adalbert wie zähflüssige Schokolade. Irgendetwas stimmte nicht. Dabei strahlte die Sonne wärmend durch das alte Bleiglasfenster herein, das Frühstück war exzellent, und sogar der *Scottish Breakfast Tea* war korrekt zubereitet.

Und doch.

Nur wenige andere Gäste saßen im Frühstücksraum des »Relais Bourgondisch Cruyce« – und keiner blickte zu ihm. Drei Gäste waren hinter der heutigen Ausgabe des

»De Standaard« versteckt. Keiner der Chocolatiers konnte darunter sein, da diese in einem separaten Hotel am Rande Brügges untergebracht waren. Es galt, allzu große Nähe zwischen Jury und Wettbewerbern zu vermeiden.

Selbst Benno benahm sich und knabberte nicht die Schuhe, Taschen oder Hunde anderer Gäste an.

Apropos Benno: Wo steckte er eigentlich? Eben war er doch noch … und jetzt: nirgendwo zu sehen. Vielleicht würden gleich Schreie aus der Küche erklingen und ein Ober mit einem Foxterrier am Arm heraussprinten.

Adalbert schüttelte den Kopf, vertrieb den Gedanken damit und ließ die morgendliche Gelassenheit des alten Brügge wieder den Takt vorgeben.

Doch dann verdunkelte sich die Welt.

Ein Schatten fiel über sie, als wäre ein Ufo von der Größe New Yorks über der Stadt aufgetaucht.

»Moin!« Es schallte durch den Raum wie ein Paukenschlag.

»Moin«, erwiderte Bietigheim reflexartig, als Hamburger Jung ging es einfach nicht anders.

Dann gewöhnten sich seine Augen an den verminderten Lichteinfall. Er kannte den Verdunkler, sehr gut sogar. Es war ein Mann, den man nicht vergaß, wenn man ihn einmal erblickt hatte. Ungefähr so, wie man den Eiffelturm nicht vergaß, wenn man ihn einmal gesehen hatte. Oder passender: eine Massenkarambolage auf der A1. Der Mann wirkte wie ein ausgewachsener Gorilla, den man komplett rasiert, in schwarzes Leder mit Nieten gewickelt und mit einem schlohweißen Bart versehen hatte. Sein Name: Pit Kossitzke. Eigentlich war er Hamburger Taxifahrer, doch die Liebe hatte ihn nach Cambridge verschlagen, wo er nun – Adalberts Hirnwindungen knirschten immer noch, wenn er versuchte, sich dies vorzustellen – mit seiner Freundin ein Teehaus leitete. Ein Steakhouse wäre naheliegender gewesen.

Doch nun war er offenbar weder in Hamburg noch in England, sondern hier in Brügge. Stand genau vor ihm.

»Das ist ja ein unfassbarer Zufall!«, sagte Pit grinsend. »Kann ich mich zu Ihnen setzen, Professore? Zwei Hamburger im Exil, da müssen wir doch zusammenrücken.«

Ohne eine Antwort abzuwarten, holte er seinen Teller vom anderen Ende des Raumes und machte sich gegenüber von Adalbert an dessen Tisch breit. Erst dabei fiel diesem auf, dass Pit seinen geliebten Benno unter dem Arm trug – welcher gerade auf irgendetwas herumkaute. Ja, er hatte die Backen prall gefüllt. So hatte Pit den Foxterrier also zu sich gelockt!

»Erzählen Sie mir doch nicht, Sie seien zufällig hier und hätten mich zufällig getroffen!«, empörte sich Bietigheim. »Es geht um den Mord, Sie haben wegen unserer Ermittlungserfolge so viel Spaß daran gefunden, dass Sie nicht mehr davon lassen können!«

Pit hob die Augenbrauen und blickte unschuldig – so sehr das einem Mann mit tätowiertem Morgenstern auf dem Unterarm möglich war. »Mord? Ich bin wegen dieser Schokoladendingsbums hier. Wirklich! Schokolade ist voll meins, und der eine macht ja Pralinen mit Fleisch. Rinderkrokant oder Büffeltrüffel. Geht es besser? Nee, ne? Muss ich sehen. Von einem Mord weiß ich nix. Gab es einen? Wer ist denn gestorben?«

Vielleicht hätte der Professor seinen Worten Glauben geschenkt, wäre da nicht Pits Toastbrot gewesen. Es war ein kleines Kunstwerk, der felsenförmige Rocker hatte es in Form einer Frauensilhouette geschnitten.

Und strich es nun dick mit Nussnugatcreme ein.

Grinsend blickte er auf.

»Das können Sie gar nicht wissen!«, sagte Bietigheim erbost. »Offiziell ist doch noch nichts herausgegeben worden!«

»Was wissen? Ich weiß von nix. Ich weiß nur, wie ich diesen Toast hier nenne: die gefallene Chocofee. Schön, oder? Manchmal bin ich echt voll der Poet.«

»Es ist doch erst gestern geschehen! Und Sie sind jetzt schon hier aus Cambridge?«

»Was geschehen? Weiß immer noch nicht, wovon Sie reden. Wissen Sie, worauf man diesen Toast servieren sollte? Auf einer dicken Marmorplatte.«

»Also bitte, wie geschmacklos!«

Pit biss hinein. »Find ich gar nicht. Ist total lecker.«

»Jetzt sagen Sie schon, woher Sie wissen, dass ...«

In diesem Moment erblickte Bietigheim durch das Fenster ein vorbeifahrendes Taxi.

»Sagen Sie nicht, dass einer Ihrer Brügger Taxikollegen Ihnen das gesteckt hat.«

Pit mampfte vergnüglich und breit grinsend weiter.

»Dann müssten Sie zu diesen im Vorfeld Kontakt aufgenommen haben, damit Sie im Fall der Fälle informiert werden. Anders ausgedrückt: Sie haben Spione auf mich angesetzt, Taxispione! Unerhört!«

»Ein guter Taxifahrer weiß alles«, erwiderte Pit mit vollem Mund. »Und ein guter Taxifahrer redet gerne. Das ist ganz natürlich für ihn. So wie der Bär im Wald kackt, redet der Taxifahrer mit anderen Taxifahrern, geht gar nicht anders. – Wollen Sie auch mal abbeißen? Den Arm? Oder lieber das linke Bein?«

»Ich verspeise keine Menschen – auch nicht in Toastform.«

Pit strubbelte Benno über den Kopf. »Wo Sie sind, passiert früher oder später ein Mord. Ich pass halt auf Sie auf, einer muss den Job ja machen. Ich bin Ihr Schutzengel.«

»Sind diese nicht üblicherweise mit Flügeln und Heiligenschein ausgestattet?«

»Ich bin die Weiterentwicklung. Schutzengel 2.0. Mit vielen Special Features.«

»Welchen denn? Einem ausklappbaren Flaschenöffner an der Hüfte?«

Pit schmunzelte. »Erzählen Sie mir jetzt alles, oder muss ich erst noch ein Dutzend von den Dingern schmieren?« Er steckte sich den Torso in den schokoladig verschmierten Mund.

»Nein, das gilt es fraglos zu vermeiden. Aber zuerst reichen Sie mir meinen Hund zurück. Er ist mein Foxterrier, und er gehört an meine Seite.«

Pit reichte Benno über den Tisch.

Adalbert bestach ihn mit einem Stück flämischer Leberpastete, damit er nicht direkt zurücksprang. Man musste sich eben zu helfen wissen.

Und dann erzählte er alles, bis zu dem versuchten Attentat auf Jana Elisa da Costa.

»Jaguarkopf, echt?«

»Sonst hätte ich es wohl kaum berichtet.«

»Wollte nur sichergehen.« Pit zückte sein Smartphone.

»Was haben Sie da? Ist das ein Telefon?«

»Ich dachte schon Sie sagen Fernsprechapparat!« Diesmal lachte Pit bellend.

»Man muss nicht immer hinterherrennen, wenn eine neue Sau durchs Dorf getrieben wird.«

»Das ist ein Smartphone, Professore. Man kann damit auch telefonieren – aber das ist eigentlich nur noch Nebensache. Sah der Bursche ungefähr so aus?«

Er hielt Adalbert Bietigheim das Display vor die Nase.

»Genau so! Woher haben Sie das? Wer ist das?«

»Sie wissen doch, dass ich ab und an gern mal daddel, also Computerspiele zocke. Und echt saugut darin bin.«

»Das ist nur etwas für kindische Hirne wie Ihres. Die reinste Zeitverschwendung.«

»In dem Fall mal nicht. Den Burschen hier kenne ich aus einem Game. Ist ein Jaguarkrieger.«

»Warum verkleidet sich jemand als Computerspielfigur,

um einen Mord zu begehen? Ja, du bekommst ja noch etwas Leberpaté. Ja, du bist ein Feiner.«

Pit schaute ihn mit großen Augen an.

»Nicht Sie, ich meinte Benno.«

»Och, schade. Wäre auch gern ein Feiner und würde Leberpaté bekommen.«

»Himmelherrgott noch mal, erzählen Sie kein dummes Zeug, sondern stattdessen weiter!«

»Na ja, die Computerspielfigur ist von den realen Jaguarkriegern beeinflusst. Das waren Elitekrieger der aztekischen Armee.«

Pits Smartphone klingelte. Er nahm ab, lauschte und nickte. Dann legte er wieder auf. »Sie müssen los, Professore, werden schon sehnsüchtig erwartet. Hat mir gerade ein Taxikollege gesteckt. Nicht schlecht, was?« Er grinste breit. »Kriege ich jetzt den Job als Personal Assistant?«

Jetzt war es an Adalbert zu grinsen. »Also gut – aber Sie müssen sich die Stelle mit Benno teilen.«

In Fußballstadien ist Spannung spürbar, die Unruhe vieler kleiner, nervöser Bewegungen des Publikums überträgt sich, das Luftanhalten, wenn die Spieler auf das Feld laufen, der ohrenbetäubende, explosive Jubel bei einem Tor. Auch im Rathaussaal lag knisternde Elektrizität in der Luft, untermalt vom rhythmischen Geräusch der Conchiermaschine, die bereits seit fast 24 Stunden lief, damit die Schokolade für den Wettbewerb die perfekte Konsistenz hatte. Ein Korrespondent des »De Standaard« hatte ihn nach der Apparatur gefragt, und Adalbert war hocherfreut gewesen zu erläutern, dass diese Erfindung dem Schweizer Rudolphe Lindt zu verdanken war, der 1879 die Conche erfand, die ihren Namen wohl ihrer an eine Muschel erinnernden Form verdankte, schließlich heiße Muschel auf Lateinisch concha. Das Walzen der Maschine beeinflusste den Geschmack der Schokolade immens, da sich durch die ständige Durchmischung bei 76 bis 78 Grad Celsius unangenehme Aromakomponenten verflüchtigten. Erst nach stundenlangem Conchieren besaß die Schokolade feinen Schmelz am Gaumen, da Nichtfettstoffe wie Zucker und fettfreies Milchpulver vollständig mit Kakaobutter umhüllt waren. Diese sogenannte Fondantschokolade sollte die Grundlage aller heutigen Pralinen darstellen, denn sie stammte von einem der beiden Hauptsponsoren der Weltmeisterschaft: *Chocolats Walrhano*. Doch alle Chocolatiers durften eigene Schokolade untermengen. Schließlich schwor ein jeder auf seine Lieblingsmarke.

»Da ist ja unser Held!«, begrüßte Madame Baels den Professor und schlug die Hände über dem Kopf zusammen. »Habe ich nicht den besten aller Jurypräsidenten?«

»Da werde ich Ihnen nicht widersprechen«, antwortete Adalbert und küsste ihre Hand. Sie duftete nach Lavendel. Madame Baels trug heute eine Art Brokatgardine, sogar mit Goldkante. Wenn sie die Arme ausbreitete, wirkte es fast, als hätte sie Flügel.

»Jemand will Sie un-be-dingt sprechen, aber sputen Sie sich, mein lieber Professor, der Wettbewerb beginnt gleich.« Sie führte ihn zur Küchenzeile von Jana Elisa da Costa, die sich sogleich die Hände an ihrem Geschirrtuch, dem Touchon, abwischte, um Bietigheim zu begrüßen.

»Ich habe gehört, dass Sie mein Retter sind. Dafür möchte ich Ihnen danken. Wenn Sie nicht gekommen wären, dann wäre ich jetzt vielleicht schon …« Sie sprach das Wort nicht aus, stattdessen gab sie Adalbert einen sanften Kuss auf die Wange.

Er spürte, wie er sie in den Arm nehmen und trösten wollte, doch das gehörte sich nicht für einen Jurypräsidenten. Was würden die anderen Wettbewerber denken? Und wenn Jana Elisa dann gewann, würde es heißen, das hätte sie nur ihrem Gönner Adalbert Bietigheim zu verdanken. Er musste ganz professionell bleiben, auch wenn sie gerade wirkte wie ein kleines Vögelchen, das aus dem Nest gefallen war.

Adalbert führte die junge Brasilianerin in eine Ecke des Saals, die weit genug von den anderen Chocolatiers entfernt lag. »Sehen Sie sich in der Lage, an der Weltmeisterschaft teilzunehmen?«

Jana Elisa da Costa nickte, ihre Lippen entschlossen zusammengepresst. »Ich bin für mein Land hier. Und ab jetzt werde ich keinen Schritt mehr alleine tun. Vanessa hat mir erlaubt, dass ich mit in ihr Hotelzimmer darf. Sie hat ein Doppelzimmer. Dort fühle ich mich sicher.«

»Haben Sie den Angreifer erkannt?«

»Nein«, sie schüttelte ihren schönen Kopf. »Ich habe ihn ja nicht mal gesehen. Wenn es denn überhaupt ein *Er* war.«

Der Professor sah sich um, entdeckte den kastenförmigen Taxifahrer und winkte ihn zu sich. »Pit. Foto. Der Jaguarkrieger.«

Sie bekam es zu sehen.

»Und so sah mein Angreifer aus?«

Der Professor nickte.

»Aber wieso ein aztekischer Jaguarkrieger? Ich stamme aus Brasilien, und die Azteken waren eine mexikanische Kultur. Welchen Zusammenhang gibt es da?«

Sie erntete doppeltes Kopfschütteln.

»Haben Sie vielleicht Streit mit jemandem aus Mexiko? Oder irgendeine Beziehung zu dem Land? Vielleicht Verwandte?«

»Ich stamme von der Kakaoküste Brasiliens, aus Ilhéus, genau wie mein Vater, meine Mutter, deren Eltern und deren Eltern. Wir sind Kakaobauern, seit Generationen.«

»Haben Sie eine Ahnung …«

»… warum mich jemand angreifen oder sogar umbringen wollte? Das hat mich die Polizei auch schon gefragt, mehr als einmal. Die Antwort ist: Nein, habe ich nicht.

Glauben Sie mir, ich frage mich nichts anderes. Und ob ich auch so enden werde wie Beatrice.« Sie blickte zu Boden. »Ich muss an meinen Platz, es geht gleich los.«

Jana Elisa versank fortan völlig in ihrer Arbeit, hoch konzentriert. Sie kratzte das Mark aus Bourbon-Vanilleschoten, entkernte und hackte eine Chili, stellte brasilianischen Eukalyptushonig aus dem Urwald bereit und hochprozentiges, fast schwarzes Kakaopulver. Es waren die Zutaten für aztekische Trinkschokolade! Sie erhitzte diese behutsam und ließ sie dann aus großer Höhe von einem Topf in einen anderen fließen, um möglichst viel Schaum zu erzeugen, welchen die Azteken noch mehr liebten als das eigentliche Getränk. Wie sie diesen gleich in ihre zum Wein passende Praline einarbeiten wollte, war Bietigheim ein Rätsel.

Und auch warum sie ihm eben nicht gesagt hatte, dass es bei ihr doch eine Verbindung zu den Azteken gab. Und sei sie kulinarischer Natur. Wollte sie es nicht sehen? Doch wie konnte man dies nicht sehen?

Plötzlich schmiegte sich jemand an sein Bein.

Leider war es nicht Madame Baels, sondern Benno. Aber das war ja auch nicht schlecht. Neben ihm stand Pit und aß Schokoladenbrocken.

»Wo haben Sie die denn her? Doch nicht etwa einem Kandidaten gestohlen?« Bietigheim nahm ihm das Beweisstück aus der Hand und inspizierte es.

»Gar nicht! Das war hinten an der Conchiermaschine heruntergetropft und hart geworden. Schmeckt aber gar nicht so doll. Können Sie gerne haben. Benno wollte auch nichts davon.«

»Zu viel Schokolade ist Gift für Hunde!«

Vor lauter Wut biss der Professor selbst in das Schokoladenstück.

Es löste sich nur widerwillig in seinem Mund auf.

Und mit einem Mal stand er in Gedanken wieder neben der Leiche Beatrice Reekmans' und probierte die Schokolade, mit der sie bedeckt war. Es war nicht die gleiche, und doch erinnerte sie ihn an diese. Er sah Beatrice Reekmans' Leiche abermals vor sich. Man konnte viel an einer Schokolade erkennen, wenn man nur wusste, worauf zu achten war. Zum Beispiel, ob die Leiche bereits kalt war, als die Masse darübergegossen wurde, oder ob diese mit der sterbenden Frau erkaltet war. Der Schmelzpunkt einer Schokolade liegt idealerweise bei 36 Grad Celsius oder knapp darüber, denn so schmolz sie im Mund – aber auch in der Hand oder auf der Haut. Lag der Schmelzpunkt deutlich darüber, fühlte sie sich beim Essen wie Wachs an. Lag er darunter, war die Stabilität der Schokolade im Sommer nicht gesichert. Beim Menschen lag die normale Körpertemperatur zwischen 35,8 und 37,2 Grad.

Die Schokolade jetzt in seinem Mund musste auf ähnliche Weise hart geworden sein – auf einer bereits erkalteten Fläche.

Was genau eines bedeutete: Beatrice Reekmans war bereits tot, als sie schokoliert worden war.

Die Mordmethode musste eine andere gewesen sein.

Ein Schuss? Ein Stich? Gift? Die Polizei hatte nichts verlauten lassen.

Bisher auch nicht, ob ein aztekischer Jaguarkrieger damit in Zusammenhang stand.

Die Zeiger seiner goldenen und mit einer Mondphasenanzeige ausgestatteten Uhr verrieten Adalbert Bietigheim, dass er wenig mehr als eine Stunde Zeit hatte, bevor der Wettbewerb begann. Zwar erwartete man, dass er bis dahin für Fotografen und Interviews bereitstand, doch dies war ihm herzlichst egal, um nicht zu sagen: schnurz. Er würde pünktlich wieder da sein, doch vorher sollte ihm die Polizei Rede und Antwort stehen. Schließlich hing sein Konterfei vor dem Rathaus, er war zum Gesicht des Wettbewerbs geworden, warb mit seinem edlen Aussehen für Brügge, wenn nicht ganz Flandern. Da musste ihm dieser schnöselige Hauptkommissar seine Fragen schließlich beantworten. Benno von Saber würde er derweil in Pits Obhut geben, mitsamt dem Befehl, den Vierbeiner entlang der Grachten spazieren zu führen.

Die Polizeistation lag in der Lodewijk Coiseaukaai, im industriellen Norden der Stadt, abseits der Touristenströme. Auch Brügge hatte eine Rückseite – und leider war sie nicht die eines Supermodels. Die Polizei selbst logierte allerdings in einem schönen roten Backsteingebäude, das entweder sehr gut erhalten und renoviert oder neu gebaut worden war.

Adalbert hatte sich schon an die vielen ihn anlächelnden Gesichter gewöhnt und auch an die immer wieder gestellte Frage, wie viel Schokolade er denn so pro Tag verspeiste. Nun kamen sie eben aus den Mündern von Uniformierten. Es dauerte eine Weile bis sie ihn, die Berühmtheit, quasi den Kaiser der Schokolade, zum ermittelnden Kommissar gebracht hatten.

Pieter Aspe sah auch jetzt wieder aus, als hätte ihn die Nachbarskatze hochgewürgt.

»Och nee, nicht Sie auch noch. Wer hat denn diesen Sukkel hier reingelassen?«

»Professor Dr. Dr. Sukkel für Sie«, sagte Bietigheim und setzte sich, die belgische Beleidigung als Idiot durch den Kommissar nicht weiter kommentierend. »Beatrice Reekmans starb nicht durch Erstickung aufgrund des Schokoladenüberzugs.«

»Was?«

»Sie war bereits tot, als sie übergossen wurde.«

»Verdammte Kacke, kann denn in diesem Scheißkommissariat keiner die Schnauze halten?« Aspe brüllte das zur Decke, vermutlich saßen auch im zweiten Stock noch potenzielle Adressaten. Dann stemmte er die behaarten Hände vor Adalbert auf den Tisch und kam mit seiner

Nase fast bis an die des Professors. »Wer hat Ihnen das gesteckt?«

Aspe war seinem Atem zufolge ein großer Anhänger von Bessen Genever, einem Likör mit Schwarzen Johannisbeeren, sowie belgischem Kirschbier und Fritten mit Frikandeln, frittierten Fleischrollen, die manchmal neben Schwein, Rind und Geflügel auch Pferd enthielten. All das ging selbst mit viel Wohlwollen nicht als ausgewogene Ernährung durch. Eher war es Selbstmord.

»Niemand hat mir das gesteckt«, antwortete der Professor. »Ich konnte es an der Struktur der Schokolade erkennen. Ich möchte auch gar nicht viel Ihrer sicherlich unglaublich wertvollen Zeit in Anspruch nehmen und nur erfragen, was die tatsächliche Todesursache war.«

»Und warum sollte ich Ihnen das auf die Nase binden? Bin ich das Auskunftsbüro? Hier wird gearbeitet, Mann. Polizeiarbeit, da halten Sie sich mal schön raus. Haben Sie mich verstanden?« Das Gesicht des Kommissars färbte sich allmählich rot wie Ketchup.

»Ich bin der Vorsitzende der Jury und fühle mich verantwort…«

»Raus!«, brüllte Aspe und öffnete die Tür, »Sofort! Für solche Spirenzchen fehlt mir die Zeit. Ich will Sie hier nie wieder sehen. Machen Sie Ihren Schokoladenmist, und passen Sie bloß auf, dass van der Elst nicht gewinnt.«

»Was? Wieso soll er nicht?«

»Danke. Auf Wiedersehen. Nee, quatsch: auf Nimmerwiedersehen.«

»Sie sollten ab und an etwas Gemüse und Salat essen. Kein Wunder, dass Ihr Blutdruck so hoch ist, wenn Sie den ganzen Tag nur Frittiertes in sich hineinstopfen. Reißen Sie sich kulinarisch mal etwas am Riemen.«

»Was haben Sie gerade gesagt?« Der Kopf des Kommissars schien kurz vor der Explosion. Selbst seine Bartstoppeln hatten einen Rotton angenommen. »Was haben

Sie Manneken gerade zu mir gesagt? Raus, sofort! Sonst ... sonst ...« Aspe fiel nichts ein, deshalb warf er einen Tacker, seine Computertastatur und schließlich den Mülleimer nach Bietigheim, der sich mit einem überlegenen »Fisch wäre gut – aber nicht frittiert« der Situation entzog.

Irgendetwas knallte scheppernd hinter ihm gegen die geschlossene Tür.

Wie erfrischend, mal jemanden zu treffen, der ihn nicht nur blöd angrinste wie ein Honigkuchenpferd.

Das war doch was.

Andererseits hatte er nichts erfahren. Jetzt stand er wieder draußen, und öliger Frittengeruch drang in seine empfindlichen Nüstern. Selbst die salzige Meeresluft kam nicht dagegen an und verzog sich beleidigt an die Küste.

Adalbert hörte die sich nähernden Schritte in seinem Rücken nicht. Ein knochiger Finger tippte ihm auf die Schulter.

Aha, hatte Kommissar Aspe es sich also doch anders überlegt. Nun ja, eigentlich hatte Bietigheim nichts anderes erwartet. Schließlich hatte er eine ungemein gewinnende Persönlichkeit.

Mit einem gönnerhaften Lächeln drehte er sich schwungvoll um.

Doch hinter ihm stand nicht Kommissar Aspe, sondern ein Mann unbestimmten Alters, so hager, als habe man die Luft aus ihm herausgelassen, eingefallen an den Wangen, die Augen so tief in den Höhlen, dass man sie fast suchen musste.

»Folgen Sie mir in einigem Abstand, es ist besser, wenn man uns nicht zusammen sieht. Hier können wir nicht reden.«

Er zog die Kapuze seines schwarzen Sweaters tief ins Gesicht.

Adalbert folgte ihm verwundert in gehörigem Abstand. Ihm wäre wohler gewesen, wenn Benno bei ihm gewesen wäre, um den Burschen im Falle eines Angriffs in die Flucht zu beißen. Noch besser wäre es jetzt allerdings, Pit an der Seite zu wissen. Der konnte sicher auch hervorragend zubeißen.

Schließlich hielt der Unbekannte an einer Frittenbude. Na, wundervoll.

»Bestellen Sie etwas, sonst fallen wir auf. Für mich auch Fritten. Mit Frittesaus.«

Bietigheim bestellte grummelnd. Zwei Portionen.

Die Fritten trieften nicht vor Fett, sie bestanden aus nichts anderem. Eine einzige deckte den Tagesbedarf einer norddeutschen Kleinstadt.

»Wie heißen Sie denn überhaupt? Und worüber wollen Sie mit mir reden? Und warum so geheimnisvoll? Nun antworten Sie schon! Mein Hund erwartet mich.«

»Ich hab, na ja, wissen Sie, also nicht gelauscht, aber das war ja nicht zu überhören, eben auf dem Revier, nicht wahr, Sie und Aspe.« Aha! Ein Polizist in Plauderstimmung. Na, dann mal schön weitergeplauert. »Ich kann den Kerl nicht ausstehen«, fuhr der Bursche fort, »mich hat der auch schon mal …, also so richtig, vor allen anderen! Deswegen helf ich Ihnen jetzt. Die Gerichtsmedizin, wissen Sie, wo die ist, also, in der Hoogstraat.« Er stopfte sich die Fritten während des Sprechens in einer atemberaubenden Geschwindigkeit in den Mund. Dann bekam er keine Luft mehr, weshalb er ein Geräusch von sich gab, das wie eine Mischung aus Grunzen, Röhren und Brechen klang, bis sein Gesicht wieder eine normale Farbe angenommen hatte. Er vollzog dies so routiniert, als passiere es ihm ständig. »Der Hausmeister, also, ich weiß das, weil ich da mal gearbeitet habe, also vor Jahren, der hat im Garten der Gerichtsmedizin, weil, der war ja nun mal da, und irgendwas muss man damit ja machen, also da hat er einen Gemüsegarten angelegt und auch so ein Gartenhäuschen, also das hat er da gebaut. Und unter dem Vordach von diesem

Häuschen, nicht wahr, also unter einem losen Ziegel, da ist ein Generalschlüssel deponiert, für alle Fälle, darf natürlich keiner wissen, aber damit kommen Sie in die Gerichtsmedizin. Und schmieren Sie Aspe, dem Sack, dann aufs Brot, dass Sie genau wissen, woran das Mädchen gestorben ist. Aber Sie wissen das nicht von mir, hören Sie?« Wieder vollführte er das Grunz-Röhr-Brech-Ritual – um sich direkt danach weitere Unmengen an Fritten reinzudrücken. »Und bloß nicht vor Mitternacht oder so, sonst sieht der sie, der Hausmeister, also auf jeden Fall später. Sie gehen dann hinten rein, in die Kellerräume, und dann weiß ich auch nicht weiter, also da müssen Sie dann schon selbst, nicht wahr, von mir haben Sie das alles nicht! Ist das dahinten Aspe, scheiße, ich muss weg, ich war nie hier. Ich nehm Ihre Fritten mit, nicht wahr, Sie essen ja gar nicht, die sind hier eh nicht so gut.«

Und weg war er mitsamt Adalberts fetttriefender Fritten. Wenigstens eine Sorge weniger.

Der Mann, der sich der Frituur näherte, trug zwar ebenfalls einen schlunzigen Trenchcoat, aber es war nicht Aspe. Anscheinend galt ungepflegte Kleidung hier als Dienstuniform. Der Mann grinste ihn an. »Sind Sie nicht der …?«

»Weihnachtsmann. Aber gerade habe ich Ferien. Wir sehen uns im Dezember.«

Sie hatten für die Jury eine Art Richterpodium an der Querseite des Saals errichtet, hinter einem massiven Holztisch, so alt und wuchtig, dass er steinern wirkte. Die Medienvertreter durften umherwandern, jedoch nicht mit den Finalisten reden. Es oblag Bietigheim, den Wettbewerb mit einer Schreckschusspistole zu starten. Dann erst durften die Chocolatiers den vor ihnen stehenden Wein enthüllen, zu dem sie nach Verkostung eine Praline kreieren mussten. Adalbert selbst hatte ihn ausgewählt.

Er blickte auf seine Uhr, die er am Morgen noch aufgezogen hatte. Nur noch wenige Sekunden.

Fünf ... vier ... drei ... zwei ... eins ... Schuss!

Benno bellte, und die Finalisten hoben die Schutzhüllen von den Flaschen.

Es war Bietigheimer Wurmberg, Trollinger. Eine Art Rotwein. Das Grauen in Flaschenform.

Wenn das keine Herausforderung war.

In den Gesichtern der Chocolatiers, die wussten, was es mit dieser Rebsorte auf sich hatte, stand der blanke Schock. Andere, wie Jana Elisa da Costa aus Brasilien und Jón Gnarr aus Island, deren Geschmackspapillen von Trollinger bisher verschont geblieben waren, entkorkten die Flasche und nahmen einen Schluck.

Aber keinen zweiten.

Bietigheim lächelte zufrieden. Leicht konnte jeder. Dies war schließlich eine Weltmeisterschaft. Und der Sieger würde stolz auf seinen Titel sein können.

Trollinger, das war mehr als ein Nationalgetränk, es war die Milch der Schwaben. Und diesen hatte Bietigheims Verwandtschaft gekeltert, die Lüdenscheid-Bietigheims aus Bietigheim, ein Zweig der Sippe, mit dem er lieber nichts zu tun haben wollte, ein Trieb, der den ganzen Baum verschandelte. Aber nun mal Familie. Sie betrieben neben dem Weingut noch eine Bäckerei – und fielen unter biblische Plage. Gegen Wolfram, Elfi und ihre Brut waren Heuschreckenregen oder der Tod aller Erstgeborenen nichts als Kinkerlitzchen.

Der Professor goss sich selbst etwas von dem Wein ein, schwenkte ihn im Glas, schlürfte ihn lautstark, ließ ihn wie eine kleine Welle über den Gaumen gleiten, verfolgte seinen Nachhall – und räusperte sich.

»Von hellem Rot. Frisch, kernig, mit zartem Muskatton sowie Wildkirschenaroma. Ein ganz typischer Trollinger.«

»Ist das Wein?«, fragte Bill Bulldoss aus den USA.

»Die Württemberger behaupten es.«

»Kann man das wirklich trinken?«, kam es von Edward Macallan aus Schottland.

»Es ist nicht gesundheitsgefährdend. Zumindest nicht mehr als anderer Wein. Bevor noch mehr dumme Nachfragen kommen: Sie haben exakt eine Stunde Zeit, um eine Praline zu entwerfen, die perfekt zu diesem Wein passt. Sie dürfen den Wein auch verarbeiten. Hergestellt werden müssen jeweils hundert Stück. Die Zeit läuft bereits!« Auf einer großen Digitalanzeige lief sie rückwärts.

Und sie lief schnell.

Schon allein die Wahl der richtigen Schokolade war kompliziert. Zartbitter, wie klassischerweise zur Begleitung von Rotwein, süßere Vollmilch oder gar weiße Schokolade? Die enthielt zwar am meisten Kakaobutter, aber keine ebenfalls aus Kakaobohnenstücken gewonnene Kakaotrockenmasse, weswegen Puristen sie gar nicht als echte Schokolade ansahen. Der Trollinger war eine harte Nuss. Zwar sah er aus wie Rotwein, schmeckte aber mehr wie ein Weißwein.

Einige Chocolatiers griffen die Muskatnote auf, erweiterten sie mit Zimt und sogar rosa Pfeffer, andere versuchten eine aromatische Brücke zur Kirschnote zu schaffen, indem sie eine Ganache anrührten – wie die Kuvertürecreme genannt wurde, die aus Schokolade sowie Sahne oder Butter zubereitet wurde – und diese mit Kirschpüree und -likör aromatisierten. Edward Macallan karamellisierte seine Speckstücke in Kirschsirup, Vanessa Hohenhausen aus Deutschland wählte Preiselbeeren, Cranberries und Erdbeeren, um sie in einem weißen Trüffel zu vereinen, aromatisiert mit Rosé-Champagner, um die Säure des Trollingers aufzunehmen.

Urs Egeli aus der Schweiz nahm sich lange Zeit, den Wein zu verkosten, machte sich unentwegt Notizen und entschied sich dann für eine Wildpflückung reinen Criollos, einer Kakaosorte aus dem bolivianischen Urwald, die, wie Adalbert wusste, gleichermaßen fruchtig, feingliedrig und exotisch schmeckte. Mit dieser umschloss er perfekt gereifte Kirschen.

Auch die meisten anderen Chocolatiers bevorzugten diese edle Kakaosorte gegenüber dem kräftig-säuerlichen Forastero-Kakao, welcher aus den Urwäldern des Amazonas stammte.

Adalbert schritt zwischen den Küchenzeilen umher und schaute den zehn Besten auf die Finger. Ottavio Bertinotti machte es sich einfach, gelierte den Trollinger und füllte ihn in Pralinenhohlkörper aus Vollmilchschokolade.

Pierre Cloizel wahrte sein Geheimnis. Seine Ingredienzen waren in schlichten, unbeschrifteten Dosen abgefüllt. Die verschiedenen Farben der Gefäße gaben ihm sicherlich preis, was sich darin befand, doch niemandem sonst. Was er zusammenrührte, war völlig unklar. Und als Adalbert die Ganache probieren wollte, verbat er sich dies. Nur fertig und in Kombination mit dem Trollinger würde alles Sinn ergeben.

Adalbert blickte jedoch nicht nur auf Zutaten und Technik, nicht nur darauf, wie geordnet und sauber die Arbeitsplätze waren, sondern sah auch in die Augen der Finalisten. Vor allem in die von Gnarr und Cloizel, die scheinbar beide in enger Beziehung zu der toten Chocofee gestanden hatten.

War dort Trauer wegen des Todes von Beatrice Reekmans zu erkennen, mit der sie … ja, was genau eigentlich verbunden hatte? Nur ein nettes Gespräch, ein Tête-à-tête, Liebe? Hatte die Polizei die beiden schon befragt, oder behielten sie ihre Verbindung zur Toten für sich? Nach der ersten Runde würde er sie zur Rede stellen.

Cloizel war unglaublich konzentriert bei der Sache, seine Bewegungen wie ein schnell tickendes Uhrwerk, kein Moment des Zweifels, kein Roboter hätte die Befüllung der schokoladigen Pralinenformen schneller, gleichmäßiger und sauberer durchführen können. Gnarr dagegen wirkte sichtlich nervös, immer wieder testete er die Temperatur der Schokolade an der Unterlippe, obwohl ein so geübter Chocolatier die Temperatur schon an der Konsistenz und seinem zeitlichen Gespür erkennen sollte.

Bietigheim beschloss, dem Glatzkopf noch näher auf die Pelle zu rücken.

Doch mit einem Mal stand Madame Baels neben ihm. »Wir haben einen kleinen Pressetermin, mein lieber Herr Professor, nur ein Foto, dann dürfen Sie sofort weitermachen.«

»Nun ja, also gerade ist es ...« Adalbert wollte protestieren, doch als er diese gewaltige, imposante Frau betrachtete, konnte er einfach nicht anders, als weich zu werden. »Wenn Sie mich darum bitten, selbstverständlich sofort.« Dann folgte er dieser spanischen Galeere unter den Frauen hinaus. »Wohin geht es denn?«

»Nur kurz ins Museum, eine reine Formalität. Sie müssen nur Ihr bezauberndes Lächeln zeigen. Für mich, Professor, bitte.«

»Für Sie selbstverständlich.«

Er hatte keine Ahnung, wann er zuletzt gelächelt hatte, weder in Brügge noch sonst wo, doch Adalbert wollte sein Bestes geben. Hoffentlich ließen ihn seine in diesem Bereich untrainierten Gesichtsmuskeln nicht im Stich. Er machte ein paar Lockerungsübungen.

Madame Baels musterte sein Gesicht, spuckte in ein Taschentuch und wischte ihm ruppig einen Schokoladenfleck von der Wange.

Wie seine Mutter es immer getan hatte.

»Jetzt sehen Sie wieder aus wie mein strahlender Ritter. Perfekt für den Fototermin!«

Adalbert fuhr sich durchs Haar, zog seine Fliege nach und den Kragen seines maßgeschneiderten Seidenhemdes straff empor.

»Wollen Gnädigste mir verraten, um was genau ...«

»Da sind wir schon!« Bereits am Eingang des Schokoladenmuseums standen ungeduldig Pressevertreter. »Wir haben nur wenige Minuten, unser Juryvorsitzender ist beim Wettbewerb selbstverständlich unabkömmlich«, verkündete Madame Baels lautstark.

Strammen Schrittes gingen sie in den Skulpturenraum, wo weitere Journalisten und Fernsehteams sie bereits erwarteten.

Im Zentrum des Raums stand eine neue Chocofee-Skulptur. Ihr Gesicht war nicht das von Beatrice Reekmans. Sie erinnerte Bietigheim an jemanden. Bloß an wen? In Schokolade gegossen, wirkte ein Gesicht immer anders. Man sah das ja sehr selten. Auch literweise Selbstbräuner erbrachten kein vergleichbares Ergebnis.

»Stellen Sie sich bitte daneben, lieber Professor«, sagte Madame Baels, dann klatschte sie in die Hände, und das Licht wurde gedimmt, ein auf die Skulptur gerichteter Spot erschien, dann erklang märchenhafte Musik mit Harfen, Piccoloflöten und Glockenspiel.

Und plötzlich stand sie auf der anderen Seite der Skulptur, die unauffällige Mareijke Dovendaan. Doch nun war sie gar nicht mehr unauffällig, es war wie bei Aschenputtel. Zieh ihr das Kleid einer Prinzessin an, und plötzlich siehst du, dass sie immer eine Prinzessin war!

Mareijke Dovendaan trug kein Prinzessinnenkleid.

Sie trug das Kostüm der Chocofee.

Dann nahm sie sich scheu das Mikro und begann zu singen.

Und wie sie sang.

So schön, dass sich jede Nachtigall aus Neid in den Fang des nächstbesten Fuchses gestürzt hätte.

Die Fotografen schossen sich die Finger wund.

Tränen rannen aus Dovendaans Augenwinkeln, und Bietigheim bemerkte ein leichtes Zittern der Hand, die das Mikrofon hielt.

Die Fee war tot, es lebe die Fee.

Pit sah sich ungeduldig um. Wo steckte bloß der Professor? Immer öfter wurde er nach ihm gefragt und danach, wer den Chocolatiers auf die Finger schaute. Die Filmteams wollten unbedingt einen Juror dabei filmen. Die anderen Juroren dieser ersten Runde waren Madame Baels und die Chocofee – die ebenso unauffindbar waren.

Die Situation rief nach einem Mann der Tat. Ja, sie brüllte fast schon.

Pit griff sich eine der perfekt gebügelten Schürzen, von denen der Professor sich eben auch eine umgebunden hatte, und baute sich vor den Kameras auf.

»Wem kann ich helfen?«

»Wen sollen Sie denn darstellen?«

»Ich bin …«, verdammt, wer war er eigentlich? Persönlicher Assistent klang wie Mädchen für alles, außerdem hatte Benno den Job ja schon – als Hund für alles. Als Bodyguard ging er zwar durch, aber keiner würde ihn dann interviewen wollen, das wäre also keine Entlastung für den Professore. Wer konnte er bloß sein?

»Ich bin … der Schokobär.«

»Der was?«

»Der Schokobär. Ich bin Teil der Jury und der größte Schokoladenesser Deutschlands sowie Englands, wo ich seit Kurzem esse. Also, meiner Profession nachgehe. Eigentlich bin ich einer der größten Schokoladenvernichter … ähm … Feinschmecker Europas. Wenn nicht des Globus. Ich unterstütze die Jury bei ihrer Arbeit.«

»Sie sind also eine Art Jurysekretär?«

Pit blickte in fragende Gesichter. »Nein, ich bin das Zünglein an der Waage. Oder besser die Zunge. Bei einem Patt.«

»Aber die Jury ist dreiköpfig, da kann es kein Patt geben.«

»Der Professor ist häufig zweierlei Meinung. Also, wollen Sie jetzt, dass ich Ihre Fragen beantworte oder nicht? Ich kann auch wieder gehen.« Pit drehte sich um, Gemurmel erklang.

»Nee, bleiben Sie. Sie sind gut. Erzählen Sie uns was zu dem Wein, diesem Tiroliner, zu dem die Chocolatiers etwas kreieren müssen.«

»Dollinger heißt er, ausgesucht von Professor Dr. Dr. Dr. Adalbert Bietigheim!« Ein Dr. mehr würde den Professor sicher freuen, davon konnte man schließlich nie genug haben. In letzter Zeit verlor man den Doktortitel ja schneller als den Schlüsselbund. »Großartiger Wein, also einer der besten Weine Deutschlands. Vom Weingut…«, Pit blickte auf das Etikett, »Lüdenscheid-Bietigheim, das sind die Rolling Stones unter Deutschlands Winzern, also echte Klassiker. Die sind großartig, was die mit Trauben machen, also, das ist so wie das, was Wurst-Willi mit Currywurst macht. Der Wein ist sogar rot! Und wird aus Trauben gemacht. Keine aus dem Gewächshaus, glaube ich, nee, hier ist sogar ein Bild vom Weinberg. Das darf man nur bei den allerbesten Weinbergen draufdrucken. Bei nur drei Stück in Deutschland. Und die Flasche hat einen Schraubverschluss, den tragen in Deutschland nur Weine über 100 Euro. Sein Geschmack ist…« Er probierte ihn, seine Geschmacksknospen falteten sich ängstlich zusammen oder fielen ins Koma, wenn sie sich nicht schnell genug verschlossen. Pit rang nach Luft. »Der Trödelinger ist sehr eigen, hochinteressant. So schmeckt sonst nichts auf der ganzen Welt!« Gott sei Dank schmeckte nichts so. »Kenner wissen das sehr zu schätzen.« Sie wissen sehr zu schätzen, wenn er in den Gully geschüttet wird.

»Können Sie uns sagen, wer der Favorit der Jury ist? Wenn es schon einen gibt?«

»Ich finde ja die Brasilianerin süß – aber schreiben Sie das bloß nicht, sonst lyncht mich meine Freundin.«

»Dürfen die Teilnehmer denn einfach den Raum verlassen? Ist da nicht Schummelei Tür und Tor geöffnet?«

»Wieso den Raum verlassen?«

»Na, wie der da aus ... ist das nicht der aus Island?«

Pit drehte sich um.

Es war der aus Island, Jón Gnarr. Pit stürmte hinterher, wobei er die Wucht einer Hundertschaft entwickelte. Der Gang war leer, alles spielte sich im Saal ab, nur dicke Stromkabel verrieten, dass hier heute etwas Besonderes passierte.

Jón Gnarr war nicht zu sehen.

Aber zu hören.

Allerdings erst nachdem Pit etwas leiser schnaufte und die Tür hinter sich geschlossen hatte.

»Nein, nein, es ist wohl Wein. Aber ... ja, roter, also hellrot ... Tabak, meinst du wirklich? ... Was? ... Nein, die Polizei hat mich noch nicht befragt ...«

Jedes Wort führte Pit wie eine Spur aus Brotkrumen näher zu Gnarr. Näher zu einem der Männer, die in den Stunden vor Beatrice Reekmans' Tod um sie herumscharwenzelt waren. Einem Mann, den der Professor noch befragen wollte. Na, die Arbeit konnte ihm abgenommen werden!

Irgendwann stand Pit neben dem Isländer, seine Pranke schloss er um dessen Handy. Es verschwand darin. Dann drückte Pit die Schultern des isländischen Chocolatiers so fest gegen die Wand, als würde er sie dort mit Stahlbolzen verankern.

»Na, wer pfuscht denn da? Selbst zu blöde, auf eine Idee zu kommen, was?«

»Ich weiß nicht, wovon Sie reden, ich war gerade ...«

»... ja klar, auf dem Weg zur Pippilette. Erzähl das deiner Großmutter! Aber vorher sagst du dem lieben Schokobär, was du mit der Chocofee gemacht hast, sonst war es das nämlich für dich mit der Weltmeisterschaft, klar? Ich halte dich hier so lange fest, bis die Runde vorbei ist. Dann bist du wohl nicht fertig geworden. Schadeeeee.«

»Das können Sie doch nicht machen! Hilfe!«

Eine Pranke landete auf dem Mund des schmächtigen Mannes, Pit wechselte dafür von der beidhändigen Festsetzmethode zu derjenigen, bei der nur ein Unterarm nötig war.

»Der Schokobär kann das machen. Denn der Schokobär ist ganz stark – aber leider auch ganz dumm.« Pit verdrehte die Augen. »Ganz dummer Schokobär. Mochte Chocofee sooo gern. Chocofee jetzt tot. Mann aus Island hat sie tot gemacht.«

Er löste die Hand vom Mund des Chocolatiers.

»Wir haben nur ein bisschen gequatscht, sonst nichts. Sie war betrunken.«

»Und wann hast du sie das letzte Mal gesehen?«

»Das wird so um Mitternacht gewesen sein. Ich wollte zurück ins Hotel ...«

»... mit ihr, klar.«

»Nein.«

»Erzähl mir doch nix, du wolltest sie abschleppen!«

Gnarr sagte nichts. Pit drückte seinen massigen Körper stärker auf den dünnen Isländer.

»Ja, ich geb's zu, mit ihr. Aber das ist doch kein Verbrechen! Wäre sie mit mir gekommen, dann wäre sie jetzt nicht tot.«

»Ach, also hat sie deinem unwiderstehlichen Scheißercharme widerstehen können.«

Pit hatte genug Cop-Filme gesehen, um zu wissen, wie man sich als Bad Cop verhielt. Dass der Good Cop gerade fehlte, war nicht sein Problem. Pit beherrschte nur den anderen. »Das muss doch einer von euch Pralinentypen gewesen sein. Wer sonst übergießt eine Leiche mit Schokolade?«

»Sie wurde mit Schokolade über ... das wusste ich gar nicht!«

»Nein, völlig neu. Klar. Siehst du meine Uhr? Ticktack, Weltmeisterschaft ade.«

»Ich war's nicht! Ehrlich!« Jón Gnarrs Glatze fing vor Angstschweiß an zu glänzen. »Und jetzt lassen Sie mich endlich los.«

»Und wer war's dann? Du warst der Letzte, der Beatrice lebend gesehen hat. Oder ist sie mitten in der Nacht noch mit diesem Cloizel losgezogen?«

»Mit Pierre? Nein, nein, der steht auf andere Genüsse. Mit Ottavio war sie noch unterwegs. Der hat sie mir ausgespannt, der Angeber.«

Pit ließ los.

Jetzt auch noch Ottavio Bertinotti, der Italiener.

Es würde weniger Mühe machen, die Chocolatiers zu befragen, mit denen sie nicht herumgemacht hatte.

Also viel Arbeit für den Schokobär.

Adalbert kam gerade rechtzeitig zurück, um zu sehen, wie die zehn Chocolatiers ihren Werken den letzten Feinschliff verpassten.

Pierre Cloizel hatte die Ruhe weg, ließ sich Zeit, blickte niemals zur Konkurrenz. Edward Macallan machte Show, warf seine Speckstücke wahllos über die Pralinen, aus großer Höhe, stieg dafür sogar auf einen Stuhl. Der Pfeffer kam selbstverständlich aus einer fast mannshohen Mühle. Die Fotografen liebten ihn. Dabei wusste doch jeder: je größer die Pfeffermühle, desto schlechter der Koch. Jón Gnarr rauchte Pfeife und blies den Qualm über die Pralinen, nachdem er zuvor schon Trockenkirschen geräuchert hatte.

Urs Egeli aus der Schweiz hatte seine schlichte Praline aus bestem Criollo längst fertig und räumte akribisch seinen Arbeitsplatz auf.

Die junge deutsche Kandidatin war die Hektik in Person,

sie wirkte wie ein Kolibri, der jede Millisekunde eine neue Blüte anflog, rasend schnell die Flügel schlagend.

Bill Bulldoss aus Los Angeles schob sich nacheinander einige seiner riesenhaften Pralinen in den Mund und sah dabei immer zufriedener aus – obwohl es wirklich eine Leistung war, die Dinger überhaupt in einem Stück in den Mund zu befördern. Der Professor war ehrlich fasziniert.

Plötzlich erschien Pit neben ihm. Mit der umgebundenen Schürze sah das wuchtige Nordlicht aus wie ein Nashorn im Tütü.

»Professore, ich bin jetzt hier der Schokobär und Teil der Jury – fragen Sie nicht, warum!«

»Sie erklären es mir später«, sagte der Professor erstaunlich gefasst. Es klang mehr wie ein Befehl.

Üblicherweise bestand die Jury der Weltmeisterschaft aus erfahrenen Chocolatiers, auch Madame Baels hatte eine solche Ausbildung gemacht, Beatrice Reekmans sollte mehr oder weniger zur Schau dabei sein. Früher hatte die Jury aus einundzwanzig ausgebildeten Chocolatiers aus aller Herren Länder bestanden, was aber auf Dauer die Finanzen sprengte. Die internationale Chocolatiersvereinigung war schließlich zu dem Entschluss gekommen, ein Prof. Dr. Dr. Bietigheim ersetze in diesem Jahr einundzwanzig Meisterchocolatiers. Bietigheim sah das genauso. Alle anderen in der Jury waren eigentlich nur Verzierung. Und eine Verzierung mehr konnte auch nicht schaden. Im Halbfinale und Finale würden allerdings ausgebildete Patissiers zur Jury stoßen.

Die große Digitaluhr zeigte an, dass es nur noch wenige Sekunden waren.

Sieben … Sechs … Fünf …

Bietigheim nahm sich das Mikrofon und zählte laut mit: »Vier … drei … zwei … eins …«

Madame Baels schlug einen großen chinesischen Gong.

»Alle Hände von den Pralinen! Wer jetzt noch etwas verändert, wird disqualifiziert!«

Jón Gnarr blickte schuldbewusst auf. Die Zeit war ihm ausgesprochen kurz geworden.

Die Chocolatiers mussten ihre Pralinen nun zu einer langen Tafel bringen, welche die Jury abschreiten und dabei probieren würde.

Es wirkte auf Adalbert, als würden die Halter der Provinzen ihrem König Gaben darbieten.

Sie ernteten dafür ein gönnerhaftes Nicken.

Vor ihm und den anderen Juroren befand sich nicht länger Schokolade, es waren Kunstwerke, die Genuss versprachen, einen goldenen Moment im Mund, ein Feuerwerk am Gaumen, einen Bissen Sinnlichkeit. Im Idealfall: einen Moment, in dem die Zeit stillstand und alle Sorgen dahinschmolzen wie Schokolade in der Sonne.

Nun ging es ans Probieren.

Der Professor ließ eine Flasche Bietigheimer Wurmberg Trollinger öffnen und in vier Gläser gießen. Die Verkostung von Wein in Kombination mit Schokolade erforderte die richtige Reihenfolge – Bietigheim erläuterte sie allen, die sie hören wollten. Und seiner Meinung nach umschloss das einfach alle.

»Zuerst ein winziger Schluck Wein, dann schnuppern Sie an einem Stückchen Schokolade, bevor Sie es auf Ihre Zunge legen und Textur sowie Geschmack erforschen. Zart muss sie sein, geschmeidig und cremig, ihr Geschmack sollte ausnehmend lange anhalten. Falls sie sich fettig oder rau anfühlt, dann spucken Sie das miserable Erzeugnis ruhig aus. Zwei Zahlen will ich Ihnen vor der Verkostung noch nennen: Wein weist rund 850 bis 900 Aromen auf – Schokolade rund 1100 Aromen!« Er ließ das erst einmal sacken. Harter Tobak für Weinconnaisseure. »Nachdem Sie beide Genüsse einzeln erkundet haben, nehmen Sie abermals eine Praline, lassen Sie diese an Ihrem

Gaumen anschmelzen, aber sich bloß nicht völlig auflösen! Jetzt erst folgt ein Schluck Wein. Zuerst beherrscht die Schokolade Ihren Mund, dann beginnt die ›Mariage‹, die Verheiratung, mit dem Wein. Ein Liebesspiel. Im besten Fall! Eine lautstarke Streiterei im schlechtesten. Wir werden sehen. Oder besser: Wir werden schmecken.«

Es waren Liebesspiele. Allesamt. Zärtliche, wilde, unfassbar sanfte, andere im kitschigen Hollywoodstil oder mit lautem Quietschen des Bettrostes. Doch fraglos hatten es alle zehn Teilnehmer verdient, hier zu sein, es gab keinen einzigen technischen Fehler. Bietigheim hatte eine lange Kontrollliste entwickelt, in der er etliche Unterpunkte benotete – unter anderem Schokoladenqualität, Gleichmäßigkeit der Pralinen, Harmonie, Füllung und Hülle, Glanz, Süßebalance. Er rechnete alles zusammen und teilte den anderen drei Juroren in einem Nebenraum seine Entscheidung mit, fragte kurz nach Gegenstimmen, erwartete und erhielt keine, drehte sich auf dem Absatz um und machte sich daran, das Ergebnis zu verkünden.

Für seine kompetente Entschlossenheit genoss er Madame Baels' bewundernden Blick.

Im Saal war zwischenzeitlich ein Podest samt Rednerpult aufgebaut worden, das Adalbert forsch betrat. Die Augen der vor ihm versammelten Chocolatiers waren mit einer explosiven Mischung aus Hoffnung, Angst, Ungeduld und … Gelassenheit gefüllt. Urs Egeli blickte tiefenentspannt zum Fenster hinaus, so sicher war er sich seiner Sache. Franky van der Elst dagegen war knallrot angelaufen, Edward Macallan kaute an seinen Fingernägeln – hoffentlich nicht, um eine weitere exotische Zutat für seine Kreationen zu erhalten. Jòn Gnarr versuchte erfolglos, mit Jana Elisa da Costa zu flirten, die hoch konzentriert nach vorne blickte.

Gleich würden zwei Finalträume zerplatzen, und acht durften weitergeträumt werden.

»Sehr geehrte Damen und Herren, verehrte Chocolatiers, Vertreter der Medien, hier das offizielle Ergebnis der Jury. Das Halbfinale der Weltmeisterschaft der Chocolatiers erreicht haben ... nein, warten Sie. Vorher möchte ich noch sagen, dass einige von Ihnen dem Trollinger wirklich Ehre gemacht haben. Und Sie nach Württemberg reisen sollten. Erzählen Sie allen, wer Sie auf den heimischen Wein gebracht hat. Mein Name wird Ihnen dort sicherlich Tür und Tor öffnen. Also ... wo war ich ... ach ja, die Halbfinalisten. Diese sind ... hat zufällig irgendjemand meinen Foxterrier gesehen? Benno von Saber? Mister Macallan, würden Sie freundlicherweise einmal an Ihrem Arbeitsplatz nachschauen ... jetzt bin ich doch ganz nervös.«

Macallan lief lässig zu seiner Kochstelle, beugte sich hinter dem Herd hinunter und kam mit einem Speck kauenden Benno im Arm wieder empor.

Adalbert war froh, als er den kleinen Racker wieder in den Armen hielt, auch wenn dieser unbedingt wieder zur Quelle des Specks zurückkehren wollte und sich wand und zappelte wie ein kleiner Aal.

»Ja, es gibt ja gleich was!« Der Professor holte einen Hundekuchen aus seiner Sakkotasche, und gleich war Benno wieder die Ruhe selbst.

Gut.

Adalbert blickte in irritierte Mienen.

Was wollte er doch gleich noch hier oben? Rednerpult? Chocolatiers? Halbfinale!

»Die Halbfinalisten sind ... wollen sich die Herrschaften nicht lieber setzen?«

»Nein!«, riefen die Chocolatiers wie aus einem Mund.

»Nun gut. Also, die Halb...«

...finalisten sind«, kam es aus dem Publikum.

»Korrekt. Sehr gut, setzen.« Er lächelte. Mörderwitz. Komisch, dass keiner lachte. »Also die ... na ja, Sie wissen schon ... es sind: Pierre Cloizel, Franky van der Elst«, großer

Jubel brandete auf, obwohl in dieser ersten Runde nur Presse und erst in der zweiten Publikum zugelassen war. Adalbert ließ nach jedem Namen eine kurze Pause: »Bill Bulldoss, Jana Elisa da Costa, Urs Egeli, Edward Macallan, Jón Gnarr und … Vanessa Hohenhausen. Meinen ganz herzlichen Glückwunsch an Sie alle!«

Was unausgesprochen blieb: Nicht eine Runde weiter waren somit Ottavio Bertinotti aus der Schokoladenmetropole Turin, der Dressman unter den Chocolatiers, sowie der langmähnige Mozart der Schokoladenszene, Leopold Ribisel aus Wien. Beides war so nicht vorherzusehen gewesen. Ganz unten bei den englischen Buchmachern hatten schließlich Jón Gnarr und Vanessa Hohenhausen gestanden.

»Die Entscheidung ist der Jury sehr schwergefallen, da alle herausragende Arbeit geliefert haben.«

Was man halt so sagte. Eigentlich war es sehr einfach gewesen. Ribisel hatte es sich zu leicht gemacht und seine berühmte Praline mit Johannisbeeren und kandierten Mandelsplittern nur leicht aromatisch an den Trollinger angepasst. Ottavio Bertinotti hatte seine herausragende Praline mit feinherber Mokkaganache durch eine einzige modische Schnickschnackzutat zerstört: Brausepulver. Passte überhaupt nicht zum Trollinger. Beide Chocolatiers schienen maßlos enttäuscht, während die anderen acht in der Mitte des Saals Aufstellung für das Foto der Halbfinalisten bezogen.

Da geschah etwas, womit niemand gerechnet hatte.

Fetzen von Jaguarfell rieselten wie überdimensionale Schneeflocken herab, ganz langsam und friedlich, immer mehr und mehr fielen von der Decke, legten sich auf Haare und Schultern der Chocolatiers.

Das Blitzlichtgewitter war unvorstellbar.

KAPITEL 3

Das Leben ist wie eine Schachtel Pralinen …

… erst hast du Spaß, und dann wirst du dick.

Madame Baels musste ihre Kindheit auf einem Hühnerhof verbracht haben, so schnell, wie sie die Medienleute aus dem Rathaus scheuchte.

Und sie war ungemein raffiniert.

Sie scheuchte sie nämlich offiziell nicht heraus, weil gerade etwas passiert war, das mit dem Mord an der Chocofee in Verbindung stand. Oh, nein. Das Jaguarkonfetti war mit einem Mal ihre Idee gewesen – wie Konfettikanonen nach Fußballfinalspielen. Jetzt müsse ganz schnell sauber gemacht werden, denn der Rathaussaal würde am nächsten Morgen ja für die Sitzung des Brügger Sport- und Seniorenausschusses benötigt. Hach, das sei alles so hektisch, aber auch wunder-wunder-wunderschön.

Sie kauften es ihr ab.

Als Kommissar Aspe wenig später eintraf, war sein Unmut über die in Professor Bietigheims Augen brillante Scharade unübersehbar, wie bei einem kochenden Wasserkessel der Dampf. Noch größer war sein Unmut darüber, dass Adalbert Bietigheim auf der obersten Stufe einer Leiter stand und inspizierte, was an die Decke montiert worden war, um den Fellregen zu verursachen.

»Kommen Sie auf der Stelle da herunter!«

»Das geht leider nicht.«

»Wie? Geht leider nicht? Runter mit Ihnen! Sonst schmeiß ich das Ding um, dann sind Sie ganz schnell unten.«

Doch am unteren Ende der vom Hausmeister flugs herangeschafften Leiter stand Pit und hielt sie fest. Für einen Moment löste er seine rechte Hand und reichte sie Aspe. Oder besser: Er griff sich die Hand des Hauptkommissars, der zu verwirrt war, um dies zu verhindern, und zerquetschte sie fast.

Aspe ließ sich den Schmerz nicht anmerken. Er lächelte sogar. Mit zusammengebissenen Zähnen.

»Und wer sind Sie?«

»Der, die, das Kossitzke. Und wenn Sie den Professore herunterschmeißen, schmeiße ich Sie auch herunter.« Er deutete auf das Fenster. »Die Scheibe können Sie auf dem Weg nach unten gratis mitnehmen.«

Aspe schüttelte genervt den Kopf. »Scheiße, ein Komiker.«

»Er ist unser Schokobär«, schaltete sich Madame Baels ein.

»Hier wundert mich gar nix mehr«, sagte Aspe. »Also, Schokobär, warum kann der Schokoprofessor nicht herunter zu uns in die Schokohalle kommen?«

»Er hat sich den Fuß verrenkt. Beim Hinaufsteigen.«

»Wahrscheinlich verrenkt er sich auch das Handgelenk beim Strullern.«

»Ist mir nicht bekannt«, sagte Pit knochentrocken.

»Und wie kriegen wir ihn da jetzt wieder herunter?«

»Ich habe es gefunden!«, rief Bietigheim dazwischen. »Es ist ein …« Er drehte den Kopf und besah die Apparatur an der Decke von allen Seiten. Eine vorschnelle Statusmeldung war nicht seine Sache.

»Ja? Was denn? Ein Kühlschrank?« Aspe war nahe daran, die Geduld zu verlieren. Er hatte ohnehin nicht viel davon. Es befanden sich mehr Vitamine in Schokoladenmousse als Geduld in Aspe.

»Es ist ein Kasten«, vermeldete der Professor.

»Woraus besteht er?«, fragte Pit.

»Nun ja, es ist ...«

»Nun spucken Sie es schon aus!«, herrschte der Kommissar ihn an.

»Lego«, rief der Professor herunter. »Er besteht aus Legosteinen. Im selben Braun wie die Decke. Selbst die kleine rote Zierleiste ist nachgebildet. Sehr schön gebaut. Die Klappe mit Scharnieren befestigt, und ... warten Sie ... ich versuche mal dahinterzublicken ... ja, das hatte ich vermutet ... alles mit doppelseitigem Klebeband an der Decke fixiert. Die Montage ging sicher ganz schnell vonstatten. – Oha, es sind noch Fetzen des künstlichen Jaguarfells in der Apparatur.«

»Fassen Sie bloß nichts an! Zu spät, oder? Sie haben schon alles betatscht?«

Bietigheim winkte ihm zu. »Handschuhe aus feinstem Peccaryleder! Und noch habe ich die Apparatur überhaupt nicht angefasst. Soll ich sie abmontieren? Für solche Fälle halte ich stets mein treues Offiziersmesser griffbereit. In der Schweiz wird es übrigens Sackmesser genannt, von Hosensack.«

Aspe überlegte kurz. »Zum Henker: ja. Holen Sie das Teil da herunter. Aber bauen Sie bloß keinen Mist!«

Adalbert klappte die große Klinge aus, berührte die Konstruktion mit ausgesuchter Sanftheit ... und sie fiel einfach herab.

Für den Professor wirkte es, als passierte alles in Zeitlupe. Das Wunderwerk aus Lego drehte sich in der Luft um die eigene Achse und nahm Kurs auf den harten Fliesenboden. Es war wie ein kleiner Tanz, ähnlich dem eines Turmspringers vom 10-Meter-Brett, zweifacher Salto, vierfache Schraube.

Nur dass es bis zum Fußboden viel kürzer war.

Bietigheim sah, wie sich Aspes Mund entsetzt öffnete und er die Hände in die Höhe warf.

Was er nicht sah, war Pits Hand.

Sie war sehr schnell und sehr groß und vor allem ganz fix an der richtigen Stelle. »Hab's gefangen!«, rief Pit. »Genau wie besprochen. Sehr gut geworfen, Professore!«

Bietigheim reckte den Daumen.

»Jetzt haben Sie es aber angepackt!«, nölte Aspe zu Pit.

»Sorry, mein Fehler.« Er klopfte sich gegen die Stirn. »Dummer, dummer Schokobär!« Pit reichte ihm grinsend die Konstruktion, doch Aspe griff erst danach, als er Einmalhandschuhe aus seiner Jackentasche gefriemelt und angezogen hatte.

»Da kann die Spurensicherung ja gleich zu Hause bleiben – und Sie zwei Komiker übernehmen die Ermittlungen.«

Der Professor ging die Sprossen der Leiter herunter. »Das wäre in der Tat besser. Schließlich verstehen wir etwas von der Kulinarik, und diese ist ja wohl der Schlüssel zum Fall.«

»Ich dachte, Ihr Fuß ist verrenkt?«, fragte Aspe barsch.

»Ist wieder eingerenkt. Ein Wunder! Muss die gute Meeresluft sein.«

Auf dem Boden angekommen, reichte Bietigheim dem verärgerten Aspe die Hand, doch sie blieb erneut ungeschüttelt. Stattdessen drehte sich der Hauptkommissar um und sprach zu einem gerade den Raum betretenden Blaumannträger.

»Hey, Sie sind doch der Hausmeister, oder? War hier in den letzten Tagen einer mit dieser Leiter zugange?«

»Nein, nicht dass ich wüsste.«

»Was heißt das? Ja oder nein?«

»Nein.«

»Kann hier sonst jemand mit solch einer Riesenleiter hereingekommen sein?«

»Das halte ich für sehr unwahrscheinlich.«

»Ja oder nein?«

»Nein.«

»Na, klasse, dann kann unser Unbekannter also fliegen. Geben wir eine Fahndung nach Superman raus.«

Aspe hatte gar nicht bemerkt, dass Pit neben ihm stand und die Konstruktion in der Hand des Hauptkommissars in Augenschein nahm.

»Das ist der Lego Power Functions Infrarot Empfänger 8884, mit einer Fernbedienung, also mit der 8879, spricht man ihn an.«

Aspe sah Pit schief an.

»Meine Nichte liebt Lego. Sie hat mal ein fünfzig Zentimeter langes Motorrad damit gebaut. Samt Motor. Konnte auch fahren. In die Tassensammlung ihrer Mama. Das war das Ende. Sowohl von der Tassensammlung wie vom Motorrad.«

»Ihre Familiengeschichte interessiert mich einen Dreck. Wie nah müssen Sender und Empfänger beieinander sein?«

»Ach, schon ziemlich.«

»Wollen Sie damit sagen …?«, fragte Bietigheim, der nun näher kam.

»Ja, schon«, antwortete Pit, bevor die Frage vollständig ausgesprochen war.

»Dass der Sender sich vermutlich im selben Raum befunden haben muss?«

»Vermutlich«, bestätigte Pit.

»Und ich sage Ihnen: Er muss es auf jeden Fall. Denn nur wer im Raum war, konnte den exakten Moment für die Öffnung erkennen – als die Chocolatiers darunterstanden. Nur Medienvertreter waren im Saal, sämtliche akkreditiert, die Mitarbeiter der Weltmeisterschaft … und die Chocolatiers. Egal, wer die Fernbedienung hatte, er wird sich ihrer vermutlich längst entledigt haben. Wir sollten die Mülleimer ringsum untersuchen lassen. Und dann sollten …«

»…wir alles nach Fingerabdrücken untersuchen«, beendete Aspe den Satz. »Wobei ich *wir* meine wie in: ich und auf keinen Fall Sie. *Wir* wie in: Stecken Sie Ihre Nasen woanders rein. Von mir aus bis zum Anschlag in Schokolade.« Er wandte sich an einen seiner Mitarbeiter, der dem Wortgefecht feixend zugesehen hatte. Bietigheim erkannte ihn als den Informanten von der Frittur wieder! »Degroof, nehmen Sie die Fingerabdrücke sämtlicher heute anwesender Personen. Und zwar umgehend. Madame Baels wird Ihnen eine entsprechende Liste erstellen. Zudem sichten Sie sämtliche heute gemachten Video- oder Fotoaufnahmen. Es ist mir egal, wie lange das dauert und wie viele Überstunden Sie machen müssen. Vielleicht kann man auf einer Aufnahme die Fernbedienung erkennen. Außerdem Schlösser untersuchen und alle Wachmänner befragen, ich will wissen, wie der…Attentäter hier reingekommen ist. Erste Ergebnisse bis heute Abend.«

Benno drückte sich gegen Aspes Bein und hinterließ dort ein Büschel Haare.

»Na, super: Fellhose!«, knurrte Aspe und versuchte es wegzustreichen. Erfolglos. »Ich geh jetzt was essen. Fritten, keine Schokolade. Schokolade ist nur was für Komiker.«

Als er ging, grinsten sich die zwei anwesenden Komiker äußerst zufrieden an – und streichelten den stolzen Benno von Saber.

Bevor der Professor sich auf den Weg nach De Haan gemacht hatte, um Beatrice Reekmans' Eltern sein Beileid auszusprechen und sich ein wenig umzuhören, hatte er Pit beauftragt, Ottavio Bertinotti zu befragen – solange dieser noch im Hotel der Chocolatiers weilte und nicht frustriert abgereist war.

Das Hotel »De Boerenpummel« lag ein wenig außerhalb Brügges und stand inmitten der Polderlandschaft. Ein zweigeschossiges weißes Gehöft, auf dem auch ein paar

Kühe, Schweine und Schafe gehalten wurden – allerdings mehr aus Dekozwecken. Ein Border-Collie beäugte diese hoch konzentriert, während er sich die Sonne auf den Pelz scheinen ließ. Einige Holzliegen waren auf die Wiese gerollt worden – in einer davon lag Ottavio, in Jeans und aufgeknöpftem Hemd, sodass sein ebenso muskulöser wie behaarter Oberkörper gebräunt wurde.

Als Pit sich auf die Liege neben ihm sinken ließ, blickte er nicht einmal hinüber.

»Hallo, Meister«, begrüßte Pit den Italiener fröhlich.

»Hallo, Signore … ich weiß leider nicht mal Ihren Namen.«

»Kossitzke, Pit.«

»Wollen Sie mir Ihr Beileid zum Ausscheiden aussprechen?«

»Nö, das ging schon voll in Ordnung. Ihr Praliné passte gar nicht zum Trollinger.«

»Der Wein war Dreck!«

»Der Wein war eine Herausforderung.«

Ottavio knöpfte sich das Hemd zu und setzte sich auf. »Was wollen Sie dann von mir?«

»Nur ein paar Antworten. Tut gar nicht weh. Zumindest weniger, als Ihre Praline mit dem Trollinger zu essen.« Pit lachte schnarrend. Heute hatte er null Bock auf Höflichkeit.

»Ich muss mich von Ihnen nicht veralbern lassen! Und Fragen beantworten werde ich Ihnen schon gar nicht. Selbst wenn Sie mich nach der Uhrzeit fragen würden.«

Ottavio stand auf und ging ins Haus.

Pit folgte nur wenige Schritte hinter ihm.

Als dieser in sein Zimmer ging, ging Pits Fuß mit und schob sich in den Türspalt.

»Lassen Sie mich in Ruhe, sonst rufe ich die Polizei!«

Pit drückte die Tür auf, schubste den Italiener aufs Bett, warf sich mit seinem ganzen Gewicht hinterher und band dessen Handgelenke mit der mitgebrachten Wäscheleine an die Bettpfosten. Mit den Beinen machte er dasselbe. Er wollte das schnell hinter sich bringen, und auf Diskussionen hatte er gar keine Lust. Was er hatte, war tierischer Hunger. Und das war immer ganz schlecht für seine Laune.

»Keine Angst, Burschi. Das wird nix Sexuelles.« Dann band er dem fluchenden Italiener ein Lätzchen um. »Ganz ehrlich: Das hier macht mir keinen Spaß. Okay, es macht mir Spaß. Aber nur ein bisschen, und ein anderes bisschen fühle ich mich echt mies deswegen. Also gib mir schnell die Antworten, die ich brauche, und ich bin wieder raus, und du kannst zurück nach Rom.«

»Nach Turin!«

»Da soll es ja auch schön sein.«

»Wunderschön ist es dort. Was wollen Sie denn wissen, um alles in der Welt? Und ich werde Sie anzeigen, das ist Ihnen doch wohl klar!«

»Tun Sie, was Sie nicht lassen können. Aber ich sage Ihnen jetzt schon: Keiner wird Ihnen glauben, wie ich Sie gefoltert habe.«

»Folter? Was für eine Folter?« Ängstlich riss Bertinotti die Augen auf.

»Vielleicht gar keine. Also: Was lief mit Beatrice, der ermordeten Chocofee? Sie sind der Letzte, der Sie gesehen hat.«

»Das geht Sie überhaupt nichts an.«

»Gerade die Sachen, die mich überhaupt nix angehen, interessieren mich leider am meisten. Und damit kommen wir zur Folter.«

»Sie Unmensch!«

»Unbär seit heute. Unschokoladenbär. Und wie foltert so ein Unschokoladenbär? Na?«

»Mit ... Schokolade?«, brachte Ottavio stotternd hervor.

»Ganz genau! Der Kandidat hat 100 Punkte. Mit Schokolade.« Pit zog fünf Tafeln aus seiner Jackentasche. »Das hier, Freundchen, ist billigste Milchschokolade, von ganz unten im Regale. Der reinste Schund, und ich habe darauf geachtet, die verstaubte mit dem ältesten Haltbarkeitsdatum zu erwischen. So was schenkt die Omma ihren Enkelchen, wenn sie die Bratzen so schnell nicht wiedersehen will. Und du machst jetzt schön das Mündchen auf, damit der Schokobär dem lieben Ottavio was geben kann.« Pit setzte ihm eine Wäscheklammer auf die Nase, und nach kurzer Zeit öffnete sich der Mund. Der erste Riegel Schokolade wurde hineingesteckt.

»Na, schmeckt richtig scheiße? Hm? Jaulen deine Geschmacksknospen schon auf?« Ottavio antwortete nicht. »Was sagst du? Ist dir zu trocken? Na, das können wir ändern. Ich habe hier noch dieses Kakaopulver, von dem ich vermute, dass es aus Zucker, gehärteten Fetten, künstlichen Aromen und genau null Prozent Kakao besteht. Das rührt der liebe Schokobär jetzt mit Wasser an. Und dann bekommt der gute Ottavio es eingeflößt, damit er auch den nächsten Riegel herunterkriegt.«

»Sie sind ja verrückt! Ich…«

Doch da kam schon der zweite Riegel angeflogen. Und der dritte gleich hinterher.

»Hören Sie…«, setzte der Italiener mit vollem Mund an.

Vierter Riegel. »Du hast ja vielleicht einen Riesenhunger!«

»Sofort aufhö…«

Riegel fünf und sechs. »Und wehe, du spuckst aus! Ich schaufel alles wieder rein.« Aber Ottavio kaute brav. »Wenn du nicht bald redest, hole ich die Mon Chéri, und dann gnade dir Gott!«

Pits Hunger wurde übermächtig. Er aß auch einen Riegel. Schmeckte wie toter Biber. Unter den Füßen.

Er ließ Ottavio etwas Zeit zum Verdauen und sah sich derweil im Zimmer nach Legosteinen um, durchsuchte alles – aber legte jedes Teil ordentlich zurück, obwohl es ihn wirklich in den Fingern juckte, das Zimmer zu verwüsten.

Aber nirgendwo Lego, auch kein Playmobil und keine Lillifees. Dafür drei Bilderrahmen auf dem Nachttisch: ein Bild von Ottavios Mama, eines seiner Frau und eines seiner drei Bambini. In der Nachttischschublade: theologische Schriften. Unter anderem vom Papst. Daneben ein Rosenkranz.

Hm.

Trug das der Killer von heute?

»Glaubst du an Gott, Ottavio?«, fragte Pit.

»Er ist mein Herr und Hirte.«

»Das klingt so, als wäre da nix zwischen Beatrice und dir gelaufen. Weil das deinem Herrn und Hirten sicher nicht gefallen hätte.«

»Da ist auch nichts gelaufen. Wir haben uns nur unterhalten, über den Wettbewerb. Ich hatte den Eindruck, sie spioniert für van der Elst und wollte die Konkurrenz abchecken. Hatte ja vorher auch schon mit Pierre und Jón gesprochen. Das alles wissen Sie aber nicht von mir! Sonst heißt es nachher, ich würde schlecht über einen Kollegen reden, und so was vergisst die Branche nicht.«

»Gnarr sagt, sie hätten ihm Beatrice ausgespannt.«

»Sie ist mir ja geradezu in die Arme gesprungen!«

»Und wie lange haben Sie miteinander gesprochen?«

»Nicht lange, vielleicht eine halbe Stunde.«

»Wo war das? Und, ähm, sind die Schlaufen zu fest?« Pit bekam langsam ein schlechtes Gewissen.

»Nein, die sind eigentlich sehr angenehm.«

»Wie schön. Also, wo haben Sie gesprochen?«

»Im Museum. Wir sind zusammen durch die Ausstellung flaniert, haben uns lange die alten Chocolatierwerkzeuge angesehen. Sehr faszinierend. Aber irgendwann habe ich mich dann verabschiedet und sie alleine gelassen. Da war auch sonst niemand auf der Etage, als ich ging. Es war eine halbe Stunde vor Mitternacht, denn ich wollte nicht zu spät ins Bett, bei einem Wettbewerb muss man schließlich in Topform sein. Ich versuche immer, vor Mitternacht einzuschlafen. Das ist auch sehr gesund.«

Okay, dachte Pit, die heißblütigen Italiener waren auch nicht mehr das, was sie mal waren. Wie konnten die Römer bloß ein Weltreich erobern, wenn sie immer schon früh in den Federn lagen? Laut schnarchen, bis alle Gegner entnervt aufgaben? Er band Ottavio kopfschüttelnd los und schmiss die restliche Schokolade in den Mülleimer.

»Worüber haben Sie mit Beatrice Reekmans denn so geredet? Nur über Schokolade?«

»Sie wollte meine Pläne für die drei Finalrunden wissen. Wir alle haben uns ja schon detaillierte Gedanken über das Schaustück gemacht, das Thema ist schließlich bekannt. Als wir auf das Thema Skulpturen kamen, hat sie plötzlich von ihrem Freund erzählt. Sie war schon etwas betrunken, deswegen hat sie mir das anvertraut, vermute ich. Beatrice nannte seinen Namen nicht, aber ich glaube, sie meinte den Künstler Fred de Vaele, das ist der mit den Schokofiguren. Den hat sie wohl erst vor Kurzem kennen- und lieben gelernt, als sie Modell für ihn stand. Alles sei ganz geheim, meinte sie. Offiziell dürften weder sie noch ihr Freund von der Beziehung erzählen, aber sie wollte es endlich allen sagen, hinausschreien in die Welt, bei dem Startschuss für die Weltmeisterschaft. Ich sagte ihr, dass die Liebe ein Geschenk Gottes sei. Wenn es überhaupt etwas gebe, das ein Gottesbeweis wäre, dann nur die Liebe. Und das Lachen. Sie sind Gottes größte Geschenke. Man sollte sie nicht geheim halten, sondern sie teilen.«

»Danke für die Informationen. Tut mir leid wegen der Schokofolter.«

»War halb so schlimm.«

»Echt? Ich kann den Rest wieder …«

»Nein. Aber machen Sie sich keine Gedanken. Ich hatte

heute eh noch nichts gegessen. Da ist so eine Extraportion Fett und Zucker nicht schlimm. Ich habe die ganze Zeit gespürt, dass Sie mir nichts wirklich Böses wollen. Obwohl, ich glaube, ein paar Jahrhunderte Fegefeuer bringt Ihnen die Sache schon ein.«

»Auf ein paar Jahrhunderte mehr oder weniger kommt es jetzt auch nicht mehr an.« Pit grinste breit und knuffte ihm entschuldigend in den Oberarm.

»Ich möchte Sie um eines bitten, im Austausch gegen mein Schweigen für Ihren Überfall hier: Sagen Sie van der Elst nichts! Wenn er nicht wäre, hätte ich Ihnen ohne Zögern Auskunft gegeben. Aber van der Elst ist nicht der gutmütige Bursche, als der er sich gerne ausgibt. Er kennt keine Grenzen, weder bei seinen anrüchigen Schokoladen noch sonst. Hüten Sie sich vor ihm!«

»Was meinen Sie damit?«

»Ich habe schon zu viel gesagt.«

Er hätte Ottavio wohl nur durch weitere Schokoladenfolter zum Reden bringen können. Doch Pit fand, dass er heute schon genug Jahre auf sein Fegefeuerkonto gepackt hatte, und beschloss, ins Hotel zurückzukehren.

Ohne zu ahnen, dass ihn dort eine Überraschung erwarten würde. Eine Überraschung, die dem Professor Tränen in die Augen treiben würde.

Adalbert Bietigheim hatte sich ein Fahrrad für den Weg zum mondänen Badeort De Haan geliehen. Es war herrlich, mal wieder die Luft an sich vorbeisausen zu spüren, Benno wie eine Galionsfigur vorne im Körbchen, die Pfoten auf dem Rand und die Schnauze im Wind. Vorbei ging es an schmalen Entwässerungskanälen in diesen dem Meer abgerungenen Ländereien und über Alleen von Platanen, die der salzige Wind alle in die exakt gleiche Schräge versetzt hatte und die sich trotzdem wacker hielten wie Soldaten, die das Land mit ungebrochenem Willen schützen wollten. Am Ende würde das Meer siegen. Das Meer siegte immer, das Wasser, der Wind, die Zeit. Das Land verlor.

De Haans Außenbezirke waren kein besonders schöner Anblick, doch inmitten dieser überwucherten Muschelschale lag eine Perle der Belle Époque. Malerische Villen, die um das Ende des 19. Jahrhunderts errichtet worden waren, fanden sich zwischen den Schienen der Überlandstraßenbahnlinie Kusttram und dem Meer. Mit Balkonen versehen, mit Erkern, Veranden, Dachgauben, ja sogar Türmchen und Säulengängen. Viele blendend weiß, aber auch Rosé- und Gelbtöne fanden sich. Hochhäuser gab es nicht, dafür viele Bäume, viel Grün und Möwen, die ihre krächzenden Laute über der Idylle ausstießen.

Auch die Villa der Reekmans war im anglonormannischen Baustil errichtet. Fast alle Prachtbauten hier trugen Namen, die auf kleinen Schildern über oder neben dem Eingang zu lesen waren, häufig in schwungvollen Buchstaben. Seemöwe, Scholle, Blauer Hering, Krebsfischer, allerlei Maritimes, aber auch Villa Kunterbunt, Home from Home, Sehnsucht, Zum alten Weingarten oder einfach nach einem Vornamen benannt, meist ein Frauenname wie Luise, Verena oder Haus Charlotte. Die Villa der Reekmans hieß »luilekkerland« – Schlaraffenland. Sie war so groß, dass sicher sechs Wohnungen darin Platz gefunden hätten, doch nachdem er die breiten Steinstufen emporgestiegen war, fand Bietigheim nur einen Namen auf der kupfernen Klingel. Diese drückte er nun, seine Fliege und das vom Wind leicht zerzauste Haar im Glas der Haustür richtend. Er prüfte zudem schnell noch seinen Atem – perfekt, dank Salmiakpastillen. Schließlich räusperte er sich, bereit, Worte des Beileids zu sprechen.

Doch niemand öffnete.

Abermals drückte er den Klingelknopf, diesmal fester und tiefer. Danach trat er einige Schritte zurück und blickte durch das Fenster ins Wohnzimmer. Niemand zu sehen.

Doch im Kamin brannte ein Feuer, und eine junge Katze lag davor, ihr Fell ausführlich leckend.

Der Professor beschloss, ums Haus herumzugehen, um zu schauen, ob die Familie vielleicht im Garten die herbstlichen Sonnenstrahlen genoss.

Ihm begegnete eine Trüffelpraline von einem Meter Durchmesser, gefolgt von einer Weinbrandbohne und einem dreilagigen Nugatblock. Alle aus Buchsbaum.

Schließlich entdeckte er einen Mann, der sich gerade mit einer Heckenschere an einer weiteren Pflanze zu schaffen machte.

Er trug ein Barett und eine militärische Jacke, die ihn als Mitglied des 29. Bataillon Logistique Grobbendonk auswies. Er sah aus, als wäre er zweihundert Jahre alt, so tief waren die Schluchten in seinem Gesicht. Der Grand Canyon wirkte im Vergleich wie eine sanfte Hügellandschaft.

»Einen wunderschönen guten Tag«, wünschte Bietigheim ihm. »Ich bin auf der Suche nach der Familie Reekmans.«

»Bin am Arbeiten«, knurrte der Mann ihm grußlos entgegen.

Oha, ein Gärtner der verstockten Art. Eine harte Nuss, die es zu knacken galt. Bietigheim fielen die Blumenbeete auf, die, einem Ziffernblatt gleich, um die halb runde Holzterrasse der Villa angeordnet waren.

»Ich sehe Wiesenbocksbart, Kürbis, Wegwarte, Distel, Zaunwinde, Wiesen-Pippau und, und, und. Gehe ich recht in der Annahme, dass Sie eine Blumenuhr im Garten angelegt haben? Ich liebe Blumenuhren, man sieht sie viel zu selten.«

Der Gärtner drehte sich um, musterte den Professor eingehend, zog dann seine Gartenhandschuhe aus und begrüßte ihn mit einem Handschlag.

»Die Reekmans sind verreist.«

»Wegen Beas Tod?«

Der zerklüftete Mann nickte. »Ein gutes Mädchen, kenne sie schon von klein auf, die Bea. Jetzt sind die Eltern weg, bis zur Beerdigung, aber noch wird die Leiche ja nicht freigegeben, wegen Kapitalverbrechen. Sie haben es hier einfach nicht mehr ausgehalten. Gute Leute sind das. Zahlen immer pünktlich. Sie hab ich hier aber noch nie gesehen?«

Adalbert klärte ihn über seinen Juryvorsitz bei der Weltmeisterschaft der Chocolatiers sowie seine Doktortitel auf.

»Jan Aspe, Leutnant im Ruhestand.«

Doch etwa nicht der Vater des schrecklichen Kommissars? Bietigheim beschloss, lieber nicht zu fragen. Wer würde schon gerne über solch einen Sohn reden?

»Höchst angenehm!« Adalbert konnte es gerade noch verhindern, aus Reflex die Hacken zusammenzuschlagen. »Was war sie denn für ein Mädchen, die Beatrice?«

»Was für ein Mädchen?« Aspe senior zog die Augenbrauen empor. »Sie war schon eine Frau! Eine Schönheit. Wie die Mutter und deren Mutter. Die, also die Mutter der Mutter, kam irgendwann hierher, aus der Wallonie oder so, wegen der Sprache, nicht, das erkennt man ja. Die hatte nix, also kein Geld, und hat dann den Reekmans geheiratet, den muss sie vorher schon irgendwo kennengelernt haben, im Krieg, glaub ich. Die war 'ne Schöne, wirklich, selbst im hohen Alter noch, und ihre Tochter war auch schön, ist sie immer noch, und die Bea, na, die haben Sie ja gesehen. Ihre Eltern haben sie geliebt, und wie! Haben ihre Musikkarriere finanziert, Gesangsausbildung, ein paar kleine Schönheits-OPs, einen persönlichen Fitnesstrainer, alles. Sie sollte ganz groß rauskommen, jetzt mit der Weltmeisterschaft als Chocofee, das war ja alles geplant, generalstabsmäßig – und ich weiß, wovon ich da rede!« Er sagte dies mit professioneller Anerkennung und schnitt eine Schokoladentafel aus dem nächsten Buchsbaum. »Sie sollte dieses Haus hier bekommen, auch die Fernsehberichte über Beatrice sollten hier gedreht werden, deshalb der Buchsbaumschnitt. Den Auftrag hat man mir nicht entzogen, also führe ich ihn durch, wie es sich gehört.«

Soldat durch und durch. Gehorsam: ja. Feingefühl: nein.

»Beatrice war die einzige Tochter?«

»Ja. Das einzige Kind sogar. Die Reekmans haben sie erst spät bekommen.«

»Hatte sie einen Freund?«

»Die Bea? Unzählige, wie Motten ums Licht schwirrten die Kerle um sie. Ich hab sie nicht gezählt, ich bin ja nur für den Garten da.«

»Und was war mit diesem Schokoladenkünstler, Fred de Vaele?«

»Freddy? Was soll mit dem sein?«

»Mir ist zugetragen worden, er sei eine Beziehung mit Beatrice Reekmans eingegangen.«

»Ich bitte Sie! Freddy hätte ja ihr Vater sein können – und ist übrigens auch ein Freund von ihrem Vater Willem Reekmans. Außerdem lebt er wie ein Mönch, hat sich freiwillig dem Zölibat unterworfen. Das stand zumindest mal in einem Interview in der Zeitung. Sein Leben gilt wohl einzig und allein der Skulptur aus Schokolade. Ich selbst habe auch einen kleinen De Vaele zu Hause, eine Tulpe aus Vollmilch. Wunderschön. Nur der Hund versucht immer, sie zu fressen …«

Apropos Hund – wo war eigentlich Benno? In einer entfernten Ecke des Gartens entdeckte Adalbert ihn, er jagte heimische Fauna. Sah aus wie eine Lachmöwe. Benno fühlte sich wohl verspottet und hatte Rache geschworen. Das Problem war nur: Die Möwe konnte höher fliegen als er.

Adalbert wandte sich wieder an den alten Gärtner. »Was glauben Sie, wer Beatrice umgebracht hat?«

»Nun, ich glaube ja, die sollte entführt werden, um die Eltern zu erpressen. Und das ist dann schiefgelaufen, und dann haben sie das arme Mädchen umgebracht. Die Eltern, müssen Sie wissen, die sind reich. Das hier«, er wies auf die prachtvolle Villa, »ist nur eines von vielen Häusern, nicht nur in Belgien. Auch auf den Bahamas besitzen sie Eigentum, in Edinburgh, eine Wohnung in Paris und sogar etwas in Bremen.«

Bremen sollte Bietigheims Meinung nach nicht zu Deutschland gehören, doch es würde noch ein paar Jahre dauern, bis er das durchbekam. Die gesamte Universität Hamburg stand geschlossen hinter ihm. Da war er sich sicher.

»Sie wollen sich nun wohl auch etwas in der Schweiz zulegen, da sie deren Schokolade so schätzen.« Aspe senior rümpfte die Nase. »Was gar nicht gut hier in Westflandern ankam. Vor allem bei den Chocolatiers.«

»Zum Beispiel bei van der Elst?«

»Famoser Mann! Belgiens Bester. Und das sage ich nicht nur, weil ich mit ihm verwandt bin.«

»Sie sind mit van der Elst verwandt? Und ich dachte, mit Kommissar Aspe?« Ups, jetzt war ihm die Frage doch rausgerutscht.

»Nun ja, die Welt ist klein. Pieter ist mein Sohn, Franky mein Großgroßgroßcousin. Mütterlicherseits.«

»Weiß er das auch?«

»Ich habe es beim Pralinenkauf einmal fallen lassen, und er räumte mir prompt fünf Prozent Rabatt ein.« Der Gärtner war sichtlich stolz.

»Wahrscheinlich war Franky van der Elst einer der Ersten, der sein Beileid bekundet hat?«, fragte Bietigheim weiter. Schließlich waren die Familien seit Generationen befreundet.

»Nein, wie kommen Sie darauf?« Der Alte lachte. »Kommen Sie mal mit.« Der Gärtner führte ihn zu einem hölzernen, schwer verkohlten Kellertor.

»Das war van der Elst. Hat einen Molotowcocktail geworfen und gehofft, das ganze Haus fackelt ab. Die Familie war nicht drin, nicht dass Sie denken, van der Elst hätte ihnen was antun wollen. Die waren auf einer Familienfeier in Brüssel, stand groß in der Zeitung. Das Haus wollte er niederbrennen. Aber ich war zufällig da und hab's früh genug gelöscht. Danach haben die Reekmans mir dann das da gekauft, um darin zu wohnen.« Er zeigte auf das Nachbarhaus. »Meine Hanne hat sich sehr gefreut.«

Das konnte Bietigheim verstehen, die Villa war kaum kleiner als die der Reekmans.

»Sehen Sie das?« Aspe zeigte auf einen Baum, und dann auf einen anderen. Bietigheim dachte zuerst, er würde kleine Vögel auf den Ästen sitzen sehen. »Und da, da, da und da. Kameras! Dasselbe auf der anderen Seite. Die Reekmans hätten auch einen Zaun um das Haus ziehen können, doch das wollten sie nicht. Zum einen aus optischen Gründen, zum anderen, weil es eine Sache gibt, die ihnen noch wichtiger ist, als ihr Haus zu schützen: van der Elst dranzukriegen. Auf frischer Tat und Film. Wenn van der Elst könnte, würde er das ganze Haus hier mit einer riesigen Abrissbirne umhauen.«

»Aber wieso?«

»Darüber wurde nie gesprochen. Ein Streit zwischen van der Elst und Beatrice' Vater Willem. Keiner von beiden hat je ein Wort darüber verloren, das muss schon Jahre zurückliegen.«

»Und wer glauben Sie – als Verwandter des einen und Angestellter des anderen – wird wohl im Recht sein?«

»Ich bin das, was Belgien von 1830 bis zum Großen Krieg war: neutral!« Aspe senior wandte sich einem neuen Buchsbaum zu. »Diesen hier, den schönsten und größten, werde ich als Chocofee formen. Wissen Sie, was ich hoffe? Dass sie wenigstens nicht leiden musste. Dass sie wenigstens schnell gestorben ist, ohne Schmerzen, wenn sie schon so jung gehen musste.«

Das hoffte Adalbert auch. Und er wusste, wo er eine Antwort auf diese Frage finden würde.

Es war einige Zeit vor Mitternacht, als der Professor das Warten endgültig satthatte. Schon geschlagene fünf Stunden harrte er in diesem elenden Verschlag von Gartenhäuschen aus – und konnte den Anblick von Tulpenzwiebeln nun nicht mehr ertragen. Etliche Säcke standen um ihn herum. Er hatte für sein ganzes Leben genug von Tulpenzwiebeln. Auch von Tulpen. Und Zwiebeln. Aber am schlimmsten war die Kombination. Und nach Holland, ins Land der Tulpen, würde er schon gar nicht mehr reisen. Was waren das nur für Menschen, die mitten unter Tulpen lebten? Ja geradezu umzingelt waren von diesen! Im 18. Jahrhundert waren Tulpen im Garten ein Symbol großen Reichtums. Dann doch lieber ein Mercedes in der Einfahrt. Benno begann an einem Sack Tulpenzwiebeln herumzuknabbern. Guter Hund! Bring sie alle um!

Bietigheim hatte in der kleinen, schäbigen Hütte im Gemüsegarten der Gerichtsmedizin viel Zeit gehabt, darüber nachzudenken, wo er mit seinen Nachforschungen stand. Die Antwort war eindeutig: ganz am Anfang. Kaum weiter, als wenn er auf der Startlinie gestolpert wäre. Es gab eine tote Chocofee, doch für niemanden ein Motiv, sie zu töten.

Beatrice hatte am Abend ihrer Ermordung zuerst mit Pierre Cloizel Zeit verbracht, der nach Jón Gnarrs Aussage wenig empfänglich für weibliche Reize war, dann mit Jón Gnarr selbst und schließlich mit Ottavio, der sie allein in der historischen Chocolatierabteilung des Museums zurückließ. All dies, obwohl sie einen Freund hatte, den Schokoladenskulpteur Fred de Vaele, der aber als mönchisch galt und eigentlich viel zu alt für sie war. Wie Pit eben am Telefon berichtet hatte, konnte dieser kein Interesse daran gehabt haben, dass ihre Beziehung bekannt und sein Image angekratzt wurde. Aber würde er morden, um sie geheim zu halten? Warum nicht einfach alles abstreiten und die Beziehung beenden?

Beatrice Reekmans hatte vor ihrem Tod mit den drei Chocolatiers entweder geflirtet oder für van der Elst spioniert oder beides. Wobei van der Elst andererseits der Todfeind von Beatrice' Vater war – wie passte das bloß zusammen? Gerade von ebendiesem Franky van der Elst wurde sie am nächsten Morgen gefunden. Nach eigener Aussage, weil er so besorgt um sie war. Geradezu väterlich besorgt. Andererseits hatte Ottavio Bertinotti vor diesem gewarnt und auch Aspe senior. Aber wo lag das Motiv? Natürlich traf man einen Vater am härtesten, am tiefsten, am unverzeihlichsten, wenn man seinem Kind etwas antat …

Ebenso gut konnte man aber auch Mareijke Dovendaan unterstellen, sie hätte gemordet, um selbst Chocofee zu werden. Doch die junge Frau erschien dem Professor bei Weitem nicht dermaßen ehrgeizig. Allerdings täuschte man sich leicht in Menschen. Allzu leicht. Und allzu oft.

Adalbert zuckte zusammen. Kamen die Tulpenzwiebeln näher? Griente ihn der Beutel mit den rosa Exemplaren etwa gemein an? Oder atmete er einfach schon zu lange die Zwiebeldämpfe ein? Wie gut, dass Benno bei ihm war. Dieser schlummerte nun zwar, aber ein Foxterrier war immer wachsam, der schlief im Endeffekt nie. Stets bereit, alles anzubellen, was es wagte, sich zu bewegen oder frecherweise in seiner Nähe zu sein.

Nur jetzt nicht.

Der Professor wurde unruhig und schaute auf seine güldene Taschenuhr. Mitternacht war immer noch weit entfernt.

Er beschloss, in die einzige Ecke zu schauen, in der keine Säcke Tulpenzwiebeln gestapelt waren, und über das zweite Verbrechen nachzudenken. Ein als aztekischer Jaguarkrieger verkleideter Mann hatte Jana Elisa da Costa niedergeschlagen, hatte vielleicht sogar versucht, sie zu töten, und hatte mittels einer Lego-Konstruktion dafür gesorgt, dass Jaguarfellimitatstücke – was für ein Wort! – auf die Chocolatiers herunterfielen. Klang wie Karneval in Köln, war aber tödlicher Ernst. Die Aktion war eine Drohung, so viel war klar. Nur für wen? Jana Elisa da Costa hatte ihm gesagt, sie habe keine Feinde. Und wenn es eine Drohung war, was wollte der Jaguarkrieger erreichen? Man drohte doch nur, um jemanden einzuschüchtern. Und man schüchterte ein, damit sich der andere auf eine bestimmte Art verhielt. Und noch eine Frage war wichtig: Stand der Jaguarkrieger in Verbindung mit dem Mord an Beatrice Reekmans? Bei der Leiche in Schokolade hatte es allerdings keine Indizien gegeben, die auf ihn hinwiesen.

Bietigheim mochte so viele Fragen nicht, Antworten waren ihm deutlich lieber.

Immer noch nicht Mitternacht.

Egal.

Er hielt es nicht mehr aus.

Es würde schon keiner in der Gerichtsmedizin sein. Schließlich war dies öffentlicher Dienst. Als er sich erhob, knackten seine Gelenke lauter als wenig später die schräg in den Angeln hängende Holztür. Er klopfte den Staub aus seinem Maßanzug. Der Generalschlüssel lag, wie ihm sein Informant, der Kriminalpolizist Degroof, gesagt hatte, unter einem losen Ziegel des Vordachs. Gebeugt und gefolgt von Benno, schlich er mit diesem durch den vom Hausmeister angelegten Gemüsegarten zur Kellertür. Der Schlüssel passte. Bietigheim entnahm seiner Sakkotasche einen Stift, dessen hinteres Ende gleichzeitig als Taschenlampe fungierte. Als er sie einschaltete, fühlte er sich wie ein Geheimagent. Gar kein so schlechtes Gefühl!

Die Räumlichkeiten waren vorschriftsmäßig ausgeschildert und der Leichensaal der Gerichtsmedizin nur wenige Schritte entfernt.

Der Schlüssel glitt auch hier wie geschmiert ins Schloss, welches sich angenehm leise öffnen ließ. Dahinter war es geradezu klinisch rein. Bietigheim fühlte sich verpflichtet, die neben der Tür bereitliegenden Plastikschoner über seine Schuhe zu ziehen und Benno an der Tür anzuleinen – was diesem gar nicht gefiel. Doch in diesem pathologischen Institut arbeitete zweifellos ein Mann ganz nach seinem Geschmack, man spürte einfach, wie strukturiert alles war. Selbst die drei Leichen, die sich auf parallelen Arbeitstischen befanden, lagen äußerst ordentlich unter ihren Tüchern, welche zu allen Seiten gleich lang herunterhingen. Und es gab nirgendwo Tinnef, private Bilder oder Postkarten.

Als Adalbert in der Mitte des Raumes angekommen war, trat aus dem Schatten im hinteren Teil des Raumes ein Schemen, kam rasch näher und stellte sich als Mann heraus, der einen weißen Kittel trug und eine Hornbrille, die aussah, als stamme sie aus der Zeit um die Jahrhundertwende. Und zwar nicht der letzten. Der Unterschied zwischen dem Hornbrillenmann und den Leichen war marginal. Sowohl bezüglich der Hautfarbe als auch des Gesichtsausdrucks. Er hätte für einen Vampirfilm nicht extra geschminkt werden müssen. So groß und hager, wie er war, hätte es Bietigheim nicht gewundert, wenn er den Mund geöffnet und spitze Eckzähne zum Vorschein gekommen wären.

Bietigheim fühlte sich, als führe jemand mit eiskalten Fingerspitzen sein Rückgrat entlang.

»Professor Bietigheim, nehme ich an«, sagte der Untote und blickte ihn mit kalten Augen an. »Ich habe mit Ihrem Besuch gerechnet, seit ich weiß, dass Sie in der Stadt sind.«

Der Bann war gebrochen. Doch nur ein Mensch. Wenn auch ein merkwürdiger.

»Es scheint, mein Ruf eilt mir voraus. Nun ja, so sollte es auch sein. Professor Dr. Dr. Bietigheim, angenehm.« Er verneigte sich leicht.

»Professor Dr. Dr. Dr. Ceulemans.« Keine Verbeugung.

Was für ein unangenehmer Kerl, so dermaßen mit seinen Titeln zu prahlen! Bietigheim machte sich eine mentale Notiz, umgehend dafür zu sorgen, dass er schnell einen Dr. h.c. zugesprochen bekam oder, besser noch: zwei. Dann würde ihm solch ein peinlicher Moment nicht nochmals widerfahren.

»Sie sind wegen Beatrice Reekmans hier«, sagte Ceulemans mit sonorer Stimme.

»So ist es. Sie arbeiten übrigens bemerkenswert lang.«

»Mir wird nachgesagt, dass ich hier lebe und in einem der Kühlfächer nächtige.« Der Gerichtsmediziner sagte dies ohne den geringsten Ansatz eines Lächelns.

»Ich würde das als Kompliment auffassen«, scherzte Bietigheim.

»Das tue ich auch. Lassen Sie uns zur Leiche gehen. Kühlfach vier.«

»Darf ich fragen, warum Sie mir helfen?«

»Dürfen Sie.«

Pause.

»Warum helfen Sie mir? Es ist wegen Kommissar Aspe, oder? Sie mögen ihn wohl nicht besonders«, setzte Bietigheim nach.

»Der Mensch, der Aspe mag, ist noch nicht geboren worden.«

»Soll ich Aspe sagen, dass ich hier war?«

»Oh, nein, dieses Vergnügen ist meines, ganz allein. Ich werde ihm sagen, dass Sie hier waren und ich Ihnen alles gesagt habe. Wie es unter Kollegen üblich ist. Es ist solch ein Vergnügen, dass Sie hier sind. Sehr lange her, dass jemand Aspe dermaßen aufgeregt hat.« Er trat vor das Kühlfach mit der Nummer 4. »Beatrice Reekmans ist geköpft worden. Nun ja, um genau zu sein war es eine versuchte Enthauptung. Eine äußerst unpräzise.«

»Wie meinen Sie das?«

»Nun«, er zog die Leiche aus dem Kühlfach, sie war vollends von der Schokolade befreit. »Sehen Sie die Blutungen und Blutergüsse? Der Täter oder die Täterin hat gegen den linken Arm, zwischen die Schulterblätter am Rücken, ins Gesicht, auf den Kehlkopf und wohl erst zum Schluss wiederholt und gezielt gegen den Hals geschlagen. Und dort so sehr und so oft, dass zuerst die Luftröhre deformiert wurde und schließlich das Genick brach. Wahrlich kein schöner Anblick. Diese Vielzahl an Schlägen, zum Teil an für die Tötung irrelevante Stellen, könnte darauf zurückzuführen sein, dass der Täter betrunken war, dass die Schläge während eines Kampfes ausgeführt wurden – für welchen es aber ansonsten keine Hinweise gibt – oder dass der Täter oder die Täterin das Opfer beim Schlagen nicht sehen konnte oder bewusst nicht angesehen hat. Dies kommt gelegentlich bei Tätern vor, die zum ersten Mal morden.«

»Wird Beatrice nicht geschrien haben?«

»Nicht, wenn schon einer der ersten Schläge sie am Kehlkopf traf, danach dürfte sie nur noch geröchelt haben.«

Adalbert sah sich die Leiche an. Ceulemans hatte sie penibel gesäubert, es sah sogar aus, als habe er die Haare gewaschen und zu einem Dutt gebunden.

»Womit wurde zugeschlagen?«

»Das ist bisher noch unklar. Wie es aussieht, mit verschiedenen Gegenständen. Kommen Sie näher.« Er zog eine Stehlampe auf Rollen heran und richtete ihren Schein auf die Wunde am Arm. »Dies ist unzweifelhaft durch einen stumpfen Gegenstand verursacht.« Ceulemans fixierte das Licht nun auf die Wunde am Kehlkopf. »Dies jedoch durch einen Gegenstand mit großen Zacken. Keine wirklichen Spitzen, aber doch Zacken. Wären sie spitz gewesen, hätten sie den Hals aufgerissen. Auch dieser Schlag wurde sehr ungenau ausgeführt.«

Adalbert blickte in das friedliche Gesicht der Toten. Ihn überkam das Gefühl, sie schlafe nur, und doch war etwas an ihr, das den Tod verriet. Das die Illusion nicht zuließ, sie wache jeden Moment wieder auf.

»Haben Sie DNA des Täters gefunden? Stoffreste? Fingerabdrücke?«

»Nein, nichts dergleichen. Nicht einmal eine Kopfschuppe. Und falls Sie auf eine Vergewaltigung anspielen, darauf gibt es keine Hinweise. Ebenso wenig auf einvernehmlichen Geschlechtsverkehr. Nicht nur in dieser Nacht, sondern jemals. Beatrice Reekmans war noch Jungfrau. Ich weiß nicht, wie es bei Ihnen in Deutschland ist, verehrter Kollege, aber hier in Belgien ist dies für eine Frau ihres Alters und ihres Aussehens höchst ungewöhnlich.«

»Ich bin über die Paarungsgewohnheiten jugendlicher Bundesdeutscher nicht im Bilde«, entgegnete Bietigheim. »Auf welche Uhrzeit setzen Sie den Todeszeitpunkt?«

»Relativ exakt auf Mitternacht. Beatrice Reekmans wurde post mortem getragen – zum Fundort, wo dann die Leichenstarre bis zur Entdeckung des Körpers vollends eintrat.«

»Rigor mortis tritt in der Regel nach sechs bis zwölf Stunden vollständig ein. Was bedeutet, der Täter muss zwischen Mitternacht und sechs Uhr früh die Leiche mit Schokolade überzogen haben – das deckt sich mit meiner Einschätzung der Schokoladenhärtung.«

»Ich höre.«

Bietigheim klärte ihn auf – und erntete dafür ein anerkennendes Emporziehen der Augenbrauen. »Hochinteressant. Ich hoffe, Sie haben Aspe Ihre Erkenntnisse mitgeteilt.«

»Jawohl.«

»Er wird Sie dafür gehasst haben. Kann es nicht leiden, wenn jemand anderes etwas herausfindet. Nun gut, wie auch immer, ich gehe gleich zu Bett. Ihre Fragen müssten umfassend beantwortet sein.«

»Bis auf eine«, hielt Bietigheim den Rechtsmediziner zurück. »Haben Sie irgendwelche künstlichen Jaguarhaare an der Leiche gefunden?«

»Ich habe von dem Vorfall gehört. Aber nein, nichts dergleichen. Kein Jaguarfell, keine Fischschuppen, keine Hühnerfedern. Nicht einmal Schmuck.«

Bietigheim verabschiedete sich und band Benno an der Tür los. Dann drehte er sich doch noch einmal um. »Eines würde mich noch interessieren: Schlafen Sie tatsächlich in diesen Räumlichkeiten?«

Ceulemans blickte bei seiner Antwort nicht auf. »Einen schönen Abend noch, verehrter Kollege.«

Bietigheim musste auf dem Weg zum »Relais Bourgondisch Cruyce« in der Wollestraat schwer gegen den nächtlichen Wind anradeln, der durch die Straßen Brügges jagte wie ein junger Hund. Die menschenleere Stadt erinnerte an Bruges-la-Morte, das tote Brügge, wie es der belgische Schriftsteller Georges Rodenbach in aller Trostlosigkeit beschrieben hatte – selbstverständlich von Adalbert als vorbereitende Lektüre ausgewählt. Doch Brügge war nicht tot, die einst reichste Handelsstadt Nordeuropas schlief bloß. Da dem Professor die kleinen Gassen unheimlich waren, beschloss er, über den Grote Markt zu fahren. Die glatten Pflastersteine, die Fenster der Restaurants und Cafés boten dort so viel Reflexionsfläche, dass silbernes Mondlicht ihn fast hell erstrahlen ließ, auf eine kühle Art, als läge diese Welt hinter einem alten Spiegel.

Unter das riesenhafte Plakat zur Weltmeisterschaft der Chocolatiers waren zehn kleinere, quadratische Plakate mit den Konterfeis der Finalisten gehängt worden. Wobei die von Bertinotti und Ribisel bereits mit roten Klebestreifen durchgekreuzt waren. Adalbert hielt an und nahm alle noch einmal in Augenschein. Erst jetzt fiel ihm auf, dass neben ihm und Benno im Hintergrund auch Beatrice Reekmans als Chocofee zu sehen war … und plötzlich hatte er das Gefühl, etwas Wichtiges, und zwar etwas unwahrscheinlich Wichtiges, übersehen zu haben. Er suchte alles ab, wie bei einem Fehlerbild, dessen letzten unentdeckten Unterschied er ums Verrecken nicht finden konnte. Eben hatte er doch ... war es nicht in der linken Ecke?

In diesem Moment rollte eine Windböe einer riesigen Welle gleich über den menschenleeren Platz, und mit einem Mal fing Benno an zu heulen, sprang aus seinem Körbchen und raste so schnell, als stünde sein Schwanz in Flammen, am Belfried vorbei die Wollestraat hinunter – und damit in die Richtung, aus welcher der Windstoß gekommen war.

»Benno, du kleiner Teufel!«, rief Bietigheim dem flitzenden Foxterrier hinterher. Seine Stimme hallte von den alten Mauersteinen wie die eines olympischen Gottes. »Bleibst du wohl stehen!«

Genauso gut hätte er den Mond bitten können, heute mal in Rosa zu scheinen.

Adalbert kam kaum schnell genug hinterher, erst an der alten Nepomucenusbrücke hatte er Benno eingeholt, doch prompt legte dieser eine atemberaubende Linkswende hin und steuerte auf den Rozenhoedkai zu – den Rosenkranzkai, an dem im Mittelalter ebendiese verkauft wurden und von dem aus sowohl der Turm der Liebfrauenkirche als auch der Belfried zu sehen war. Touristen liebten den Kai zum Fotografieren, viele Bootstouren starteten hier.

»Benno! Stop! Sonst gibt es keine Hundekuchen mehr! Hörst du? Auf der Stelle stehen bleiben!«

Benno blieb stehen.

Auf der Stelle.

Adalbert konnte sein Glück nicht fassen.

Wie viele Jahre hatte er Benno jetzt schon? Und dies war das erste, wirklich das erste Mal, dass dieser genau das tat, was von ihm verlangt wurde.

Es würde nicht reichen, den Tag im Kalender rot anzustreichen, Adalbert würde ihn zu einem nationalen Festtag ausrufen müssen, dem »Tag des folgsamen Terriers«. Mal was anderes als Totensonntag.

Benno stand stocksteif, als wäre er schockgefrostet worden, und blickte in Richtung eines der Bootsanleger. Dann löste er sich aus seiner Starre und schlich vorsichtig die Stufen zum Steg hinab.

Im Wasser trieb etwas.

Und noch entscheidender: Im Wasser stank etwas.

Es fiel Adalbert schwer zu erkennen, um was es sich handelte. Groß war es und unförmig und fahl.

Möwen lockte es an.

Und Enten.

Und Schwäne.

Doch nach ein paar wütenden Kläffern von Benno verschwanden sie alle. Was immer das da Stinkendes im Wasser war, einen guten Meter vom Steg entfernt, Adalberts Vierbeiner wollte es ganz für sich allein. Aber er traute sich nur zögernden Schrittes heran, das Ziel seines Interesses unentwegt anbellend. Es bewegte sich, doch mochte das vom leichten Wellengang des Kanalwassers herrühren.

Adalbert stellte sein Fahrrad auf den Ständer, nahm die Hosenklammern ab und eilte zu Benno hinunter. Als er bei diesem angekommen war, stockte ihm der Atem.

Das, was da im Wasser trieb, sah aus wie ein nackter Körper.

Der Professor blickte sich um und entdeckte einen der Haken, mit denen die Boote an den Steg gezogen wurden. Er holte ihn, um das Etwas näher heranholen zu können. Als er es mit dem Ende des Holzstabs berührte, begann Adalbert zu zittern, denn nun konnte er spüren, dass es wirklich ein Körper war.

Mit stockendem Atem zog er ihn näher.

Der Gestank schien sich mit jedem Zentimeter zu verdoppeln.

Mit der freien Hand griff Adalbert sein mit Initialen besticktes Seidentaschentuch und presste es sich vor die Nase.

Benno jagte auf dem Steg, vor Aufregung kläffend, seinen eigenen Schwanz.

Mit dem Ende des Stabes fuhr Adalbert die Konturen des Treibgutes aus Fleisch ab. Er konnte keine Gliedmaßen ausmachen, vielleicht war es nur der Torso eines Menschen, waren Kopf, Arme und Beine abgetrennt worden, und er blickte gerade auf den Rücken. Es war zu dunkel, um Genaueres auszumachen. Welcher Teil auch immer es war, auf ihm befanden sich Wunden. Schwarze Glassplitter steckten im Fleisch, teils nur wenige Millimeter, teils sehr tief. Es sah aus, als hätte jemand mit einem dünnen, zerbrechlichen schwarzen Stück Glas zugestochen, doch nicht alle Attacken hatten die Haut durchdrungen.

Benno wurde ungeduldig. Er wollte endlich in dieses große Stück hineinbeißen, und wäre es Adalbert nicht gelungen, ihn zurückzuhalten, wäre er draufgesprungen. Es war Zeit, die Polizei zu informieren. Doch er besaß ja kein tragbares Telefon, und keine Gaststätte, kein Restaurant war um diese Zeit noch geöffnet. Er würde zurück ins Hotel fahren müssen, dessen mittelalterliche Rückseite er von hier aus sehen konnte, und von dort aus anrufen. So schnell wie möglich.

Doch die Neugier war stärker.

Er wollte wissen, wer der oder die Tote war. Ob die andere Seite Aufschluss darüber gab, ob vielleicht doch noch mehr daran war, als er mit dem Bootshaken hatte ertasten können.

Also hakte er den langen Stab ein und zog schnell und mit viel Kraft, um den Fund im Kanal zu wenden.

Es war gut, dass Adalbert Professor für Kulinaristik war.

Es war gut, dass er sich auskannte.

So erkannte er mit einem einzigen Blick, dass dies

im Wasser, beschienen vom klaren Nordseemond, keine menschliche Leiche war.

Es war eine Schweinehälfte. Denn sie hatte ein Ringelschwänzchen.

Und so aufgequollen, wie sie war, musste sie schon einige Zeit im Wasser gelegen haben.

KAPITEL 4

Das Leben ist wie eine Schachtel Pralinen …

… mit Alkohol ist beides besser.

»… und dann informierte ich die Polizei. Selbstverständlich anonym. Ich weiß zwar nicht, was es mit dieser Schweinehälfte auf sich hat, aber so etwas sollte sicher nicht im Kanal herumtreiben.«

Bietigheim köpfte das Ei mit perfektem Messerschlag und lächelte zufrieden. Die Herbstsonne glitt golden durch die Fenster des Hotels, wie sie es schon seit Jahrhunderten tat, aber heute doch besonders schön.

»Professore, ich versuche schon die ganze Zeit, Ihnen was zu sagen.« Pit schmierte sich dick Leberpaté mit Champignons auf sein Brötchen. »Das muss raus, ehe es zu spät ist!«

»Jaja, gleich, also weiter im Text: Ich konnte von meinem Zimmerfenster aus beobachten, wie die Leiche, pardon, die Schweinehälfte herausgezogen wurde, dann gingen Taucher in den Kanal und suchten mit Lampen den Grund ab. Aber was haben sie da zu finden gehofft? Natürlich ist die Schweinehälfte angetrieben und nicht an Ort und Stelle hineingeworfen worden. Was sollte denn da unten noch sein, die andere Hälfte? Meinen die, man wirft ein ganzes Schwein ins Wasser, und es klappt vor Schreck auseinander? Aber na ja, wenn man solche Taucher ausbildet, muss man sie auch ab und an beschäftigen.«

»Professore, eine Sache, ganz kurz, sonst …«

»Ich weiß, was Sie sagen wollen, und die Antwort lautet: Nein, Sie dürfen Benno nichts abgeben! Auch wenn er seine traurigen Augen macht. Er hatte eben schon Fresschen. Sowohl Schinken wie auch Salami. Trauen Sie ihm nicht, er verhungert keineswegs.« Benno warf sich auf den Rücken und streckte die Beine empor. »Alles bloß Schau. Wo war ich stehen geblieben?« Bietigheim justierte die Stoffserviette in seiner am Hemd angebrachten goldenen Serviettenklammer nach. Schon beim Frühstück galt es, auf perfekte Etikette zu achten.

»Es ging aber gar nicht um Benno, sondern um …«

»Ah, genau, jetzt weiß ich wieder, wo ich war! In der Nacht, als ich hier im Hotel Quartier bezog, glitt ein Ruderboot lautlos sowie unbeleuchtet durch den Kanal und ließ etwas ins Wasser gleiten. Ich dachte mir damals nichts dabei. Doch jetzt im Rückblick mutmaße ich: Es könnte die Schweinehälfte gewesen sein. Die Größe entsprach ihr zumindest. Falls sie es tatsächlich war, muss sie mit etwas beschwert worden sein, denn der Gegenstand ging damals unter wie ein Stein. Ich habe mir die Schweinehälfte aufgrund dieser Hypothese, welche mir bereits kurz nach dem Fund kam, ganz genau angesehen. An einer Seite befand sich von außen nach innen ein Riss und an dessen Ende eine tiefe Einkerbung. Ich vermute, dass dies auf ein Loch hindeutet, durch welches ein Seil oder Ähnliches geführt und an einem Gewicht befestigt worden war. Doch warum eine Schweinehälfte versenken?«

»Ich für meinen Teil esse Schweine! Ich versenke sie nicht. Das ist der völlig falsche Umgang mit Schweinen. Schweine gehören nicht ins Wasser, sie gehören ins Fett – und zwar am besten in meiner Pfanne.«

Bietigheim tupfte sich die Lippen nach dem Genuss seines Frühstücks sorgfältig ab. »Damit mögen Sie recht haben, doch hilft es mir kein Jota weiter. Und obwohl Sie sich in dieser Frage als völlig nutzlos erwiesen haben, stelle ich Ihnen gleich noch eine: Was sollten die schwarzen Glassplitter im Fleisch? Einen habe ich selbstverständlich an mich genommen.« Er holte ein zusammengefaltetes Seidentaschentuch aus seiner Sakkotasche und das darin eingepackte Indiz hervor. »Sehen Sie ihn sich mal an, Sie kennen sich doch sicherlich mit Stichwaffen aus.«

»Nur weil ich ein Rocker bin?« Pit schüttelte den Kopf. »Ich bin nicht Mitglied eines MCs, Professore. Ich gehöre nicht zur Big Red Machine und auch nicht zum Fat Mexican. Ich bin ein Freebiker. Aber ja, ich habe Kumpels in der Szene. Das sind keine netten Rockeronkels, einige davon sind richtig schwere Jungs. Oder lassen wir den Zuckerguss weg: Einige davon sind Verbrecher. Von denen würde sich keiner zum Schokobär eignen. Höchstens zum Schock-obär!« Er musste grinsen. »Zeigen Sie mal her, die Scherbe, vielleicht weiß ich ja wirklich was.« Er ließ sie durch seine Finger wandern. »Nee, tut mir leid, nie gesehen so was. Ist ja auch eine saublöde Stichwaffe, also eine, die ständig abbricht. Wer benutzt so was, wo es doch Stahlklingen gibt? – So, jetzt bin ich aber endlich dran, Professore. Jetzt halten Sie mal den Mund, weil ich Ihnen was ganz, ganz Wichtiges sagen muss. Es ist eine Vorwarnung, also …«

In diesem Moment ertönte ein Geräusch, das von einer Signalboje stammen mochte.

»Adiiiiiiiii! Da biste ja, du alter Schlawiner. Ach, wie niedlich, der Benno ist auch dabei und darf mit am Tisch sitzen. Na, wenn du nicht der allerallerbeste Hundepapi von allen bist!«

Adalbert wurde geküsst. Nahm das denn gar kein Ende mehr? Hätte ihn Hildegard zu Trömmsen geküsst oder Madame Baels, gut, das hätte ihm ausnehmend gefallen. Aber anscheinend küsste ihn nur Hinz und Kunz. In diesem Fall Elfriede Hinz und Kunz. Mit bürgerlichem Namen Elfriede Lüdenscheid-Bietigheim aus Bietigheim. Mancher hätte sie als herzlich beschrieben, Adalbert bevorzugte nervtötend. Ihre Verwandtschaft musste ein genetisches

Versehen sein. Oder der Metzgerssohn hatte nachts mal eine Vorfahrin mit ein paar Würsten angelockt. Sein Blut floss sicher nicht in ihren Adern!

Elfriede, genannt Elfi, hatte ein pausbackiges Vollmondgesicht und einen Dauerwellenhelm wie eine Tagesschau-Sprecherin aus den 70ern. Und dann war da noch Wolfram. Ihr Mann.

Wolfram hatte Humor.

»Und ich dachte, du tafelst hier mit den ganzen süßen Schokomädels, wuff! Wuff!« Er knuffte den Professor mit dem Ellbogen in die Seite. Es schmerzte.

»Hör nicht auf ihn, Adi«, flötete Elfi. »Er redet wieder nur Unsinn. So ist er halt.«

»Ach, was! Der Adi weiß schon genau, was ich mein. Nicht wahr, du alter Schwerenöter? Also, mir gefällt ja diese Brasilianerin, diese da Costa, aber ich bin ja glücklich verheiratet. Meistens!« Er zwickte Elfi in den Po, die daraufhin schrill kiekste.

»Wolfram, doch nicht vor den Leuten!«

»Sind doch nur der Adi und der Pit, denen ist so was nicht fremd.«

Es waren allerdings nicht nur der Adi und der Pit, es waren auch die Kinder der Lüdenscheid-Bietigheims: Kevin, Chantalle, Angelina und Heinz-Horst. Sie standen hinter ihren Eltern und scharrten unruhig mit den Füßen. Oder führten eine Tiefbohrung in ihrer Nase durch.

»Sie kennen sich also?«, fragte der Professor, an Pit gewandt, ein teuflisches Lodern in seinen Augen.

»Das versuche ich Ihnen ja die ganze Zeit zu sagen. Ihre Mischpoke ist gestern Abend eingetroffen, weil …«

»… na, weil wir gehört haben, dass hier zu *unserem* Wein Pralinen fabriziert werden«, unterbrach Elfi ihn mit glänzenden Augen. »Und wie toll du über unseren Wein gesprochen hast, Adi. Da mussten wir natürlich kommen, das war ja fast eine Einladung, nicht? Du hast ihn ja richtig in den Himmel gehoben, dabei ist es doch nur ein einfacher Trollinger, ein Schoppenwein. Nix Besonderes, aber ein ehrlicher Tropfen! Adi, ich sag immer: ein Wein wie wir. Das Salz der Erde, nicht? Das Salz der Erde!«

»Ich habe euren Wein niemals in den Himmel gehoben!« Diese Unterstellung konnte er einfach nicht auf sich sitzen lassen.

Überraschung, dann Enttäuschung in den Gesichtern der Lüdenscheid-Bietigheims.

»Nein, hat er nicht, den Job hat er dem Besten der Besten übertragen: Moi!«, erklärte Pit. »Dem Schokobär.«

»Ah!« Elfriede und Wolfram waren wieder versöhnt. »Wie auch immer: Da sind wir! Und wir wollen euch auch nicht bei der Arbeit stören.«

»Nein, gar nicht, nein. Du kennst uns ja, Adi«, stimmte Wolfram seiner Angetrauten zu und nahm sich das letzte warme Brötchen aus dem Körbchen des Professors. »Aber ein paar Ideen für unsere Bäckerei aufschnappen. Wir machen ja auch Pralinen. Abteilung: Industriespionage. Zwinkerzwinker!« Wolfram zwinkerte. »Wobei die Elfi fürs Gucken zuständig ist, meine Augen sind ja nicht mehr so gut, dafür höre ich aber wie ein Luchs! Kannst die Kinder fragen.«

Die Brut der Lüdenscheid-Bietigheims blickte nicht einmal auf.

»Ich hoffe nur, wir werden nicht auch mit Schokolade überzogen«, warf Elfi mit weit aufgerissenen Kulleraugen ein. »Das ist ja schon sehr unappetitlich. Man spielt schließlich nicht mit Lebensmitteln. Auch nicht, wenn man jemanden umbringt. Und dass die Frau dann auch noch nackelig sein musste! Warum hat die sich denn nichts angezogen, bevor sie umgebracht wurde? Also, mir wäre das unangenehm.«

Adalbert war perplex. »Woher wisst ihr? Pit, haben Sie etwa …? Das hält die Polizei doch noch geheim!«

»Nee, nee, dein Spannmann hat nix gesagt«, sprang Wolfi sogleich für Pit in die Bresche. »Musste er auch gar nicht. Hier steht's schwarz auf weiß mit Druckertinte.« Er warf Adalbert den »De Standaard« auf seinen Frühstücksteller.

Tatsächlich. Auf Seite eins. Der Aufmacher. Sämtliche Details des Leichenfunds. Die Quelle wurde nicht namentlich benannt. Es hieß nur: aus gut unterrichteten Kreisen. Sie hatten den Artikel mit einem Foto der neuen Chocofee neben ihrer Schokoladenskulptur bebildert. Eingerahmt von der lächelnden Madame Baels und dem lächelnden Professor Dr. Dr. Bietigheim.

Kommissar Aspe würde kochen vor Wut.

Und vermuten, dass die Quelle auf dem Foto zu sehen war. Und aus Hamburg stammte.

Adalbert beschloss, zur Stärkung ausnahmsweise ein zweites Ei zu verspeisen.

Der Professor liebte Listen. Sie ordneten das Leben, gaben Struktur, Reihenfolge und, was am wichtigsten war: etwas, das man abhaken konnte. Gab es etwas Erfüllenderes als Abhaken? Außer einem gelungenen Soufflé? Oder dem Gefühl, einem Studenten durch harsche, schonungslose Kritik den richtigen Weg gewiesen zu haben? Wohl kaum!

Ganz oben auf der gerade erstellten Liste mit Spuren, denen nachgegangen werden musste, stand Franky van der Elst. Dieser hatte ihm mit Sicherheit nicht die ganze Wahrheit erzählt. Die Löcher in seiner Geschichte waren größer als die im Schweizer Käse. Van der Elsts Informationen waren kein Käse mit wenigen Löchern. Es waren Löcher mit wenig Käse. War er nun Freund oder Feind der Familie Reekmans? War jemand, der Molotowcocktails warf, auch zu einem Mord fähig? Und der Leichenfund wirklich so zufällig wie behauptet?

Doch van der Elsts Handy war aus, er weilte nicht in seinem Geschäft, nicht bei sich zu Hause, und niemand wusste genau, wo er steckte. Besorgungen machen, wurde Bietigheim und Pit gesagt.

Doch damit ließ der Professor sich nicht abspeisen. Es gab eine Frau, die genau wusste, wo sich die Finalisten der Weltmeisterschaft zu jeder Sekunde des Tages aufhielten, falls Interview- oder Fotoanfragen hereinkamen. Madame Josephine-Charlotte Baels.

Adalbert war kein bisschen traurig, sie im Museum aufsuchen zu müssen.

Madame Baels thronte förmlich an ihrem Schreibtisch, die aufrechte Körperhaltung, das emporgereckte Kinn, dazu diese unbeschreiblich majestätische Aura. Umso erstaunlicher, als sie dieses Kunststück in einem kleinen Büro vollführte. Es war äußerst unordentlich – dieses rassige Weib beherrschte anscheinend das Chaos! Aber gab es überhaupt etwas, das sie nicht beherrschen würde?

Mit einem leisen, köstlichen Laut der Anstrengung drückte sie sich aus ihrem tiefen Stuhl empor.

»Hochverehrteste!« Adalbert gab ihr einen galanten Handkuss. »Es ist immer eine unbeschreibliche Freude, Sie zu sehen.«

»Die Ehre ist ganz meinerseits. Und da ist ja auch Ihr süßer vierbeiniger Begleiter.« Sie strubbelte Benno über den Kopf. »Wie kann ich Ihnen beiden helfen?«

»Ich bin auf der Suche nach Franky van der Elst. Und da Sie die Frau sind, die stets alles weiß, wende ich mich vertrauensvoll an Sie.«

»Nun übertreiben Sie aber maßlos, Herr Professor.«

»Nein, nur ein ganz klein wenig.« Er lächelte sie an.

»Warten Sie…« Madame Baels schritt ins Vorzimmer und wechselte einige Worte mit ihrer Sekretärin, ehe sie zurückkehrte. »Franky van der Elst hält sich im Hotel ›De Boerenpummel‹ auf.«

Der Professor war überrascht. »Wie kommt es? Ist er um diese Uhrzeit sonst nicht immer in seinem Geschäft?«

»In der Regel, ja, aber heute trifft er sich mit Kollegen. Wir wünschen uns ja den Austausch zwischen den Chocolatiers. Deshalb hat er dort auch ein Hotelzimmer, in dem er während der Weltmeisterschaft übernachten muss. Gleiche Regeln für alle! Heimvorteil gibt es bei uns nicht.«

»Wissen Sie zufällig, mit wem er sich trifft, Verehrteste?«, fragte Bietigheim nach.

»Leider nein, ich kann aber herausfinden, wer sich sonst noch alles im Hotel befindet. Einige machen nämlich Ausflüge an die Küste, nach Gent oder speisen in einem unserer vielen Spitzenrestaurants.«

»Keine Umstände! Ich begebe mich einfach auf die Suche.« Er wollte die wertvolle Zeit Madame Baels' nicht länger in Beschlag nehmen.

»Darf ich erfahren, warum?«

»Ein Hintergrundgespräch«, erwiderte Adalbert. »Um seine Arbeit noch besser einschätzen zu können.«

»Sehr gute Idee – aber dann sollten Sie auch die anderen befragen. Wir wollen ja nicht, dass jemand eifersüchtig wird. Wobei ich mir natürlich wünschen würde, dass Sie bei Gelegenheit auch mit mir ein Hintergrundgespräch führen.«

»Ach, Sie Schmeichlerin«, wehrte der Professor ihr Kompliment ab.

»Das ist die Wahrheit! Es darf auch gerne die ganze Nacht dauern ...« Madame Baels lachte auf eine mädchenhafte Weise.

Adalbert Bietigheim verabschiedete sich mit einem weiteren perfekten Handkuss von diesem Vollweib und machte sich mit Pit, der vor dem Museum in seinem Taxi gewartet hatte, auf den Weg zum »De Boerenpummel«.

Einige Chocolatiers hatten es sich auf Sonnenliegen im Garten bequem gemacht, Bill Bulldoss und Pierre Cloizel spielten gegeneinander Tischtennis, während Edward

Macallan im Fernsehzimmer versuchte, einen englischsprachigen Kanal reinzukriegen, indem er wütend auf den Kasten schlug.

Franky van der Elst war nicht zu sehen. Auch seine Kolleginnen und Kollegen wussten nicht, wo er steckte. Als der Professor an die Tür seines Zimmers in der zweiten Etage klopfte, wurde nicht geöffnet. Sollte Madame Baels sich etwa getäuscht haben? Konnte sich solch eine großartige Dame überhaupt täuschen?

Als er sich schon wieder einige Schritte entfernt hatte, hob Bietigheim mit einem Mal die Hand, Benno und Pit signalisierend, völlig ruhig zu sein – was sein Foxterrier leider als Aufforderung begriff, loszubellen und seinen eigenen Schwanz zu jagen.

Aber es hatte einen kurzen Moment der Stille gegeben, eine Sekunde vielleicht nur, und die hatte gereicht, um etwas zu hören. Einen Föhn. Jemand war im Zimmer neben dem van der Elsts und föhnte sich die Haare. Um diese Uhrzeit? Wusch man sich nicht morgens die Haare oder abends vor einem Termin? Bietigheim nahm Benno auf den Arm und verabreichte einen der Eichendorff'schen Hundekuchen, was ihm ein wenig Zeit der Ruhe einbrachte, in welcher er sich dem Zimmer mit dem Föhngeräusch näherte.

Er klopfte.

Das Föhnen hörte sofort auf, doch die Tür wurde nicht geöffnet.

»Hallo?«

Keine Antwort.

»Alles in Ordnung da drinnen?« War der Föhn etwa in die Badewanne gefallen? Adalbert wusste allerdings, dass dies bei modernen Föhns nicht mehr zum Tode führen konnte. Er klopfte heftiger. »Aufmachen! Zimmerkontrolle!« War natürlich Blödsinn, aber irgendeinen Grund musste er ja nennen. Und die Wahrheit, simple Neugier, klang wenig professionell für einen Juryvorsitzenden. »Ich warte. Ich habe Zeit. Alle Zeit der Welt.«

Er wandte sich flüsternd zu Pit. »Wer hat überhaupt dieses Zimmer?«

Pit warf Benno einen antwortsuchenden Blick zu, Benno schaute antwortsuchend zurück. »Keine Ahnung, Professore.« Er drehte sich um und ging die wenigen Schritte zum Treppenhaus. Dann brüllte er: »Hey! Wer pennt in der Siebzehn?«

»Vanessa Hohenhausen«, kam eine dumpfe Stimme von unten zurück.

»Daaaaaaanke!«

Pit trat wieder zu Bietigheim. »Die Hohenhausen.«

»Ach, da wäre ich jetzt nicht drauf gekommen. Hat Ihnen das etwa ein Vöglein gezwitschert?«

»Ein Vögelchen namens Macallan.«

Bietigheim klopfte wieder. »Machen Sie bitte auf, Fräulein Hohenhausen.«

Immer noch keine Antwort.

Was machte er eigentlich hier? Ärger, weil jemand sich föhnte und die Tür nicht öffnete? Er sollte einen Mörder fangen und keinen Föhner.

Also zurück in die Stadt.

Er drehte sich gerade um, als sich hinter ihm die Tür öffnete.

Es war Franky van der Elst.

»Vanessa ist nicht da.«

Der Professor trat nah an ihn heran, überschritt ganz bewusst die Grenze der höflichen Distanz. »Dürfte ich wohl wissen, was Sie im Zimmer Ihrer Konkurrentin zu suchen haben? Ich liefere Ihnen auch gerne gleich die Antwort: gar nichts!« Der Professor roch ein krummes Ding, und das galt es in jedem Falle zu unterbinden.

»Einen Scheißdreck«, fügte Pit an.

»Das«, ergänzte Bietigheim, »ist eine direktere, aber ebenso korrekte Art, es auszudrücken.« Er stieß die Tür auf und drängte sich an van der Elst vorbei. Dies war kein Hotelzimmer. Es war eine Chocolaterie en miniature.

Vanessa Hohenhausen hatte das Bett an die Wand gerückt und vor dem Fenster alles aufgebaut, was sie zur Pralinenherstellung brauchte: Brettchen, Messer, Schneebesen, Schüsseln, Schälchen, Schokolade von unterschiedlichen Produzenten und mit unterschiedlichen Kakaogehalten, Kellen, ja sogar eine kleine Conchiermaschine, um die flüssige Schokolade perfekt zu verarbeiten, dazu Gießformen, Zucker, Flüssigzucker, Glukosesirup, Spritztüten mit verschiedenen Metalltüllen, Kittel, Mundschutz, Haarnetz und eine Box Einmalhandschuhe, es war alles da. Auch eine Skulptur von ungefähr einem Meter Höhe, welche den Kölner Dom darstellte, samt Reparaturgerüst und einer Wolke aus weißer Schokolade, durch welche die beiden Turmspitzen emporragten. Sie übte hier also und hatte dafür eine der schönsten und größten Kirchen der Welt ausgewählt.

Daneben lag der Föhn.

Die Zimmerbewohnerin war nirgends zu sehen.

»Wir haben übrigens gar nicht Fräulein Hohenhausen gesucht, sondern Sie. Wir möchten nämlich mit Ihnen reden.«

»Ich hab leider gerade so gar keine Zeit.« Van der Elst tippte demonstrativ auf seine Uhr und machte einen Schritt in Richtung der Tür. »Bin schon viel zu spät dran.«

»Sie haben mich falsch verstanden, Herr van der Elst.« Bietigheim stellte sich ihm in den Weg. »Das war weder eine Frage noch eine Bitte. Wir *werden* jetzt mit Ihnen reden. Es geht um Sie und Beatrice' Vater Willem Reekmans. Mit dem Sie ein Streit, oder wollen wir sagen: eine Blutfehde verbindet? Uns haben Sie erzählt, Sie und Beatrice wären befreundet gewesen, ebenso wie Sie und ihre

Familie. Über den Aalfang und die Pralinen in Aalform, die Beatrice' Vater herstellte, hatten Sie sich angeblich kennengelernt. All das war erstunken und erlogen!«

Van der Elst fuhr sich nervös durch die Haare. »Ich muss Ihnen ja nicht alles erzählen, das steht nirgendwo in den Wettbewerbsunterlagen.«

»Ebenso wenig steht allerdings darin, dass Sie mich anlügen sollen. Ihr erbitterter Streit mit den Reekmans macht Sie in Verbindung damit, dass Sie Beatrice' Leiche gefunden haben, des Mordes verdächtig!«

»Nie hätte ich ihr etwas angetan!« Der Belgier baute sich wütend vor ihm auf.

»Nicht einmal, um ihren Vater mitten ins Herz zu treffen?«

»Ich kann mit dem alten Vollidioten ja wohl Streit haben und seine Tochter trotzdem mögen«, verteidigte sich der Chocolatier. »Ist das ein Verbrechen? Beatrice mochte ihren Vater ebenso wenig wie ich. Deshalb hatte sie auch keine Probleme mit mir, ganz im Gegenteil.« Van der Elst verschränkte abwehrend die Arme.

Adalbert beschloss, eine andere Taktik zu versuchen. »Es heißt, Beatrice Reekmans habe für Sie am Abend ihrer Ermordung spioniert.«

»Blödsinn! Behaupten die anderen das? Wahrscheinlich weil sie sich für deren Arbeit als Chocolatiers interessiert hat. Sie hat sich halt mit ihrer Rolle als Chocofee identifiziert. Auch von mir wollte sie alles haargenau wissen – vor allem die Tricks und Kniffe.«

Bietigheim glaubte ihm kein Wort. »Es gäbe sicherlich auch überhaupt keinen Grund, warum Beatrice Reekmans für Sie spioniert haben sollte?«

»Nein.«

»Geld zum Beispiel?«

»Quatsch.«

»Oder eine Erpressung?«

»Halten Sie mich etwa für kriminell?«

»Lassen Sie mich kurz nachdenken: Ja.« Der Professor stellte sich in Hohenhausens Chocolaterie. »Sie haben diese Skulptur mit dem Föhn angeschmolzen, sodass sie schon bei wenig Druck zusammenstürzt. Sie haben Wasser in die flüssige Kuvertüre gegeben, dabei wissen Sie, dass jeder Tropfen zur Verklumpung führt. Und Sie haben die Premium-Kuvertüre in der Conche durch minderwertige verunreinigt. Fräulein Hohenhausen wäre dies vermutlich nicht aufgefallen, mir selbst ist es nur deshalb nicht entgangen, weil ich Sie auf frischer Tat ertappt habe. Sie wollten Fräulein Hohenhausen aus dem Konzept bringen, sie in ihrem Selbstbewusstsein erschüttern. Sie würden wohl alles für die Weltmeisterschaft tun, nicht wahr? Was sind Sie nur für ein unmoralischer Mensch! Sie widern mich an! Das hat selbstverständlich eine Disqualifikation zur Folge.«

»Es ist gar nicht so, wie es aussieht!« Nun war es van der Elst, der sich Bietigheim in den Weg stellte. »Ich hatte mich nur im Zimmer vertan, die Tür stand offen, und da wollte ich mal gucken. Man ist ja neugierig.«

»Und dann dachten Sie: Manipuliere ich mal ein bisschen, bin ja ein Kollegenschwein.« Adalbert benutzte solch ein Schimpfwort äußerst selten, aber hier war es angebracht.

»Also bitte! Mit diesen Manipulationen habe ich gar nichts zu tun. Ich bin gerade erst hereingekommen, da war alles schon so. Der Föhn lag angeschaltet daneben. Ich wollte es noch retten! Für die Kollegin!«

Er log. Es war offensichtlich. Auf frischer Tat ertappt. Und doch: Aussage stand gegen Aussage.

Pit wurde wütend, stapfte auf ihn zu.

»Krümmen Sie mir auch nur einen Finger, Schokobär, und ich zeige Sie bei der Polizei an!« Van der Elst drückte sich trotz der Drohung leicht ängstlich mit hochgezogenen

Schultern an ihm vorbei und öffnete die Zimmertür. Er blickte nochmals zum Professor. »Sie können mir gar nix, Moffe.«

»Oh doch.« Adalbert erhob den Zeigefinger seiner rechten Hand. »Ich kann Sie in der nächsten Runde ausscheiden lassen.«

»Das wird Madame Baels nicht zulassen. Und ebenso wenig Ihr Gewissen. Sie sind doch so überkorrekt, Herr Professor. Und ich bin ein grandioser Chocolatier. In der nächsten Runde werde ich so phantastisch sein, dass Sie mich auf gar keinen Fall werden ausscheiden lassen können. Es sei denn, Sie möchten einen Skandal und Ihren guten Ruf riskieren. Man sieht sich!«

Und weg war er.

Adalberts Ohren wurden tomatenrot. »Das!« Röcheln. »Bekommt.« Schnaufen. »Dieser!« Brodeln. »Mensch!« Dampfen. »Zurück!«

Pit war unheimlich froh, dass Adalbert ihn dazu abkommandiert hatte, Fred de Vaele, dem Meister der Schokoladenskulptur, auf den Zahn zu fühlen. Denn der Professor war seit dem Streit mit Franky van der Elst unausstehlich. Es fehlte nur noch, dass aus seinen Nüstern Rauch aufstieg oder er Flammen spie. Vermutlich allein eine Frage der Zeit. Ein sicherer Abstand war deshalb ratsam. Mindestens zehn Kilometer, besser ein ganzer Kontinent.

De Vaele lebte im Küstenort De Haan – genau wie die Familie Reekmans, das hatte der Professor ihm erzählt. De Vaeles Haus machte keinen exzentrischen Eindruck, es war nicht einmal besonders groß. Nur der Name ließ Rückschlüsse auf seine besondere Vergangenheit zu. Es hieß: »Das relative Haus«. Hier hatte Albert Einstein also während seiner Zeit in De Haan gelebt.

Nach dem Drücken des Klingelknopfes ertönte eine klassische Melodie, Pit vermutete Mozart, allerdings vermutete er bei Klassik immer Mozart. Eine alte Haushälterin öffnete die Tür und verwies ihn nach kurzem Gespräch in den Keller, wo der Künstler um diese Zeit immer arbeite. Das Atelier sei dort, weil selbst im Hochsommer kühle Temperaturen herrschten und so die Skulpturen nicht schmolzen.

Ohne anzuklopfen, trat Pit ein. De Vaele trug einen Laborkittel und sein Haar so wallend, wirr und weiß, als hätte er eben erst mit den Fingern in die Steckdose gelangt. Seine Augen zuckten wie Wellensittiche auf LSD, während er mit weit rudernden Armen weiche Schokolade auf eine Skulptur klatschte.

»Kossitzke mein Name.« Er reichte Fred de Vaele die Hand, doch dieser warf ihm nur einen kurzen, desinteressierten Blick zu. »Früher hat hier also Einstein gelebt?«

»Das tut er immer noch. Ich bin Einstein. Der wiedergeborene Einstein selbstverständlich. Was er, also ich, mit den Formeln der Physik machte, das stelle ich heute mit Schokolade an. Ich transzendiere sie, schaffe Neues und bringe zusammen, was zusammengehört.«

Pit sah sich den Burschen genauer an. Gehörte definitiv in die Klapse. »Wieso sind Sie sich so sicher, dass Sie Einstein sind?«

»Man spürt so etwas. Ich spürte es, als ich eines Nachts die Relativität des menschlichen Seins begriff. Dann las ich alles, was ich über ihn, also über mich, finden konnte, und entdeckte all die Parallelen. Wir sind eins.« Er strich sich die Mähne mit beiden Händen schwungvoll zurück. »So wie der Dalai-Lama stets wiedergeboren wird, so werden auch andere große Persönlichkeiten wiedergeboren. Wir sind die Stützpfeiler der Menschheit.«

»Und als Stützpfeiler ist man natürlich kein bisschen unbescheiden.«

»Ich habe keinen Grund, bescheiden zu sein. Wer sind

Sie überhaupt? Wieso stören Sie mich in meinem Refugium? Wir haben keinen Termin. Normalerweise wird man nicht vorgelassen ohne Termin.«

Anscheinend hatte die Haushälterin sich nicht getraut, ihn abzuweisen.

Kluge Frau.

Pit hatte sich eine Geschichte für diesen Undercovereinsatz zurechtgelegt. »Ich will mich als Model vorstellen. Ich bin der Schokobär der Weltmeisterschaft.«

»Ach, Sie sind das? Die Sache war ja wohl eher ein Versehen, wie mir Madame Baels berichtet hat. Was soll das überhaupt sein, ein Schokobär? Bei den Azteken war es der Affe, der den Menschen die Kakaobohne brachte. Ein Bär hat nichts, aber auch gar nichts mit Schokolade zu tun.«

»Dieser Bär hier schon. Professor Dr. Dr. Adalbert Bietigheim wünscht eine Figur von mir, also nur vom Kopf, das reicht ihm. So bis zu den Schultern.«

»Eine Büste.«

»Genau so einen Apparat. Können Sie das transzendieren?«

»Ich bin gerade mitten in einer wichtigen, politisch hochbrisanten Arbeit.« De Vaele wies auf ein Schokoladengebilde, das aussah wie eine Mischung aus Eiffelturm, Tower Bridge, Kolosseum und Brandenburger Tor. Falls alle in der Sonne zu einem Klumpen zusammenflossen. »Ich nenne sie Europa-Matsch.«

»Passt«, bestätigte Pit aufrichtig.

»Danke.«

»Sie müssen mich ja nicht jetzt sofort in eine Brüste verwandeln.«

»Büste.«

»Genau. Ich wollte mich nur mal vorstellen. Schauen, wie das so ist, wenn einer Schokolade nicht wegmampft, sondern damit Kunst fabriziert. Ich hab Sie mir dicker vorgestellt. Also mit Plautze.« Pit klopfte mit beiden Händen auf seinen Bauch.

»Ich esse Schokolade nicht. Grundsätzlich. Unsere Beziehung ist anderer Art. Wir lieben und hassen uns. Schokolade ist ein tückisches Material. Nicht wie Stein, aus dem Sie die Form in aller Ruhe herausmeißeln können, nicht wie Ton, der sich in die Hände schmiegt und weich auf Druck reagiert, nicht wie Metall, das sich biegen und schlagen lässt. Schokolade reagiert viel feinfühliger auf Temperatur, zu kühl, und sie wird hart, zu warm, und sie wird zu weich oder gar flüssig. Stellen Sie sich vor, ein Haus aus Quark errichten zu müssen. Der ist niemals zu fassen, immer wieder rinnt er durch die Hände. So ist es auch mit Schokolade. Natürlich könnte ich tricksen, der Schokolade etwas zusetzen, doch das wäre Betrug.

Natürlich kann man sie in Formen gießen, und diese verwende ich auch gelegentlich, doch das beraubt die Schokolade ihrer Textur. Deshalb arbeite ich alle Details stets per Hand aus, ich ringe mit der Schokolade, kämpfe mit ihren Defiziten und versuche, daraus Stärke zu gewinnen. Können Sie mir folgen?«

»Ich denke die ganze Zeit darüber nach, wie ich aus meinem Lieblingsmaterial etwas bauen könnte.«

»Und welches Material ist das?«, fragte de Vaele mit emporgezogenen Augenbrauen.

»Mettwurst.«

»Ach?«

»Leberwurst geht auch. Mit Krakauern als Rahmen.«

Fred de Vaele spitzte die Lippen. »Das wäre vollkommen neu. Beuys hatte sein Fett, Sie hätten das Fleisch. Nur die Konservierung der Kunstwerke wäre ein Problem. Fleisch verdirbt zu schnell.«

»Ess ich vorher auf.«

»Als Teil der Performance? Sehr gut! Kunst, die nicht für die Ewigkeit, sondern nur für den Moment erschaffen wird, wie die Kunstwerke Christos und Jean-Claudes.« De Vaele schien tatsächlich Gefallen an der Idee gefunden zu haben. »Sie thematisieren mithilfe Ihrer Wurst die Vergänglichkeit des Lebens.«

Pit strich sich nachdenklich über den weißen Rauschebart. »Und die Leckerheit von Wurst!«

»Aber nur oberflächlich! Eigentlich ist es ein Plädoyer für das Vegetariertum. Sehr raffiniert! Ich mag Sie. Sie sehen zwar aus wie ein debiler Vollidiot, aber das ist alles nur Maskerade. Sie dürfen mir gerne bei der Arbeit zuschauen.«

Pit hatte nicht übel Lust, de Vaele eins in die Maskerade zu hauen. Immerhin hatte der ihn gerade als Vegetarier bezeichnet. Da war der debile Vollidiot fast Nebensache. Aber er hatte aus Versehen dessen Vertrauen gewonnen. Also erst mal quatschen. Kloppe konnte er ihm nachher immer noch verabreichen.

»Ich habe gehört, Sie leben wie ein Mönch. Also so ganz ohne, Sie wissen schon. Macht das denn Spaß?«

»Das ist die völlig falsche Frage. Es dient der Kunst. Und nichts ist wichtiger.«

»Also, wenn ich mich zwischen Sex und Kunst entscheiden müsste, würde ich keine Sekunde zögern.«

»Sehen Sie! Ich ebenso wenig.«

Pit sehnte sich mit einem Mal ganz stark nach Cambridge und seiner Diana. Nicht nur wegen der Küsse und des Kuschelns, der verliebten Blicke und des ganzen Krams. Sondern einfach, weil Diana ihm fehlte und er lieber mit ihr als mit jedem anderen Menschen zusammen war. Aber der Professor brauchte ihn, irgendwer musste sich um den Burschen kümmern, sonst kam er irgendwann unter die Räder. Andere hatten Modellflugzeuge als Hobby, er hatte Adalbert Bietigheim. Und im Gegensatz zu Modellflugzeugen war Bietigheim verdammt clever.

»Mich interessiert übrigens überhaupt nicht, was man über mich sagt.« De Vaele zuckte theatralisch mit den Schultern. »Ich schöpfe nicht für irgendein Publikum, sondern für die Kunst an sich.« Er matschte etwas Schokolade gegen den Eiffelturm.

»Na ja, hier geht es aber um Ihren Ruf als Künstler. Ich meine nämlich die Gerüchte, dass Beatrice Reekmans etwas mit Ihnen am Laufen hatte.«

De Vaele schien ehrlich entrüstet. »Mit mir? Ich bitte Sie.«

»Aber sie war doch Ihr Modell.«

»Wenn ich mit allen meinen Modellen eine Affäre hätte, käme ich nicht mehr zum Arbeiten.«

»Sie war aber nicht irgendein Modell, sie war eine Schönheit. Bei ihr wurden sicher auch Mönche weich ... oder eher das Gegenteil.« Pit grinste breit. Der Gag war eigentlich ziemlich gut gewesen.

De Vaele war allerdings anderer Meinung. Er verzog das Gesicht, als hänge etwas zwischen seinen Zähnen. »Also, ich war definitiv nicht ihr Liebhaber.«

Pit trat auf de Vaele zu, legte ihm verschwörerisch den Arm um die Schultern. »Mal unter uns Künstlerjungs: Hast du noch nie was mit einem deiner Modelle gehabt? Komm, ehrlich. Da waren doch bestimmt auch welche mit dicken Hupen und amtlichen Hintern dabei. Ich sag's auch nicht weiter.«

»Niemals! Sie können mir bei meiner Ehre glauben, dass ich meine Elsa nie betrügen würde.«

»Ach so, Sie sind verheiratet?«

»War. Zweimal. Zuletzt mit Elsa, meiner Cousine. Sie verstarb jedoch 1936 in unserem Haus in Princeton.«

»1936?« Dann verstand Pit. »Einsteins zweite Frau.«

»*Meine* zweite Frau.«

»Alles klar.« Pit langte es. Der Typ hatte statt Hirnmasse Schokolade in der Rübe. Und die war schon verdammt weich. »Ich muss dann mal weg. Die Tage komme ich vorbei für das Büstestehen.«

»Bringen Sie mir doch bitte Fotos Ihrer Mettwurstkunstwerke mit, sie interessieren mich sehr.«

»Aber klar, ich habe einen großen Abzug meiner ›Symphonie in Bockwurst‹.«

Pit ging zur Tür.

Ach, eines hatte er ja noch vergessen.

Er drehte um und versetzte Fred de Vaele eine ordentliche Kopfnuss.

»Was ...*was sollte das*?«

»Nehmen Sie es nicht persönlich. Ist Teil eines Kunstprojekts und hat überhaupt nix damit zu tun, dass Sie mich vorhin einen debilen Vollidioten genannt haben. Wünsche, einen schönen Tag gehabt zu haben.«

Professor Dr. Dr. Adalbert Bietigheim rannte durch das Schokoladenmuseum Brügges, als wäre der Leibhaftige samt Großmutter und Schwippschwager hinter ihm her. Dabei folgte ihm nur Benno kläffend – und hatte irren Spaß dabei. Madame Baels weilte irgendwo im Gebäude, doch ihre Vorzimmerdame wusste nicht, wo. Er musste mit ihr den Ausschluss van der Elsts beschließen, jetzt sofort, diese kluge Frau würde mit ihm zweifellos übereinstimmen. Vielleicht sollte er sie zum Essen einladen und es währenddessen mit ihr besprechen. Die Region hatte schließlich eine unfassbare Dichte an Sternerestaurants aufzuweisen. Sie konnten zum Beispiel in den »Karmeliet« gehen und bei einem schönen alten Burgunder und Kerzenschein stilvoll tafeln. Über Gott und die Welt reden und natürlich über ihn und seine wissenschaftlichen Erfolge. Ob sie wohl auch so deftige Witze kannte wie die göttliche Hildegard zu Trömmsen? Die Grande Dame der Hamburger Gesellschaft, mit welcher ihn seit Jahren das zärtlichste Band der Freundschaft verband – leider allerdings nicht mehr. Er würde ganz bald herausfinden, ob Madame Baels dieser unglaublichen Frau den Platz in seinem Herzen streitig machen konnte. Wenn es eine konnte, dann diese belgische Urgewalt!

Aber erst nachdem van der Elst mit sofortiger Wirkung vom Wettbewerb ausgeschlossen worden war. Sie mussten eigentlich nur noch entscheiden, wer nachrücken sollte.

Endlich fand er Madame Baels, in der Abteilung mit den historischen Chocolatierwerkzeugen. Sie stand mit dem Rücken zu ihm. Er betrachtete ihren spätbarocken Umriss, ihr wallendes Haar – fast wirkte sie wie Hamburgs Königin der Herzen, doch der fehlende Duft nach Chanel No.5 verriet, dass es nicht seine Hildegard war.

Erst spät bemerkte er, dass Madame Baels nicht allein war.

Hauptkommissar Aspe stand vor ihr, etwas auf seinem Handy eintippend. Bietigheim kam gar nicht dazu, die Museumsleiterin formvollendet zu begrüßen, denn Aspe ging ohne Vorwarnung auf ihn los.

»Sie waren das, Sie mediengeiler Hampelmann!«

Abwehrend hob Bietigheim die Hände. »Wovon reden …? Was fällt Ihnen überhaupt ein? Sie ungehobelter Polizistenlümmel!«

»Was mir einfällt? Das fragt der mich echt?« Aspe blickte Madame Baels kopfschüttelnd an. »Mannmannmann, haben Sie geglaubt, Sie kommen damit durch? Und ich Ihnen nicht auf die Schliche? Sie haben der Presse gesteckt, dass Beatrice Reekmans mit Schokolade übergossen wurde! Von wegen gut unterrichtete Kreise. Ha! Als wären *Sie* gut unterrichtet. Nix wissen Sie! Warum reibt sich Ihr Hund schon wieder an meinem Bein?«

»Bei meinem guten Ruf: Ich war es nicht. Und ich weiß nicht, warum Benno sich an Ihnen reibt. Eben hat er sich noch in irgendwas gewälzt.«

Aspe packte den Professor am Hemdkragen. Diesmal

roch er nach Nordseekrabbensalat. Das war ja schon mal ein Schritt in die richtige Richtung. Außerdem roch er nach … in was auch immer Benno sich gewälzt hatte. »Erzählen Sie mir doch keinen Scheiß! Natürlich haben Sie es der Presse gesteckt, als Racheaktion, weil ich Ihnen nix sagen wollte.«

»Sie schließen zu sehr von sich auf andere. So kleinlich und rachelüstern wie Sie bin ich bei Weitem nicht. Und nun möchte ich alleine mit Madame Baels sprechen. Sie entschuldigen uns sicher.« Bietigheim versuchte, sich aus Aspes Griff zu befreien.

»Ich denk ja gar nicht daran. Sie kommen jetzt mit aufs Revier. Und da lass ich Sie schmoren, bis Sie mit der Wahrheit herausrücken. Das ist das letzte Mal, dass Sie mich genervt haben!«

Bietigheims Blick wurde starr. Aber nicht wegen Aspe. Auf Staffeleien waren Fotos der Finalisten aufgestellt sowie ein Schwarz-Weiß-Porträt der ermordeten Chocofee mit schwarzem Band. Wie schon bei der Betrachtung des Plakats auf dem Marktplatz machte etwas Klick in Bietigheims Kopf. Doch diesmal machte es nicht nur Klick, diesmal wollte es mit aller Macht an der richtigen Stelle einrasten.

»Bietigheim! Kommen Sie freiwillig mit, oder muss ich meinen Männern Bescheid sagen? Bietigheim!«

Aspe wurde ungeduldig, doch der Professor nahm den Hauptkommissar gar nicht wahr. Er trat zu den Staffeleien, griff sich das Foto von Beatrice Reekmans und stellte es neben das von Jana Elisa da Costa.

Plötzlich rannte Mareijke Dovendaan mit einem tragbaren Telefon in der Hand auf die kleine Gruppe zu. »Es ist für Herrn Professor Bietigheim. Dringend!«

»Bin nicht da!«, herrschte Adalbert sie an.

Sie sprach ins Telefon. »Er sagt, er sei nicht da.«

Bietigheim blickte gereizt zu ihr. »Wer ist denn dran?«

»Der Schokobär.«

»Ich habe keine Zeit.« Entnervt nahm er das Telefon und sprach hinein. »Ich habe keine Zeit!«

»Freu mich auch, Sie zu hören, Professore«, schallte ihm Pits Stimme entgegen. »Bin auf dem Weg zurück von dem Schokobildhauer. Das war nix. Der Typ hat zwar einen Knall, aber kein Interesse an Frauen.«

»Ich habe immer noch keine Zeit, aber warum sind Sie sich da so sicher?«

»Er sagt, er sei der wiedergeborene Einstein und seiner zweiten Frau Elsa immer noch treu.«

»Also treu wie Einstein?« Bietigheim musste lachen. »Einstein war ein Schürzenjäger, das hat er sogar selber zugegeben. Wenn er so ist wie Einstein, dann ist keine Frau vor ihm sicher.«

»Wie bitte?«

»Sie haben mich schon verstanden. Albert Einstein hätte sich jemanden wie Beatrice kaum durch die Lappen gehen lassen. Falls Sie einmal die Wiedergeburt von Giacomo Girolamo Casanova treffen sollten, lassen Sie sich jetzt schon gesagt sein: Auch er lebte nicht keusch. So, und jetzt muss ich wirklich weiter nachdenken.«

Bietigheim drückte einen Knopf, von dem er hoffte, dass damit das Gespräch beendet wurde, und reichte das Telefon zurück an Mareijke Dovendaan. Benno versuchte es zwischen die Zähne zu bekommen. Es dauerte nicht lange, bis er es ihr aus der Hand gerissen und damit die Flucht ergriffen hatte. Er würde es zu einem sicheren Platz tragen und so lange abkauen, bis er das leckere Mark erreicht hatte.

Als Bietigheim wieder auf die Bilder blickte, musste er einen Moment, vielleicht nur den Bruchteil einer Sekunde, vielleicht nur eine Millisekunde, aber zumindest einen kleinen Augenblick lang überlegen, wer auf welchem Bild zu sehen war. Die beiden Frauen sahen sich ähnlich, nicht stark, aber in einem schlecht beleuchteten Raum wie dem

Museum, im Eifer des Gefechts, konnte man sie verwechseln.

Vielleicht sollte Beatrice Reekmans gar nicht getötet werden.

Vielleicht war von Anfang an Jana Elisa da Costa das Ziel gewesen.

Er musste sofort zu ihr. Falls er recht hatte, war sie in größter Gefahr.

Bietigheim wandte sich an Aspe. »Freiwillig gehe ich niemals mit. Geben Sie von mir aus Ihren Männern Bescheid, mich festzunehmen. Aber wenn sie eintreffen, werde ich längst nicht mehr hier sein. Denn ich werde jetzt Ihre Arbeit machen, weil Sie schlicht unfähig dazu sind!« Madame Baels schenkte er ein Lächeln. »Ich würde mich sehr freuen, wenn Sie heute Abend Zeit und Lust auf ein Essen mit mir hätten, Verehrteste. Mein kleines Herz würde einen Purzelbaum machen.«

Madame Baels nickte huldvoll.

Die Bremsen quietschten, als Pit nach dem Telefonat voll in die Eisen stieg. Dann wendete er in zwei Zügen und raste zurück zu de Vaeles Domizil. Pit konnte einiges vertragen, aber ... nein, eigentlich konnte er gar nix vertragen. So gut wie jede Kleinigkeit brachte ihn auf die Palme. Pit liebte es aus vollstem Herzen, wütend zu sein, den gerechten Zorn zu verspüren und ihn fachgerecht zu entsorgen.

De Vaele hatte ihn verarscht.

Da war eine Kopfnuss nicht genug. Da musste es schon eine ganze Nussmischung sein. Das große Nussspezial sozusagen. Familienpackung.

Pit wollte gerade aus dem Wagen springen, als sich die Tür des relativen Hauses öffnete und die Haushälterin mit ihrem Mantel in der Hand von de Vaele aus dem Haus gedrückt wurde. Aufgebracht hämmerte sie noch ein paarmal gegen die Tür, bevor sie sich kopfschüttelnd trollte. Pit wartete kurz ab, ob noch etwas passierte, dann schlenderte er zum Haus, schwang sich über den kniehohen Zaun, ließ sich langsam ins Gras hinab und robbte so weit heran, dass er schließlich durch ein Kellerfenster in de Vaeles Atelier blicken konnte. Der wiedergeborene Albert Einstein war unruhig, tigerte durch den Raum, kontrollierte seine Haare in der Spiegelung der Fensterscheibe, polierte sich die Zähne mit einem Taschentuch und sortierte immer wieder den Inhalt seiner Unterhose.

Hinter Pit hielt ein Wagen, setzte am Straßenrand mehrmals hektisch vor und zurück – obwohl keine anderen Autos auf dieser Seite der Straße parkten. Es gab Menschen, die stiegen elegant aus ihrem Auto, andere mussten hundertzwanzig Kilo aus viel zu engen Sportsitzen wuchten. Dieser Fahrer sprang geradezu gazellenhaft aus seinem Kleinwagen und lief zum Haus de Vaeles.

Auf Stöckelschuhen.

Pit rollte sich wie ein prächtiger See-Elefant auf die Seite. Noch bevor die Besucherin klingeln konnte, wurde die Tür schon geöffnet. Sie fiel dem Hausherrn um den Hals, die zwei küssten sich leidenschaftlich, es fehlte nicht viel, und sie hätten sich auf der Türschwelle vernascht.

»Albert Einstein, du alter Stecher, hast dich kein bisschen geändert!«, dachte Pit.

Kurze Zeit später ließ de Vaele die Rollläden herunter. Pit konnte vorher noch erkennen, wie Kerzen entzündet wurden.

Er stand auf, klopfte sich das Gras von den Klamotten und drückte breit grinsend auf die Klingel.

Adalbert Bietigheim trieb den Taxifahrer an, schneller zu fahren, doch dieser dumme, einfältige, faule, unverschämte, trantütige Betriebsunfall von Mensch hatte die Ruhe weg. Selbst Bennos energisches Bellen brachte nichts.

»Wissen Sie eigentlich, wer ich bin?«

»Der Schokoladenheini vom Rathaus. Da sehen Sie aber viel netter aus. Haben Sie auch Schokolade dabei? Meine Tochter mag so gern die Weiße.«

»Nein. Überraschenderweise trage ich nicht ständig ein Schokoladensortiment mit mir herum. Und weiße Schokolade ist im strengeren Sinne gar keine richtige Schokolade. Wann begreift die Menschheit das bloß endlich? Ist doch nicht so schwer! Sagen Sie das Ihrer Tochter, nur damit sie Bescheid weiß. Und sagen Sie ihr auch, sie kann sich bei Nestlé bedanken, die weiße Schokolade in den 1930er-Jahren erstmals in großem Maßstab produziert haben. Wenn Sie mich fragen, war dies der Sündenfall!«

»Sag ich ihr. So, wir sind da.« Er stieß einen Stoßseufzer aus.

Bietigheim bezahlte trinkgeldlos und ging schnellen, aber würdevollen Schrittes zum Hotel »De Boerenpummel«. Hinter ihm hielt Aspes Dienstwagen. Der Kommissar sprang mit Zigarette im Mundwinkel heraus und folgte Adalbert, der dem rauchenden Aspe gedanklich bereits den Titel ›Schlot von Brügge‹ verliehen hatte.

»Ich hab Sie im Auge, Bietigheim! Wie war eigentlich Ihre Kindheit?«, blaffte er den Professor von hinten an.

»Ich hatte ein gutes Elternhaus, wogegen Sie mir in einer Frittenbude aufgewachsen zu sein scheinen.«

»Ich bin als Kind zumindest nie dreimal in die Luft geworfen, aber nur zweimal aufgefangen worden!« Er lachte heiser, bevor er einen Hustenanfall bekam und etwas Schleim ausspuckte. Welch eine abstoßende Person!

Die Tür zum Hotel stand offen, Adalbert ging rasch hinein und trat an den Empfangstresen.

»Hallo? Ist da wer? Herbergsvater?«

Ein Mann in geschnürten, olivgrünen Gummistiefeln und Arbeitskleidung erschien mit einem Pümpel. »Ist erledigt! Das Rohr ist frei, können alle wieder die Toiletten benutzen.«

»Deshalb bin ich nicht hier. In welchem Zimmer nächtigt Jana Elisa da Costa?«

»Die Brasilianerin?«

»Ja.«

»Mit den tollen dunklen Augen?«

»Ja.«

»Und den langen, braunen Haaren?«

»Jawohl.«

»Kenn ich nicht.« Pause. »Also nicht persönlich. Keine Ahnung, in welchem Zimmer die untergebracht ist.« Er ging seelenruhig zum Belegungsbuch. »Nummer 9. Das ist hier im Erdgeschoss, da rechts lang.«

Adalbert zögerte keine Sekunde und schritt, ohne das Licht einzuschalten, eilig den dunklen Gang entlang, auf den der Mann gezeigt hatte. Da war es!

Er klopfte. Fester. Er hämmerte gegen die Tür. Er rief ihren Namen.

Vielleicht war sie gar nicht da? Er hatte Madame Baels nicht gefragt, ob Jana Elisa da Costa gerade einen Ausflug machte oder andere Termine hatte! Wie dumm von ihm.

Neben Bietigheim standen mittlerweile einige der anderen Chocolatiers, alarmiert vom Lärm. Urs Egeli war darunter, aber auch Edward Macallan und Jón Gnarr. Sie wollten wissen, was los war. Es stellte sich heraus, dass keiner Jana in den letzten Stunden gesehen hatte.

Da entdeckte Adalbert eine zähflüssige Masse, die unter dem Türspalt hindurchfloss.

Dickflüssig und dunkel, sah sie aus wie eine Mischung aus Himbeer- und Brombeermarmelade. Doch Adalbert wusste sofort, was es war.

Blut.

Und viel davon.

Plötzlich stand Aspe neben ihm und trat die Tür ein. Er brauchte nur einen Versuch. So was machte er wohl häufiger.

Jana Elisa da Costa lag zusammengekrümmt auf dem Boden, ihr Zimmer war verwüstet, das Fenster stand offen. Ihr Blut hatte eine große Lache bis zur Zimmertür gebildet, die Sonnenstrahlen ließen es glitzern, als sei es mit Rubinen versetzt.

Jana Elisas Brustkorb bewegte sich nicht mehr. Aspe sprang zu ihr und fühlte den Puls. Dann sank sein Kopf.

Jetzt sah auch Bietigheim es.

In Jana Elisas Bauch steckte eine große Klinge.

Sie bestand aus schwarzem Glas.

KAPITEL 5

Das Leben ist wie eine Schachtel Pralinen …

… irgendwann ist das Verfallsdatum abgelaufen.

Pits Stimmung war hervorragend, deshalb konnte die Musik aus dem CD-Player gerade nicht laut genug sein. Er hörte zurzeit gerne Hair Metal – und amüsierte sich immer noch darüber, dass auch Glatzenträger an dem wilden Kopfgeschüttel Spaß haben konnten. Die Seitenfenster hatte er heruntergedreht. Sollten ruhig alle Manowars »Louder Than Hell« hören. Und mitgrölen, wie er.

Gleich würde er dem Professor alles brühwarm erzählen.

Er hielt lässig vor dem »Relais Bourgondisch Cruyce« in der Wollestraat und wuchtete sich schwungvoll aus seinem Taxi Alfons dem Viertelvorzwölften. Der Professor würde jetzt sicher bei seinem Nachmittagstee sitzen, den er sich nur in äußersten Notfällen entgehen ließ. Er würde ihn an seinem Stammplatz im Erker über dem Kanal einnehmen, die Porzellantasse in der Hand, den kleinen Finger abgespreizt, Benno neben ihm an irgendwas kauend oder sich an einer Stelle ausgiebig leckend, für die Menschen Klopapier benutzten.

Flotten Schrittes ging er in den Speiseraum, doch der Erkerplatz war leer.

Der Tisch daneben dagegen voll.

Die Lüdenscheid-Bietigheims plünderten das Kuchenbüfett. Wenn Heuschreckenschwärme den Himmel verdunkelten, den Tag zur Nacht werden ließen und über ein Maisfeld herfielen, blieb sicher mehr übrig.

Wolfi sichtete ihn und hob die Hand zum Gruß.

»Ach, guck mal, wer da kommt! Der junge Mann vom Adi! Komm, setz dich her! Peter, oder? Sind noch ein paar Krümel da. Du musst doch was auf die Rippen bekommen, du schmales Hemd.«

Das hatte schon lange niemand mehr zu Pit gesagt.

Eigentlich noch nie.

»Hören Sie nicht auf ihn!«, sagte Elfi. »Setzen Sie sich zu mir.« Sie holte einen Stuhl vom Nachbartisch und klopfte einladend auf die Sitzfläche. Pit zuckte mit den Schultern und griff sich ein Stück Torte.

»Wo steckt denn Ihr Verwandter?«

»Der Adi ist wie vom Erdboden verschluckt«, erklärte Wolfi und verteilte die Krümel aus seinem Mund gleichmäßig auf dem Tisch, dem Boden und sich selbst. »Dabei waren wir hier verabredet, damit er uns die Stadt zeigt.«

»Na ja«, korrigierte Elfi. »Nicht wirklich verabredet. Wir haben ihm gesagt, dass wir um die Zeit hier sind, damit er uns die Stadt zeigen kann. Und er hat irgendetwas Verschwurbeltes geantwortet. Sie wissen ja, wie er spricht.«

»Das war ein Ja auf Professoralisch!«, prustete Wolfi. »Wie auch immer, jetzt sind Sie ja hier und können uns die Stadt zeigen.«

»Ich wollte eigentlich zum … Adi.« Es fühlte sich nicht gut an, diesen Kosenamen auszusprechen. Sein Kehlkopf schämte sich fast dafür.

»Der kann warten. Ist doch Professor! Die warten doch immer auf ihre faulen Studenten. Also keine Widerworte!« Wolfi erhob sich und zwickte Pit über den Tisch hinweg freundschaftlich in die Wange. Normalerweise gab's dafür eine auf die Zwölf.

»Wir würden uns so freuen, die Kinder auch! Nicht wahr, Kinder?«

Kevin, Chantalle, Angelina und Heinz-Horst mampften, ohne jemanden oder etwas im Raum wahrzunehmen – abgesehen von dem Kuchen auf ihren Tellern.

»Sehen Sie!«, sagte Elfi. »Wie die sich freuen! Die vier reden von nichts anderem als einer Stadtrundfahrt. Nicht wahr, Kinder?« Sie wartete keine Antwort ab. »Und Sie haben doch ein Taxi. Die Kinder lieben Taxifahren. Heinz-Horst will sogar Taxifahrer werden.«

»Wer will das nicht?«, fragte Pit. »Das oder Astronaut.«

»Na, dann ist ja alles klar. So, Kinder. Auf geht's! Der Peter fährt uns durch Brügge. Packt den restlichen Kuchen in Servietten ein, als Proviant. Und wehe, einer pupst im Auto. Ihr wisst, dass ich das nicht leiden kann.«

Gut, dachte Pit, das bedeutete Fenster runter, die ganze Fahrt lang. Und danach in die chemische Reinigung. Er ergab sich seinem Schicksal. Immerhin waren sie Bietigheims Verwandte – und er hatte es auf dem Gewissen, dass sie hier waren. Der Schokobär musste zukünftig echt aufpassen, wessen Trollinger er vor der Presse über den grünen Klee lobte.

»Aber nur eine ganz kurze Fahrt, ich muss wirklich mit dem Professore reden, ist was Dringendes. Er ermittelt ja in dieser Mordsache.«

»Sie meinen die pralinierte Frau?« Elfi musste kichern. »Die Presse schreibt, sie sei die leckerste Leiche aller Zeiten gewesen. Mordslecker!«

Jetzt musste auch Wolfi lachen. Selbst Kevin, Chantalle, Angelina und Heinz-Horst grinsten breit.

Elfi und Wolfi saßen ganz fix auf ihren Plätzen, die Kinder krochen dagegen wie faule Raupen hinterher. Pit beschloss, irgendwie durch die Innenstadt zu kurven und zu versuchen, dabei weder Asiaten noch Schotten oder andere Touristen zu überfahren, denen die Unterscheidung zwischen Bürgersteig und Fahrbahn mit steigendem Schokoladenpegel im Blut immer unklarer wurde.

Er war nur wenige Hundert Meter gefahren, bis auf den Grote Markt, da traf ihn ein Schock – in Form eines großen

Banners. Ja, es war sogar noch größer als das Banner für die Weltmeisterschaft der Chocolatiers. Es hing nicht am Rathaus, sondern am Belfried und warb für die heute startende »Olympiade der Pommes frites«.

Pit wollte nicht in der Haut desjenigen stecken, der Adalbert dies mitteilte.

Normalerweise wurden die Überbringer schlechter Nachrichten ja nicht geköpft. Aber vielleicht machte der Professor mal eine Ausnahme.

»Was sehen wir denn jetzt alles Hübsches?«, fragte Elfi.

»Ist ja ganz schön alt, die Stadt«, sagte Wolfi anerkennend und deutete aus dem Fenster.

»Jau, das ist sie«, bestätigte Pit. »Mindestens tausend Jahre alt, einige Teile sogar zweitausend und die ältesten Häuser sogar zehntausend,«

»Donnerwetter.« Wolfi war wirklich beeindruckt.

»Und die Fenster sind immer noch sauber«, sagte Elfi fachkundig.

Pit bekam Spaß an seiner Rolle als Fremdenführer. »Am Horizont kann man ... nee, jetzt nicht mehr ... Achtung, gleich kommt sie ... da war eine Windmühle! Gesehen? Auch egal, war die älteste von ganz Holland ... und sogar von Europa. Das hier ist eine von den berühmten Kirchen Brügges ... da liegen die Knochen vom Nikolaus. Ein Kanal ... der berühmteste übrigens, bekannt als Starkbierkanal. Dahinter stehen viele Leute vor einem alten Haus, sehr, sehr berühmt ... noch ein Kanal ... ist der zweitberühmteste, bekannt als Leichtbierkanal. Das da ist eine gute Frittenbude ... und hier wieder eine der berühmten Kirchen, es könnte sogar die von eben sein ... ein Kanal ... der ist jetzt nicht so berühmt, um nicht zu sagen, völlig unbekannt ... hier im Eckladen gibt es erotisches Spielzeug. Und da ist schon wieder ein Kanal, man glaubt es kaum .... das Grüne da nennt sich Baum, sehr selten ... Augen auf, da ist ein Standbild von einem berühmten Mann aus Brügge ...

er hat die Mayonnaise erfunden … Willem de Mayon … da kommt eine Kutsche auf uns zu, gezogen von großen belgischen Hunden.« Pit prüfte, ob eine Reaktion kam, aber die Eltern Lüdenscheid-Bietigheim hielten mittlerweile die Köpfe aus den geöffneten Fenstern und genossen den Fahrtwind. Die Kinder schauten die ganze Zeit nur in ihre Nintendos, Kopfhörer auf den Ohren.

»Und wieder ein Kanal, in diesem leben übrigens auch Riesenkraken und Dinosaurier.«

»Dinosaurier?«, kam es von der Rückbank, Heinz-Horst war also noch unter den Lebenden. »Wo? Ich seh keine«, setzte Angelina mit nörgeliger Stimme hinzu.

»Ich meinte die Schwäne«, erklärte Pit. »Man nennt sie auch die Dinosaurier Belgiens.«

So, und jetzt hatte er genug.

Und er hatte eine Idee, eine fabelhafte Idee sogar.

Oh, war die gut!

»Zum Ende meiner Führung: der Höhepunkt. Ich bringe Sie zur allerbesten Chocolaterie Brügges, und zwar direkt vor die Eingangstür, obwohl man da nicht parken darf, gehört alles zum Service. Bitte beharren Sie darauf, den Chef des Hauses zu sprechen, selbst wenn er sich ziert, er mag das.«

»Wirklich?« Elfi wirkte unsicher.

»Vertrauen Sie mir, ich weiß, was ich tue. Stellen Sie ihm ganz viele Fragen, unentwegt, nicht lockerlassen, das findet man hier in Belgien höflich. Wenn Sie keine Fragen stellen, gilt das als schlechtes Benehmen. Außerdem: viele Pralinen probieren! Ruhig auch ohne zu fragen. Und ganz zum Schluss, wenn er so tut, als sei er stinkewütend – das ist so seine Masche, ein ganz Witziger ist das –, dann grüßen Sie ihn vom Professore. Aber erst ganz zum Schluss. So als Überraschung.«

»Wenn Sie das so sagen, Peter, dann machen wir das«, bestätigte Wolfi.

Sie waren da.

Vor dem Geschäft von Franky van der Elst.

Der Chef war zwar nicht hinter der Theke zu sehen, doch wenn Pit sich richtig erinnerte, hatte dieser für heute die Präsentation seiner Praline aus der ersten Finalrunde angekündigt. Sehr geschäftstüchtig.

Pit stellte sich so neben die Tür, dass er hineinlinsen konnte, ohne direkt gesehen zu werden. Die Lüdenscheid-Bietigheims wurden zuerst von einem jungen Mann begrüßt, der sich als van der Elsts Sohn Emile herausstellte, welcher tatsächlich seinen Vater holte, nachdem die Familie mehrfach darauf bestanden hatte.

Pit besah sich das Schauspiel einige Minuten und machte sich erst wieder auf den Weg zum Auto, nachdem Franky van der Elst seinen ersten Tobsuchtsanfall bekommen hatte.

Bietigheim war es leid, vom Tatort verscheucht zu werden, als sei er ein Fuchs auf dem Hühnerhof. Und kein Wort des Dankes von Aspe, den er schließlich hierhergeführt hatte! So behandelte man einen Professor der Universität Hamburg einfach nicht! Selbst auf dem Flur wollte der Brügger Kommissar niemanden sehen, die Spurensicherung war informiert, ebenso die Gerichtsmedizin.

Im Frühstücksbereich des Hotels hatten sich die Gäste des Hauses versammelt, Vanessa Hohenhausen weinte, Pierre Cloizel saß sprachlos in der Ecke, Urs Egeli telefonierte, Bill Bulldoss und Edward Macallan spekulierten lautstark darüber, wie der Mörder wohl ins Haus gelangt war. Adalbert wollte unbedingt zurück an den Ort des Geschehens. Doch wie? Der Spurensicherer traf ein und warf sich noch im Aussteigen weißen Kittel, Mundschutz und Handschuhe über.

»Guck sich einer das an!«, rief Bulldoss, als er das sah. »Bei mir in der Pralinenproduktion sind die Mitarbeiter genauso gekleidet! Alles für die Hygiene.«

Es dauerte keine Sekunde, und Adalbert hatte den Frühstücksraum verlassen, Vanessa Hohenhausen im Schlepptau.

»Bitte schließen Sie Ihr Zimmer auf. Umgehend.«

»Aber wieso denn? Glauben Sie etwa, ich …?«

»Nein.«

»Hat sich etwa der Mörder in meinem …?«

»Ach, woher!«

»Aber wieso …?«

»Schließen Sie einfach auf, die Zeit drängt.«

Die überraschende Forderung führte dazu, dass sie nicht mehr weinte. Als die Tür offen war, griff sich Bietigheim umgehend Kittel, Mundschutz, Haarnetz und Einmalhandschuhe, um so verkleidet vor da Costas Zimmer aufzutauchen. Benno ließ er in der Obhut von Vanessa Hohenhausen. Mit dem Hinweis, sie solle bloß nicht auf seinen schmachtenden Blick hereinfallen. Doch er ahnte schon, dass sie ein weiches Herz hatte und einem Tier kaum etwas abschlagen konnte. Egal.

Als der Professor das Zimmer da Costas betrat, war bereits ein Gerichtsmediziner bei der Arbeit, die Spurensicherung untersuchte derweil das geöffnete Fenster und den Bereich darum herum, sowohl innen wie außen. Bietigheim kniete sich zu dem Mediziner.

Dieser drehte sich überrascht um. »Wer sind Sie denn?«

»Bietig …bert … Spurensicherung. Wo ist Prof. Dr. Dr. Dr. Ceulemans?«

»Krank. Ich bin sein Assistent, Didier Kalou. Lassen Sie mich meine Arbeit machen. Ihre Kollegen haben bereits alle Fotos geschossen.«

»Dann liegt Professor Ceulemans wahrscheinlich in seinem Zimmer in der Gerichtsmedizin?«

Kalou zog die Brauen empor. »Er hat ein möbliertes Zimmer in Jabbeke. Da liegt er. Er wohnt nicht wirklich in der Gerichtsmedizin.«

»Sie sehen mich verwundert.«

»Sie sind nicht der Erste, der die Geschichte glaubt. Er hat in seinem Büro allerdings tatsächlich eine Pritsche. Und die ist gut durchgelegen. Jetzt muss ich mich aber konzentrieren. Bitte!«

Kalou war deutlich jünger als Ceulemans und Schwarzafrikaner. Bietigheim hatte einige Kollegen, die von diesem Kontinent stammten, und er hatte gelernt, die feinen Unterschiede in Aussehen und Aussprache zu bemerken, welche auf die Heimat schließen ließen. Es war wichtig zu wissen, mit wem man es zu tun hatte. Kalous Akzent zufolge stammte er aus einem französischsprachigen Land Westafrikas.

»Cote d'Ivoire?« Adalbert wählte ganz bewusst den französischen Namen des Landes und nicht den deutschen: Elfenbeinküste.

Nun hatte er Kalous volle Aufmerksamkeit. »Woher wissen Sie das?«

»Ich habe einen Freund, der an der Universität in Abidjan lehrt.« Bietigheim genoss das freundschaftliche Nicken des jungen Mannes. Nun konnte er sich dessen Kooperation sicher sein. »Haben Sie es schon häufiger gesehen, dass Menschen mit schwarzem Glas erstochen wurden?«

Didier Kalou zog einen der Splitter vorsichtig heraus und hielt ihn ins Sonnenlicht. »Das ist nicht einfach schwarzes Glas, das ist Obsidian, vulkanisches Gesteinsglas.«

»Ist es teuer?«

»Nein, nicht besonders. In der Steinzeit wurde es als Werkzeug verwendet, heute macht man Modeschmuck daraus. Meine erste Freundin hat Obsidian unheimlich geliebt. Aber genug geredet. Frau da Costa muss jetzt schnellstmöglich abtransportiert werden. Je eher ich mit der Obduktion beginne, desto besser.« Energisch machte er sich daran, die tote Brasilianerin in einem schwarzen

Leichensack zu verstauen, dann rief er seine auf dem Gang wartenden Mitarbeiter zu sich, um die Tote abzutransportieren.

Plötzlich spürte Bietigheim, dass ihn ein Augenpaar fixierte. Als er sich umdrehte, sah er, dass es Aspe gehörte. Dieser blickte von draußen durch das geöffnete Fenster hinein.

»Wer sind Sie denn?«, blaffte Aspe ihn an. »Und was haben Sie da für einen Scheiß an? Ziehen Sie mal den Mundschutz ab!«

»Geht nicht«, murmelte Bietigheim.

»Runter mit dem Scheißding.«

»Ich hab die Schweinegrippe.«

»Die Stimme kenn ich doch!« Aspe wuchtete sein Bein über den Fensterrahmen, um hereinzuklettern.

Bietigheim entfernte sich unerlaubt vom Tatort.

Unerlaubt und verdammt schnell.

Die Verkleidung schmiss er zerknüllt hinter den Empfangstresen – um sich danach ins Klo nahe der Bar einzuschließen.

»Wo ist er?«, brüllte Aspe draußen. »Das war doch wieder dieser … dieser … aaaaargh!« Er trat gegen etwas. Es klang, als sei es die Wand gewesen.

Bietigheim wartete einige Sekunden, ob das Haus einstürzte.

»Ich kriege Sie! Hören Sie? Von Ihnen lasse ich mir nicht dazwischenfunken. Von Ihnen nicht!«

»Aber von mir, oder?«, ertönte eine zweite Stimme. »Ich funke nämlich total gern dazwischen. Deswegen nenne ich mich auch Piratensender Pit.«

Pit! Manchmal schickte ihn der Himmel. Manchmal auch die Hölle. Und meist sein Magen.

»Sie haben mir gerade noch gefehlt. Hauen Sie ab! Zurück in das Loch, aus dem Sie gekrochen sind. Godverdomme!«

Nochmals trat er gegen das an dieser Situation völlig unschuldige Haus, bevor er wieder in Richtung Tatort marschierte.

Bietigheim wartete noch einige Sekunden, bevor er leise die Tür öffnete, sich versicherte, dass die Luft rein war, und so selbstverständlich heraustrat, als habe er gerade nur ein Geschäft verrichtet. Pit stand vor dem Hoteleingang und rauchte eine selbst gedrehte Zigarette, die roch, als hätte eine Jauchegrube Feuer gefangen.

»Ah, Professor. Sie suche ich! Muss Ihnen dringend was erzählen.«

»Was ist das Erste, was Ihnen zu Obsidian einfällt?«

»Jaguarkrieger«, entgegnete Pit prompt.

»Wie bitte?«

»Ja, was denn sonst? Die haben Obsidian doch für ihre Klingen verwendet. Also zumindest in dem Computerspiel. Warum gucken Sie plötzlich so komisch, Professore? Ist alles klar?«

Nein, nichts war klar.

Und Bietigheim tat etwas, das er seit Jahren nicht mehr getan hatte und das seinem Schneider Tränen in die Augen getrieben hätte.

Er ging in die Knie und setzte sich auf den schmutzigen Boden.

Pit ließ ihn eine Weile da sitzen. Manchmal musste das einfach sein. Bei ihm selbst üblicherweise nach Alkoholgenuss in volkswirtschaftlich relevanten Mengen. Er sog die Luft tief ein, die war wirklich gut, salzig, mit einem Hauch von Seetang und lecker gebratenem Fisch – das mochte er sich allerdings auch nur einbilden. Fisch war zwar bei Weitem nicht so gut wie Fleisch, aber gegrillt oder gebraten ging er als Ersatz glatt durch. Natürlich mit Fritten. Oh ja, Fritten, die in Rinderfett frittiert waren. Und dazu als Beilage vielleicht noch ein kleines Steak, höchstens ein Pfund schwer, und ein paar Thüringer Rostbratwürste. Aber keine Thüringer Art, nein, die echten.

»Was reden Sie da von Thüringer Rostbratwürsten, Himmelherrgott noch mal. Hier ist gerade jemand ermordet worden.«

»Habe ich geredet? Ich dachte, ich hätte nur gedacht.«

»Glauben Sie etwa, ich kann Gedanken lesen?«

Pit überlegte kurz. »Können Sie?«

»Nein, und jetzt helfen Sie mir hoch. Wir müssen zu Madame Baels. Diese Weltmeisterschaft produziert eindeutig zu viele Leichen. Wir müssen sie absagen. Umgehend! Oder zumindest aussetzen, bis der Mörder gefasst ist.«

Als Bietigheim wieder auf den Beinen stand, wollte Pit ihn stützen, doch der Professor wehrte ab und bugsierte sich wenig später auf den Rücksitz des Taxis. »Keine Musik!«, befahl er. »Ich muss denken. Und lasse Sie sogar daran teilhaben. Schweigend daran teilhaben.«

Pit fuhr extra ruckelnd los. »Schon klar. *Wenn der Kuchen spricht, haben die Krümel zu schweigen.*«

»Sehr schön gesagt! Also, lassen Sie uns, oder genauer: lassen Sie mich rekapitulieren. Nach allem, was wir wissen, sieht es so als, als ob es der Jaguarkrieger war, welcher Jana Elisa da Costa ermordete. Mit einer Klinge aus Obsidian. Mit dieser hat er auch an einer Schweinehälfte, ja, was nur? Geübt? Ich wüsste nicht, was sonst. Schwein und Mensch sind sich sehr ähnlich, und woher soll man ohne Übung wissen, wie mit einer solchen Klinge, sollen wir sagen, ›fachgerecht‹ zu morden ist?«

»Klingt gut für mich. Als gäbe es Sachbücher dazu: Fachgerecht Morden für Einsteiger, Kapitel 8: Die Obsidian-Klinge.«

»Reden Sie keinen Unsinn, Pit! Für solch ein Werk wäre der Absatzmarkt viel zu klein. Weiter im Schlussfolgern. Aspe wird dies auch tun und vielleicht sogar herausfinden, wer wo in der letzten Zeit eine Schweinehälfte gekauft hat.

So etwas wird ja nicht jeden Tag von einer Privatperson erstanden. Oma Erne kommt sicher nicht zum Metzger ihres Vertrauens und sagt: Eine grobe Leberwurst, fünf Scheiben gekochten Schinken, etwas Zwiebelmett und eine Schweinehälfte, bitte. – Soll ich alles einpacken? – Nicht nötig, die Schweinehälfte nehme ich direkt über die Schulter.«

»Sie kennen meine Omma nicht. Die war einen Kopf größer als ich.« Pit lächelte beim Gedanken an sie. Doch dann verdüsterte sich sein Gesicht. »Ich muss Ihnen ganz dringend was sagen, Professore. Ist aber nichts Nettes, da warne ich Sie lieber gleich.«

»Alles ist dringend heutzutage! Die ganze Welt ist dringend! Gibt es denn nichts mehr, das Zeit hat? Nichts mehr, das sich von alleine erledigt? Nichts mehr, vor dem man in aller Ruhe eine Tasse Tee trinken kann? Nein, jeder muss jederzeit erreichbar sein und am Computer. Ich sage hier und jetzt: Nein! Ich gönne mir den Luxus, nicht immer erreichbar zu sein, und den Luxus, auch Dringliches aufzuschieben. Nichts ist so dringlich, dass es nicht ein paar Minuten warten kann.«

»Kann es nicht, Professore, wirklich.«

»Kann es wohl.«

»Gleich ist es zu spät!« Sie näherten sich dem Groote Markt, und Pit schickte ein Stoßgebet gen Himmel. Er bog auf den wie immer über und über mit Menschen bedeckten Platz ein und versuchte, so schnell wie möglich zu fahren, damit der Professor das neue Plakat nicht sah. Aber immer wieder rannten Touristen über die Straße, zwangen ihn zum Bremsen und guckten ihn auch noch blöd an, als wäre er gerade dabei, kleine Hundewelpen zu überfahren. Mit anderen Worten: Pit war nicht schnell genug.

Professor Dr. Dr. Adalbert Bietigheim sah das riesengroße Banner der Frittenolympiade.

Ihm blieb die Luft weg. »Spektralphotometerremissionskurve.«

Eigentlich hatte Pit gedacht, der Professor hätte diese merkwürdige Angewohnheit, im Moment gesteigerter Nervosität Fachbegriffe auszustoßen, am Ende seines Englandaufenthalts im letzten Jahr kuriert. Doch offensichtlich war das Klugscheißer-Tourette zurück.

»Soll ich anhalten, damit Sie es sich in Ruhe ansehen können?«

»Haben Sie etwa gewusst, dass es dort hängt?«, fuhr Bietigheim ihn an.

»Ähm …«

»Warum haben Sie dann nicht den Mund aufgemacht, Mann! So etwas behält man doch nicht für sich! So etwas erzählt man direkt, das ist doch dringend.«

»Aber …«

»Ich will nichts mehr hören. Und dieses Plakat kommt herunter. Ist das klar?«

»Soll das heißen, ich soll es herunterreißen?«

»Unverantwortlich, so etwas aufzuhängen. Fritten sind ausgesprochen ungesund.«

»Aber Schokolade!«

»In Maßen sehr gesund, und zwar für das Herz! Wegen der Flavanole, welche die Blutgefäße elastischer machen und leicht blutdrucksenkend wirken. Die meisten finden sich in dunkler Schokolade. Zudem enthält Schokolade größere Mengen an Magnesium, Eisen und Kalzium. Des Weiteren kommen Betacarotin sowie die Vitamine E, B1, B2 und Niacin vor. Koffein steckt ebenfalls in Kakao, allerdings deutlich weniger als in Kaffee. Schon kleine Mengen Bitterschokolade haben positive gesundheitliche Effekte.«

»Wie viel sollte ich denn pro Tag so wegmampfen?«

»Sieben bis 20 Gramm. Mehr lieber nicht, wegen der Kalorien – zu viel Zucker und Fett.«

»Na, das ist ja jeden Tag ein richtiges Festmahl.« Pit wollte dann doch lieber bei blutigen Steaks bleiben.

»Spotten Sie nicht! Statistisch gesehen, erhalten die Länder, in denen am meisten Schokolade gegessen wird, die meisten Nobelpreise. Spitzenreiter ist die Schweiz. Und wo wir gerade beim Thema sind, noch ein paar Worte zu Schokolade und Verdauung. Falls Sie einmal unter Verstopfung leiden, sollten Sie wissen, dass Kakaobuttersuppositorien einen milden Reiz auf die Darmschleimhaut ausüben, daher Stuhlentleerung bewirken. Da weiße Schokolade rund zwanzig Prozent Kakaobutter enthält, ist sie für Abführzwecke vorzuziehen, zur Not tut es aber auch Milchschokolade. Führt man einen Riegel Milchschokolade von circa sechzehn Gramm rektal ein, muss man rund eine Stunde bis zur Entleerung warten. Vorher sollten Sie den Riegel natürlich zu einem Zäpfchen kneten, selbst mit Gleitgel ist die Einführung sonst problematisch. Die Zäpfchen sollte man zuvor außerdem eine Weile in den Kühlschrank legen, damit sie nicht direkt bei der Anwendung zerfließen.«

»Hören Sie auf, ich kriege die Bilder nie wieder aus dem Kopf!« Pit schüttelte sich.

»Ist alles nachzulesen bei Zepernick, Langhammer und Lüdcke. Ich glaube, sogar mit einer lehrreichen Illustration. Wo wir gerade beim Thema Verdauung sind …«

Pit war sehr froh, dass sie am Museum ankamen, bevor der Professor sich diesem Themenbereich weiter widmen konnte. Denn Pit hatte vor, heute noch etwas zu essen. Am besten mehrmals. Madame Baels stand mit einem Handy am Ohr vor dem Eingang des Museums. Als sie Adalbert auf der Rückbank erkannte, rannte sie auf das Taxi zu und riss die Wagentür auf.

»Herr Professor, bitte kommen Sie! Es ist so gut, dass Sie da sind. Ich bin der Verzweiflung nahe. Es ist ganz dringend.«

Bietigheim sprang wie ein junger Rehbock aus dem Taxi und schloss Madame Baels erst einmal in die Arme. Ein wenig ungelenk, aber nichtsdestotrotz herzlich. Pit kam nicht umhin zu denken, dass es ihm einfach an Erfahrung mit dem Umarmen mangelte. Und er hatte sehr wohl bemerkt, dass der Professor bei einem dringlichen Anliegen von Madame Baels sofort die Ohren spitzte, anstatt einen Exkurs über die Zeitnot der modernen Gesellschaft anzustimmen.

Bietigheim löste die Umarmung und ergriff die Hände der Museumsdirektorin. »Selbstverständlich bin ich sofort zur Stelle, Madame Baels. Wenn etwas dringend ist, komme ich selbstverständlich sofort, manche Dinge kann und darf man schließlich nicht aufschieben!«

Pit heulte auf.

»Danke für Ihr Verständnis, Herr Professor.«

»Aber immer! Worum handelt es sich denn? Doch nicht schon wieder ein ...?«

»Nein, diesmal kein weiterer Mord. Noch schlimmer!«

»Noch schlimmer als ein Mord?« Bietigheims Augen wurden größer.

Madame Baels nickte und ging dann mit schnellen Schritten das Treppenhaus empor, dicht gefolgt von dem Professor und in einiger Entfernung Pit und ... wo steckte eigentlich Benno? Bietigheim drehte sich nach allen Seiten um. Hatte er ihn etwa im Hotel bei Vanessa Hohenhausen zurückgelassen? Vergessen, nur wegen eines Mordes? Das würde ihm der kleine Fratz nie verzeihen.

Es sei denn, heute Abend gab es Pansen.

»Bitte! Schnell!«, ermahnte ihn Madame Baels zur Eile, tiefe Sorgenfalten durchschnitten ihr Gesicht. »Hier hinein!«

Sie verschwand in dem kleinen Kinoraum des Museums, etwa dreißig schwarze Klappstühle aus Plastik standen darin, auf die kleine Leinwand vor ihnen wurde ein Film über die Ernte und Verarbeitung der Kakaobohnen projiziert.

Normalerweise.

Jetzt war auf der Leinwand der Oberkörper eines Jaguarkriegers zu sehen. Das vermummte Gesicht im Dunkeln.

Dafür eine Obsidianklinge funkelnd im Licht neben seinem Kopf.

»Starte es bitte wieder, Mareijke. Der Professor ist jetzt da.« Sie setzte sich zitternd.

»Wollen Sie sich das wirklich noch mal antun, Madame Baels?«, fragte die junge Chocofee aus dem hinteren Teil des Raumes, wo der Projektor stand.

Die Museumsleiterin nickte stumm.

Der Professor ergriff ihre Hand.

Der Film startete, der Jaguarkrieger begann zu sprechen.

»Der klingt ja wie Darth Vader«, sagte Pit.

»Pssst!«, herrschte Bietigheim ihn an. Doch Pit hatte recht. Die Stimme des Jaguarkriegers war so verstellt, dass sie wie die des dunklen Sith-Lords aus »Star Wars« klang.

»Jana Elisa da Costa ist tot. Wir bekennen uns hiermit zu dieser Tat. Sie starb für die Sünden ihrer Familie, für die Sünden ihres Landes, für die Sünden aller Länder, die Kakao produzieren und dabei Menschen ausbeuten. Kakao ist schwarzes Gold, nach Erdöl und Kaffee zählt er zu den am meisten gehandelten Rohstoffen auf dem Weltmarkt. Er wird in mehr als dreißig Entwicklungsländern angebaut, vierzehn Millionen Menschen bestreiten damit ihren Lebensunterhalt.« Der Jaguarkrieger machte eine kurze Pause. »Schätzungsweise neunzig Prozent des weltweit produzierten Kakaos stammen von Familienbetrieben, die oft nur kleine Felder von weniger als fünf Hektar bewirtschaften. Viele Kleinbauern wissen gar nicht, was ihre Produkte wert sind. Zwischenhändler nutzen diesen Zustand aus und bezahlen ihnen oft viel zu niedrige Preise, die weit unter dem eigentlichen Marktwert liegen. Das sehr geringe Einkommen der Produzenten hat dazu geführt, dass der Anteil an ausbeuterischer Kinderarbeit und Sklavenarbeit in Westafrika gestiegen ist. Wir wollen, dass die Menschen ihren Kakao, ihre Schokolade genießen, aber wir wollen auch, dass faire Preise gezahlt werden. Dafür soll diese Weltmeisterschaft ein Zeichen setzen und im Wettbewerb nur noch Schokolade aus fairem Handel nutzen, sonst werden weitere Tote folgen. Zudem müssen sämtliche Gewinne der Weltmeisterschaft an UNICEF gehen. Außerdem fordern wir, dass sich alle teilnehmenden Chocolatiers verpflichten, in Zukunft nur noch fair gehandelte Produkte zu verwenden. Sonst kehrt der Jaguarkrieger zurück. Immer und immer wieder. Bis Sie unsere Forderungen erfüllen.«

»Wir müssen die Weltmeisterschaft absagen! Sofort!«, stieß Bietigheim in Richtung Madame Baels aus.

»Warten Sie, lieber Professor. Es kommt noch etwas.«

Ein letztes Mal erklang die metallische Stimme des Jaguarkriegers.

»Falls Sie die Weltmeisterschaft absagen, wird das Morden trotzdem weitergehen, weil kein Zeichen gesetzt wurde. Dann wird es noch ein Opfer geben. Und noch eines. Einer nach dem anderen werden alle Finalisten sterben. Sie haben bis zur morgigen Pressekonferenz Zeit, die Bedingungen zu erfüllen und alle Änderungen auf einer Pressekonferenz zu verkünden. Sollten Sie das nicht tun, stirbt morgen der nächste Chocolatier.«

»Mareijke«, wandte Madame Baels sich um. »Jetzt können Sie den Genever bringen. Und keine kleinen Gläser.« Sie drückte Adalberts Hand. »Eine Besucherin hat es entdeckt. Eben erst. Jemand muss die DVD hereingeschmuggelt und den Originalfilm ausgetauscht haben. Jeder hätte das gekonnt, der Apparat steht einfach im Raum. Es gab keine Sicherheitsvorkehrungen. Aber wer konnte denn auch mit so etwas rechnen?«

»Niemand, verehrte Madame Baels«, tröstete Bietigheim

diese gestandene Frau, die selbst in solch einem Moment der Verzweiflung ihre Anmut nicht verlor. »Gibt es Videoaufnahmen der Besucher?«

Madame Baels schüttelte mit zuammengepressten Lippen den Kopf. »Wir sind ein kleines Museum, so etwas besitzen wir nicht. Ich habe meine Kassendamen schon befragt, ob sie sich an all unsere Besucher erinnern. Aber heute ist Samstag, da ist viel los. Auf der DVD ist dreimal hintereinander unser Originalfilm, dann erst kommt diese Nachricht.«

»Raffiniert«, sagte der Professor. »Damit blieb ihm oder ihr genug Zeit zu verschwinden.«

»Und was nun?«, fragte Madame Baels.

»Wir gehen darauf ein«, antwortete Bietigheim. »Und gewinnen dadurch Zeit.«

»Aber Zeit wofür?«, fragte Madame Baels.

»Zeit zum Nachdenken, Verehrteste. Dieser Jaguarkrieger kann uns viele Vorschriften machen, aber das Denken lassen wir uns nicht verbieten.«

Mord hin, Drohung her, der Pansenkauf für Benno durfte keine Sekunde aufgeschoben werden. Und so befanden sie sich nun in einer Metzgerei auf der Steenstraat. Pit kam aus dem Lachen immer noch nicht heraus. »Sie verdammter Hund! Schlagen aus der Sache eine Verabredung zum Abendessen heraus. Die arme Madame Baels wusste gar nicht, wie ihr geschah. Und Sie mit sonorer Stimme: ›Lassen Sie uns heute Abend ganz in Ruhe über alles reden, gerne komme ich zu Ihnen auf ein gutes Glas Wein.‹ Sie wollen den kürzesten Weg zu ihrem Bett haben, Sie Schürzenjäger! Ich fasse es nicht«, prustend schlug sich Pit mit der Hand auf den Oberschenkel.

»Also bitte! Ich bin ihr in dieser schweren Zeit eine Stütze. Herr Kossitzke, Ihre Phantasie entlarvt Sie wieder einmal als triebgesteuerten Höhlenmenschen.«

»Hab auch nie was anderes behauptet, Professore. Ich würde in der Steinzeit überleben. Aber die Mammuts nicht!«

Die Schlange vor der Metzgereitheke war lang, aber hatte sich mittlerweile vollständig zu den beiden umgedreht.

»Die führen hier schottisches Highland Cattle, das soll schmecken wie Mammut«, mischte sich ein Herr vor ihnen ein.

»Wer sagt das?«, fragte Pit.

»Ich«, antwortete der Mann.

»Das reicht mir als Expertise nicht«, erklärte Pit. »Oder haben Sie schon mal Mammut gegessen? Eben!«

Adalbert sprach nun leiser zu Pit, um unwillkommene Mithörer zu vermeiden. »Ist Ihnen vorhin etwas aufgefallen? Das Wichtigste?«

»Außer Ihrem Rangeschmeiße an die bunte Elefantendame? Nö.«

»Das ist wieder einmal exemplarisch für Sie. Es geht um Folgendes.«

»Ich höre. Kommt vorher noch ein Tusch?«

»Es gibt zwei Täter.«

Pit stieß einen hohen Pfiff aus. »Da wäre jetzt aber wirklich ein Tusch angemessen gewesen. Sie meinen das, weil der Jaguarkrieger sich nur zu dem Mord an da Costa bekannt hat?«

»Das ist der erste Hinweis. Der andere ist sprachlicher Natur. Der Jaguarkrieger sagte: Es wird *noch ein* Opfer geben. Verstehen Sie?«

»Das hat doch nichts zu sagen.«

»Und ob!« Bietigheim hob den Zeigefinger. Was für eine schöne Handbewegung. Vollführte er viel zu selten. Vor allem in Pits Gegenwart. »Hätte er bereits zwei Menschen getötet, würde er unwillkürlich von *weiteren Morden* sprechen. Versetzen Sie sich in seine Situation. Sie wollen eine

Drohkulisse aufbauen, damit Ihre Forderungen erfüllt werden. Da werfen Sie doch alles in die Waagschale.«

»Hm«, machte Pit, was zeigte, dass er noch nicht vollends überzeugt war.

»Und dann, was noch viel bedeutsamer ist«, setzte Bietigheim nach, »ist die Tötungsart. Dem Jaguarkrieger war es wichtig, mit einer Obsidianklinge zu morden, dafür hat er extra geübt. Wenn er Beatrice also fälschlicherweise wegen der nicht ausreichenden Lichtsituation für da Costa gehalten hätte, hätte er sich mit der Obsidianklinge in der Hand an sie herangeschlichen. Sie dreht sich um, der Täter erkennt, dass es die Falsche ist – und legt seine Obsidianklinge fort, um sich irgendeine andere Tatwaffe zu suchen? Natürlich nicht! Er sticht mit dem zu, was er hat. Es wäre schließlich ein Mord im Affekt gewesen.«

»Was, wenn Beatrice ihn überrascht hat, als er Jana Elisa auflauerte?«

»Auch dann hätte er mit der Obsidianklinge gemordet.«

»Und damit seine Signatur hinterlassen?«

»Ja, und? Ist es nicht völlig egal, wen er als Erstes tötet? Natürlich hat eine Brasilianerin aus einer Kakaopflückerfamilie einen stärkeren Zusammenhang zu seinem Anliegen – obwohl sie ja eigentlich sogar zu der Gruppe gehört, die er schützen will, also die Familien, welche nicht genug Geld für ihre Arbeit bekommen. Aber eine Chocofee wäre genauso gut gewesen. Und in solch einem Moment denkt man auch nicht so viel nach. Man mordet, weil man entdeckt worden ist, und man mordet, ohne zu zögern. All diese Überlegungen lassen nur einen Schluss zu: Trotz der Ähnlichkeit von Beatrice und Jana Elisa müssen wir es mit zwei Tätern zu tun haben.«

Sie näherten sich der Metzgereitheke. »Das heißt doppelte Arbeit.«

»Und doppelte Gefahr«, betonte Bietigheim.

»Und doppelt so viele Spuren.«

»Und Fragen.«

»Und … jetzt fällt mir nichts mehr ein.«

Sie waren an der Reihe. »Was darf es sein?«, fragte der Metzger.

Der Professor hatte einen spontanen Einfall. »Verkaufen Sie auch Schweinehälften?«

»Nö, da müssen Sie sich direkt an den Schlachthof wenden. Aber beeilen Sie sich lieber.«

»Wieso? Sind Schweinehälften zurzeit so en vogue?« Pit lehnte sich zum Professor. »Da staunen Sie, was? Tja, auch der olle Pit kennt ein paar Fremdwörter.«

»Nein«, beantwortete eine ältere Dame mit Hut hinter ihm die Frage. »Aber vor Kurzem ist doch eine Schweinehälfte gestohlen worden. Die Presse war voll damit. Sind wohl Tierschützer gewesen.«

»Vor Kurzem bedeutet in diesem Fall wann?«, schaltete sich der Professor ein. »Vor der Weltmeisterschaft?«

»Ja, und auch vor der Frittenolympiade. Das ist ja ein riesengroßes Ding. Jeder spricht davon. Es gibt Frittenwettessen, Friteusenweitwurf, Frittenschnellschnitzen, Kunstwerke mit Frietsaus und Ketchup, es gibt wirklich alles.« Die alte Dame geriet schier aus dem Häuschen. »Sie errichten sogar die größte Frittenskulptur der Welt. Alle reden darüber.«

Adalbert wollte nur noch raus. Aber eine Frage musste er noch loswerden, obwohl er die Antwort schon kannte.

»Haben Sie die Schweinehälftendiebe schon gefasst?«

»Nein«, antwortete nun wieder der Metzger. »Die Polizei tappt …«

»… noch völlig im Dunkeln«, beendete Bietigheim den Satz. »Das scheint die bevorzugte Lichtstimmung zu sein. Pit, erwerben Sie bitte ausreichend Pansen für Benno, ich gehe an die frische Luft. Und falls ich dort Fritten rieche, werden Sie einen lauten Knall hören, weil ich mich dann entschließe zu explodieren.«

Alle in der Metzgerei lauschten eine ganze Weile, doch der Zünder des Professors schien nicht betätigt worden zu sein.

Bietigheim war sich sicher, dass Benno den Pansen schon von Weitem riechen würde und sich seine Enttäuschung über das Fernbleiben des geliebten Menschen in Vorfreude auf den vielleicht noch mehr geliebten Pansen verwandeln würde. Er konnte es kaum erwarten, Bennos glückliche kleine Augen zu sehen.

Falls Pit nicht vorher der Versuchung nachgab und selbst ein Stück Pansen verzehrte. Aber im Moment war er zum Glück mit Autofahren beschäftigt.

»So, Professore«, sagte dieser nun. »Jetzt hören Sie mir mal einen Augenblick zu. Dauert nicht lange und tut auch gar nicht weh.«

»Dummes Geschwätz schmerzt immer, wenn nicht an den Ohren, dann an den Synapsen. Und jetzt schauen Sie bitte wieder auf die Straße. Ich habe nicht vor, heute zu sterben.«

»Ihre miese Laune ist mir jetzt mal völlig wurst. Nun wird brav gelauscht. Das wollte ich Ihnen nämlich schon die ganze Zeit erzählen. Aber bei Ihnen kommt man manchmal einfach nicht zu Wort. Also, nachdem Sie mir erzählt hatten, dass Einstein alles andere als keusch lebte, war ich noch mal bei Fred de Vaele, diesem verrückten Künstlervogel.« Pit erzählte ausführlich von seinem Besuch, der Observation und dem Klingeln. »Und dann macht dieser Bursche auf und hat schon keine Hosen mehr an. War nicht so vorteilhaft bei seinen Krautstampferbeinen. Erst hat er nur einen Spalt aufgemacht und rausgelinst, ich habe dann aber gleich die ganze Tür aufgestoßen und ihm gesagt, dass ich weiß, wer bei ihm ist. Als sie ihren Namen hörte, kam sie zur Tür gerannt und rief ganz erschrocken: ›Der Schokobär!‹ Das war so schön, diese

Angst und dieser Schrecken – und das bei dem niedlichen Wort Schokobär.«

»Wer war denn nun die Frau?«, fragte Bietigheim ungehalten.

»Habe ich das denn nicht gesagt?«

»Nein.«

»Na, Mareijke Dovendaan!«

»Geht doch!«, sagte der Professor. »Nun dürfen Sie fortfahren.«

»Also gut, ich hab dem de Vaele dann die Ohren lang gezogen, also in echt, hab mir einen seiner Lappen genommen und daran gezogen und ihm verklickert, dass er die Albert-Einstein-Sache echt übertreibt, und ihm unterstellt, dass er auch was mit Beatrice hatte. Daraufhin wurde Mareijke fuchsteufelswild und hat ihn beschimpft, er habe ihr immer gesagt, da wäre nix gelaufen. Plötzlich hielt sie seine Hose mit der schweren Gürtelschnalle in der Hand und hat ihn damit geprügelt. Richtig klasse war das. Hat ordentlich Striemen gegeben.« Pit lächelte selig. »Na ja, de Vaele kam also erst mal kaum zum Reden. Aber dann wieder, da wäre wirklich nix gewesen, und sie hätte ja jemanden gehabt, mit dem sie sich vor oder nach den Modellterminen getroffen habe, deswegen sei sie auch so oft verspätet gekommen, habe nie viel Zeit gehabt und sei immer unkonzentriert gewesen. Er würde glauben, es sei jemand vom Choco-Paradijs, das ist so 'ne Massagepraxis, die was mit Schokolade macht. Da sei Beatrice in letzter Zeit ganz oft gewesen. Und dann meinte er zu Mareijke Dovendaan, dass Bea gar nicht Albert Einsteins Typ, also sein Typ, gewesen sei. Und ich: Jede, die jung war und einen Rock trug, war Alberts Typ. Das hatte ich ja von Ihnen. Dann bin ich abgehauen. Hinter mir hab ich sie sich anbrüllen gehört. Da gab es richtig Zunder!« Pit lachte laut auf.

»Es ist erbärmlich, wie Sie sich am Elend anderer Menschen ergötzen.«

»Ich hab ja sonst nix!«, Pit lachte lauter.

»Und wo ist dieses Choco-Paradijs?«

»In Knokke-Heist, da, wo die Reichen und Schönen ihre Sommer verbringen – wenn es sie nicht wie die Vögel gen Süden zieht.«

»Und dort reiben sie einen von Kopf bis Fuß mit Schokolade ein?«

»Was ist denn das für ein verträumter Unterton in Ihrer Stimme, Professore? Wollen Sie da etwa mit der rattenscharfen Madame Baels hin? Und sich dann zusammen in der warmen Schokosauce suhlen? So einer sind Sie also!«

»Ich darf doch sehr bitten!«

»Na, wenn das die liebe Hildegard zu Trömmsen wüsste.«

»Sie wagen es nicht!« Wieder ein Moment für den Einsatz des erhobenen Zeigefingers.

»Das muss ich mir noch gut überlegen.«

Bietigheim lehnte sich vor. »Schokolade ist einzig und allein zum Verzehr gedacht. Alles andere ist Blasphemie an der Speise der Götter und damit weit unter meinem Niveau.«

»Mit Madame Baels würde Ihnen die Blasphemie aber verdammt viel Spaß machen!«

»Herr Kossitzke, noch eine solche Bemerkung, und ich beende unsere Freundschaft auf der Stelle. Der Boden, auf dem Sie stehen, ist bereits papierdünn!«

»Wenn Sie nicht wollen, kann ich ja mit Madame Baels…« Etwas überraschend in seinem Blickfeld Auftauchendes hinderte Pit daran, den Satz sowie, damit verbunden, seine Freundschaft zum Professor zu beenden. »Oha, was ist denn da los? Sieht aus wie Krieg in den Schützengräben.«

»Was reden Sie jetzt schon wieder für dummes Zeug?«

»Na, schauen Sie doch raus, Professore. Es könnte natürlich auch ein völlig schiefgelaufener Kindergeburtstag sein. Oder eine Mischung aus beidem.«

Pit hatte recht.

Das Hotel, in dem die Chocolatiers untergebracht waren, hatte eine Terrasse mit Holzbohlen, von der aus man wunderbar auf die weite Polderlandschaft blicken konnte, entfernt waren ein paar Schafe zu sehen, einige Kühe, Möwen zogen ihre Bahnen im scharfen Wind, die Wolken zogen wie Dampfloks über den Himmel, und der Wind drückte das Gras fast platt.

Franky van der Elst hatte die Gartenstühle zu einem unordentlichen Haufen zusammengeworfen und hielt ein Stiefmütterchen samt Topf wurfbereit empor.

Vanessa Hohenhausen stand hinter dem großen metallischen Gasgrill, der an den Dampfkessel einer Lokomotive erinnerte. In ihren Händen befanden sich Tomaten.

Urs Egeli schaute aus dem Fenster des kunterbunten Kinderspielhauses hervor. Er hatte sich mit Schäufelchen und Eimerchen bewaffnet.

Der Letzte in der Runde war Pierre Cloizel, der sich hinter einem umgekippten Tisch verschanzt hatte. In der Hand hielt er Kuvertüre, von der er nun einen großen Riegel abbrach und ausholte. »Dann schauen wir doch einmal in die Historie, ihr blasierten Angeber! Frankreich ist die Heimat der Pralinen! Denn wer erfand sie? Na? Der Koch von César de Choiseul, dem Grafen von Plessis-Praslin, einem Minister des Sonnenkönigs Ludwig XIV.!«

»Aber wo war das?«, schaltete sich Vanessa Hohenhausen ein. »In Deutschland! Und von wo stammte der Koch ursprünglich? Ebenfalls aus Deutschland! Lass mich dein Geschichtswissen auffrischen: Ende des 17. Jahrhunderts residierte in Regensburg der immerwährende Reichstag, auch dein ach so toller Sonnenkönig schickte einen Abgesandten hin – nämlich Plessis-Praslin. Die mühselige Kongressarbeit sollte den Teilnehmern mit einer besonderen Spezialität, dem ›Reichstagskonfekt‹ versüßt werden. Der Überlieferung nach sollen einige der überzuckerten Nüsse und Mandeln in flüssige Schokolade gefallen sein. Der Koch Clémont Jaluzot macht aus der Not eine Tugend und verkaufte den Unfall als spezielle Kreation. Zu Ehren des französischen Vertreters Plessis-Praslin bekam das Produkt den Namen Praline. Erstmals in Deutschland ausgesprochen!«

Jetzt schaltete sich Franky van der Elst von seiner sicheren Position hinter den Gartenstühlen ein. »Das mit der Schokolade ist doch Legende, es handelte sich einfach um Mandeln in karamellisiertem Zucker – also gebrannte Mandeln. Das sind überhaupt keine Pralinen. Ihr wisst genauso gut wie ich, dass eine Praline per Definition nicht nur mundgerecht sein, sondern auch einen Schokoladenanteil von mindestens fünfundzwanzig Prozent haben muss. Die Ehre dieser epochalen Erfindung gebührt natürlich einem Belgier. Es war Jean Neuhaus, der 1912 das Verfahren entwickelte, Metallförmchen mit flüssiger Schokolade auszugießen, sie zu füllen, zum Beispiel mit Trockenfrüchten, und sie mit einem Schokoladenplättchen zu verschließen. Und, ganz wichtig: Sie konnten nach dem Erkalten aus den Formen gestürzt werden. Er war es, der als Erster eine Mandel-Nuss-Masse mit Schokolade überzog und Praline nannte. Und später war er es auch, der die Ballotin erfand, ohne diese Verpackung hätten Pralinen überhaupt nicht stilgerecht transportiert werden können. Was sagt ihr nun? Na?!«

Urs Egeli lachte laut. »Und wer war Jean Neuhaus? Der Nachfahre eines ausgewanderten Schweizers! Ha! Und noch etwas: Es war der Schweizer Daniel Peter, der 1875 die Milchschokolade erfand! Und wenn das immer noch nicht reicht: 1879 erfand der Schweizer Rudolph Lindt das Conchieren, welches die Schokoladenherstellung revolutionierte, wie ihr ja wohl alle wisst. Erst dadurch wurde sie so zartschmelzend und aromatisch. Und 1913 produzierte Lindt die erste gefüllte Schokolade der Welt. Spiel, Satz und Sieg: Schweiz. Die wahre Heimat von Schokolade und Praline!«

»Entschuldigen Sie bitte, meine Herren, meine Dame«, mischte sich der Professor nun ein. »Ich störe ungern Ihre wissenschaftliche Diskussion, bin jedoch auf der Suche nach meinem Hund Benno von Saber. Er hat weder die Milchschokolade noch die Praline erfunden, aber liegt mir dennoch sehr am Herzen. Wenn er könnte, würde er die Pansenpraline für Hunde erfinden, mit Knochenstücken zum Abnagen.«

Das schien die Stimmung zu lockern, die Kombattanten kamen hinter ihren Stellungen hervor und überschlugen sich in Lob über Adalberts braven Foxterrier. Es stellte sich heraus, dass Vanessa Hohenhausen ihn im Speisesaal gelassen hatte, wo ihm auf einem Porzellanteller etwas Wurst dargeboten worden war. Diese hatte ihm jedoch nicht gereicht – wie sich herausstellte, als der Professor den Raum betrat. Benno hatte den Schrank ausfindig gemacht, in dem die Butter aufbewahrt wurde, ihn aufgestupst und sie auf dem ganzen Boden sowie auf sich selbst gleichmäßig verteilt. Er glänzte nun wie eine Speckschwarte.

»Na, du kleiner Seeräuber. Hast du dich auch gut benommen?«

Benno bellte bestätigend, in seinen Augen hatte er sich tadellos verhalten. Die Butter dagegen nicht. Er bekam gleich das erste Stück Pansen zur Begrüßung, was aufgrund der Butter besonders schnell in seinen Magen flutschte.

Adalbert rief in Richtung Terrasse: »Fräulein Hohenhausen, der Hund war in Ihrer Obhut, rubbeln Sie ihn bitte ab. Er ist mir zu fettig. Das gehört sich nicht für einen von Saber.«

Halbwegs entfettet, enorm strubbelig, aber glücklich erhielt er ihn kurze Zeit später wieder und ließ sich von Pit zurück zu seinem Hotel bringen. Benno stellte sich als kein bisschen nachtragend heraus, es schien sogar, als habe er seinen Kurzaufenthalt im Hotel der Chocolatiers und die fürsorgliche Betreuung durch Vanessa Hohenhausen sehr genossen.

Es dauerte nicht lange, und sie bogen in die Wollestraat ein. Doch bevor Adalbert sich verabschiedete, unterrichtete er Pit noch über die nächsten Schritte. »Da Sie außer der Entfernung des Pommes-frites-Banners momentan nichts zu tun haben, schauen Sie sich doch einmal dieses Choco-Paradijs an. Eine Massage wird Ihnen sicher guttun, so gekrümmt, wie Sie immer in Ihrem Wagen sitzen. Und vielleicht wird dort auch ein Peeling angeboten, eine Maniküre würde Ihnen ebenfalls nicht schaden. Am besten lassen Sie sich komplett renovieren. Wünsche einen schönen Resttag!« Schnell stieg er mit Benno im Arm aus, bevor Pit etwas antworten konnte.

Die Außenlampe am Eingang des Hotels hatte etwas von einem Leuchtturm, der den Weg in den sicheren Hafen wies. Die Aussicht auf ein frisch bezogenes Bett mit fester Matratze und gestärkten Leinen, in dem er sich etwas ausruhen konnte, stimmte ihn fröhlich. Zuvor würde er sich an der Hotelbar noch einen perfekt zubereiteten Tee genehmigen. Er hatte dem Personal mittlerweile oft und mit angemessener Lautstärke erläutert, wie dies zu bewerkstelligen war. Fraglos würde er ein besseres Hotel verlassen, als er es betreten hatte. Generationen von Teetrinkern mussten ihm zu Dank verpflichtet sein.

So gestärkt und ausgeruht, würde der gemeinsame Abend mit Madame Baels folgen – welcher ihnen beiden sehr guttun würde. Sie würden die morgige Pressekonferenz besprechen, auf welcher er die Forderungen des Erpressers erfüllte. Hoffentlich konnten sie sich auf diese Weise etwas Zeit erkaufen, bis der Jaguarkrieger überführt werden konnte. Es musste schnell gehen, doch überhastetes Handeln nützte niemandem. Morgen fand zudem das Halbfinale der Weltmeisterschaft statt, alles würde noch eine Stufe größer und beeindruckender werden. The show must go on. Im wahrsten Sinne – damit niemand mehr starb. Ein Kandidat würde für Jana Elisa da Costa nachrücken müssen, er würde dies ebenfalls gleich mit Madame Baels besprechen, wenn er bei ihr tafelte. Wie auch den Ausschluss Franky van der Elsts.

Adalbert blieb vor dem Hoteleingang stehen und atmete tief durch. Er war nach Brügge gekommen, um sich mit Schokolade, mit Genuss, mit der Süße des Lebens zu beschäftigen, und nun ging es um die Bitterkeit des Todes.

Er würde diese Morde aufklären müssen, so schnell wie möglich. Ähnliches war ihm bereits zweimal geglückt – und er hatte es vollbracht, ohne selbst dabei getötet zu werden.

Auch diesmal würde es nicht anders sein.

Hoffentlich.

Aber nun erst einmal: Ruhe. Und Tee.

Es war an der Zeit, seine Gedanken zu ordnen. Manchmal kam es ihm vor, als sei sein Kopf wie ein kleiner Bienenschwarm, in dem eine fleißige Biene bereits den Weg zum Nektar gefunden hatte, aber noch Zeit brauchte, bis sie den anderen vorgetanzt hatte, wo dieser zu finden war. Auch jetzt gerade tanzte eine Biene heftig in seinem Kopf, ja, sie tanzte sich fast den gestreiften Po wund, doch die anderen im Stock hatten es immer noch nicht verstanden.

Gleich würde sich dies ändern!

Er betrat die Lobby des »Relais Bourgondisch Cruyce« geradezu leichten Schrittes.

Madame Baels saß auf einem Polstersessel.

Leider sah sie nicht so aus, als hätte sie es vor lauter Sehnsucht nach Adalbert nicht mehr ausgehalten und wäre gekommen, um ihn direkt mit nach Hause zu nehmen. Sie sah blass aus, erschöpft, geradezu zerstört.

Als sie aufstand, wankte sie sogar leicht, Adalbert machte sich ernsthaft Sorgen und trat zu ihr, um diese große, kräftige Frau zu stützen.

»Madame Baels, was ist passiert?«

»Es wird immer schlimmer, Herr Professor. Immer noch schlimmer.« Sie war am Ende ihrer Kräfte.

»Wie meinen Sie das?«

»Wollen Sie sich nicht zuerst setzen, Professor?«

»Nein, aber Sie setzen sich wieder!« Bestimmend bugsierte er sie zurück in den Sessel. »Ich kann viel aushalten. In Hamburg sind wir eine steife Brise gewohnt. An der Alster und im Leben. Uns haut nichts so schnell um.«

»Es geht um Jana Elisa da Costa.«

»Was ist mit ihr? Hat die Obduktion etwas Ungewöhnliches ergeben?«

»Nein, dazu kam es gar nicht.«

»Wie bitte?«

»Die Leiche. Ihre Leiche.« Madame Baels holte tief Luft.

»Ja?«

»Sie ist gestohlen worden.«

KAPITEL 6

Das Leben ist wie eine Schachtel Pralinen …

… es kann Nüsse enthalten.

Pit liebte Autofahren. Gerne mit lauter Musik, Seitenfenstern runter, an nix denken. Gut, an den Verkehr, aber das erledigte sein Unterbewusstsein, das fuhr von alleine, quasi als Pits Chauffeur. Das platte Land Westflanderns gefiel ihm, diese Region, die eigentlich unter Wasser stünde, wenn die Belgier sie dem Meer nicht abgerungen hätten. Selbst wenn man das Meer nicht sah, selbst wenn der Wind nicht dessen salziges Aroma zu einem trug, spürte man doch, dass es nah lag. Pit wunderte es kein bisschen, dass Menschen, deren Luft so viel Salz aufwies, ein Faible für Süßes entwickelt hatten.

Knokke-Heist war zwar das Mekka der Reichen und Schönen Belgiens, konnte es aber an Schönheit nicht mit De Haan aufnehmen. Hochhäuser verschandelten den Strand, von dem aus man den großen Hafen Zeebrugges sehen konnte. Oder besser: musste.

Das »Choco-Paradijs« lag in einem Ladenlokal der Strandpromenade Zeedijk-Albertstrand – und damit in bester Lage. Nur ganz dünn stand in goldener Schnörkelschrift der Name der Massagepraxis auf den schokoladenbraunen Vorhängen. Pit war enttäuscht: keine Bilder nackter Frauen, die über und über mit Schokolade beschmiert waren.

Na ja, vielleicht drinnen.

Doch nein, drinnen auch nicht, stattdessen sah es aus wie in einer Modeboutique. Ein großer Tresen aus Sheesham-Holz dominierte den Raum, dahinter drei vergoldete

Tafeln mit den Namen der unterschiedlichen Schokoladenmassagen, in der Ecke eine kleine Sitzecke mit Lederpolstermöbeln sowie zwei Zimmerpflanzen, die sich bei näherer Betrachtung als Kakaobäume herausstellten. Künstliche allerdings. Hinter dem Tresen stand eine Frau. Auch sie weder nackt noch mit Schokolade bedeckt. Ungläubig sah sie Pit an.

»Der Motorradladen ist in der nächsten Querstraße«, sagte sie mit hochgezogener Oberlippe.

»Ich will mich aber nicht mit Motoröl, sondern mit Schokolade einsauen lassen.«

Einen Moment lang sah sie ihn noch mit großen Augen an, dann war es, als hätte jemand in ihrem Kopf einen Schalter umgelegt, und sie sprang in den Automatikmodus. »Willkommen im Choco-Paradijs, ich bin Madonna. Haben Sie einen Termin?«

»Nein, ganz spontane Entscheidung, mein Körper schreit nach Schokolade. Ausnahmsweise mal nicht oral.«

Aus versteckten Boxen plätscherten esoterische Klänge, die den Gast wohl beruhigen sollten. Sie machten Pit auf Anhieb aggressiv.

Es war, als sagte ihm jemand unaufhörlich, er solle sich beruhigen. Das konnte er gar nicht leiden. Er entschied schon selber, wann es Zeit war, sich zu beruhigen.

»Wann möchten Sie denn zu uns kommen?«

»Jetzt gleich, ich möchte also quasi bei Ihnen bleiben.«

Sie blätterte in einem riesigen ledergebundenen Buch. »Da haben Sie aber Glück, zurzeit ist Manon frei. Welche Massage darf es denn sein, wir haben ...«

»... suchen Sie eine aus. Eine, die zu meinem Typ passt.«

»Was ist denn Ihr Typ?«

»Pit. Das ist Name und Typ in einem.«

»Dann nehmen wir doch die einstündige Hot Chocolate Massage für siebzig Euro. Dabei wird hochwertiger warmer Schokoladenbalsam auf Ihren Körper gegossen. Die pflegenden Inhaltsstoffe des Kakaos, die Wirkstoffe der Kakaobutter und die aromatischen Düfte lassen Sie bei einer sanften Massage unter den Händen unserer erfahrenen Masseurin in einen süßen Traum voll Entspannung und Wohlbefinden entfliehen. Die wertvollen Inhaltsstoffe der Kakaobutter übertragen sich auf die Sensoren der Haut und wirken beruhigend und stimulierend zugleich. Verstärkt durch die Beigabe von wertvoller Shea-Nussbutter und Mandelöl, werden erschlaffte Hautpartien gefestigt und neues Volumen geschaffen. Nach der Behandlung ist Ihre Haut seidig, weich und zart, sie sieht glatt, gepflegt und jugendlich frisch aus. Die sinnlich-exotischen Düfte der Schokolade verführen zudem Geist und Sinne, die Freisetzung des körpereigenen Glückshormons Serotonin weckt Ihre Lebensfreude.«

Es war förmlich zu hören, wie oft sie diesen Text schon aufgesagt hatte – das Band leierte.

»Klingt super.«

»Wenn Sie mögen, können Sie sich vorher duschen.« Pit spürte deutlich, dass das kein Angebot, sondern eine Bitte, ein Flehen war. Bitte waschen Sie sich, bevor die arme Manon Sie anfassen muss. Und spülen Sie die Läuse, Spinnen und Ohrenkneifer gleich mit ab.

Pit tat ihr den Gefallen.

Manon stellte sich trotz des französischen Namens als zierliche Asiatin heraus, mit dunklen Haaren, Pagenschnitt und braunen Mandelaugen. Ihr Gesicht war fein geschnitten, als hätte ein Bildhauer lange gefeilt, bis alles perfekt symmetrisch war. Eine Schönheit.

Pit nahm es zur Kenntnis.

Mehr nicht. Denn seine Diana, die ihn in Cambridge erwartete, war eine Frau, nach der man keine andere Frau mehr anschaute. Selbst wenn diese sowohl nackt als auch mit Schokolade eingeschmiert wäre. Nicht, dass Pit die Reize des weiblichen Geschlechts völlig entgingen, aber er bewunderte sie nun wie ein Kunstkenner ein Gemälde. Er betrachtete sie mit großem Genuss, bewunderte Formen und Konturen – aber in die Kiste wollte er mit ihnen nicht steigen.

Doch lange gucken war okay.

Manon begrüßte ihn herzlich und bat ihn, den Bademantel abzulegen und es sich bäuchlings auf der Massageliege bequem zu machen.

»Sie haben aber viele Haare«, sagte sie halb bewundernd, halb erschrocken.

»Man glaubt es kaum, aber darunter ist tatsächlich Haut.«

Pit spürte, wie die Hand der Masseurin ungläubig über sein Fell strich. »Und das ist alles echt?«

»Nein, ist ein Gorillakostüm vom Karneval. Krieg ich leider nicht mehr herunter.« Er lachte schnarrend. »Klar ist das echt. Und nein: Ich verwandele mich bei Vollmond nicht in einen Werwolf. Ich zieh bloß die Klamotten aus.«

»Hatten Sie schon mal eine Hot Chocolate Massage?«

»Nö. Aber mit lecker Essen ist alles besser. Sie können mich auch gern mit harten Salamis schlagen, da hätte ich sicherlich auch meinen Spaß.«

»Exquisite Wünsche.«

»So bin ich. Von oben bis unten exquisit.«

»Allerdings bieten wir so etwas hier nicht an. Ich bin mir aber sicher, dass es anderswo Damen gibt, die Ihren Wünschen entgegenkommen. So, und jetzt genießen Sie die heiße Schokolade, schalten Sie den Kopf ganz ab.«

Die Schokolade ergoss sich zwischen seine Schulterblätter. Wohlig warm wurde sie sanft über seinem Rücken bis hinunter zur Hüfte verteilt. Pit spürte, wie sie seitlich langsam herunterfloss, was leicht kitzelte. Betörend war der Duft, als säße man mitten in einer Riesentasse heißer Schokolade mit Sahne. Manons Händen glitten in großen Bahnen sanft über seine Haut.

»Ich bin übrigens der Schokobär.«

»Ich weiß«, sagte sie.

»Bea hat mir von diesem Massagestudio vorgeschwärmt«, bluffte er.

»Ach ja?« Manon schien hellhörig geworden zu sei.

»Meinte, ich müsse das unbedingt mal machen. Sie hat es ja ganz toll gefunden.«

»Wirklich?«

»Wieso sind Sie so überrascht?«

»Na ja, Bea war nicht oft hier. Ich kenne sie noch aus der Schule, wir sind ja derselbe Jahrgang. Sie war vor einigen Monaten einmal da und dann in der Woche vor ihrem Tod plötzlich dreimal – immer mit derselben Begleitung.«

»Mit wem denn?«

»Entschuldigen Sie, das darf ich nicht sagen. Schweigepflicht.«

»Sie sind doch keine Priesterin oder Ärztin.«

»Aber so etwas in der Art. Gesundheitswesen.« Sie lächelte. »Und die Chefin will das nicht. Wir sind ein diskretes Unternehmen. Ganz ehrlich: Kein Wort kommt über meine Lippen!« Sie tat so, als zöge sie einen Reißverschluss darüber zu.

Pit sah an der Frau herunter, zu ihrer empfindlichsten Stelle.

Den Schuhen.

Wildleder, keine Schutzkappen darüber.

»Kann ich bitte einen Schluck zu trinken haben?«

»Aber gern. Wasser? Tee?«

»Heiße Schokolade?« Pit grinste.

»Die gibt es eigentlich erst nachher, aber für Sie mache ich eine Ausnahme.«

Manon verließ den Raum. Als sie zurückkam, war die Massageliege leer, und Schokoladenpfützen fanden sich von dort bis zum Türrahmen, in dem sie nun stand. Pit kniete daneben auf dem Boden und griff nun blitzschnell nach ihrem Bein.

Mit zwei schokoladigen Händen.

»Was tun Sie da? Lassen Sie sofort los! Ich brülle!«

Sie setzte schon an, doch Pit war schneller. »Dann saue ich Ihre Schuhe mit Schokolade ein. Ich bin zwar kein Experte, aber es ist bestimmt scheiße schwer, Schokolade aus Wildleder herauszubekommen, oder? Ich möchte nur eine Antwort, dann bin ich wieder ein ganz braver Schokobär.«

»Sie sind ja völlig irre!«

»Nicht völlig. Mancher sagt drei Viertel. Also, krieg ich jetzt eine Antwort? Wer war mit Beatrice Reekmans hier?« Kein Wort kam über ihre Lippen. »Wow, das sind aber echt schöne Schuhe, tolles helles Wildleder. Ich würde die ja zu gerne mal anpacken.«

»Nehmen Sie bloß Ihre Pranken weg! Ich sag's ja, ich sag's ja!«

Na also, ging doch!

»Wissen Sie eigentlich, was die gekostet haben?«

»Nö, ich will was ganz anderes wissen.«

»Himmelherrgott, es war die Brasilianerin, die sie jetzt gefunden haben. Da hatten sich echt zwei gefunden. Wie ein Herz und eine Seele. Und jetzt sind beide tot. Zufrieden?«

Pit stand auf und blickte sie so glücklich und zufrieden an wie eine riesige Wildsau, die sich im Matsch gesuhlt hatte. Und so sah er auch aus.

»Und jetzt raus!«, sagte die Masseurin mit einer deutlichen Handbewegung. »Wir wollen Sie hier nie wiedersehen. Hausverbot!«

»Und die ganze Schokolade?« Pit wies auf seinen Körper.

»Ist mir völlig egal, wo Sie die abwaschen. Aber hier nicht. Ziehen Sie Ihre Sachen drüber. Die Duschen sind tabu.«

»Dann muss ich mir doch wohl noch mal Ihren Schuh greifen.«

Manon schluckte laut hörbar. »Die Duschen sind nicht mehr tabu. Aber danach sind Sie raus. Ihrer Haut haben Sie mit dieser Aktion keinen Gefallen getan, das kann ich Ihnen sagen!«

Da hatte sie wohl recht.

Seine Haut würde ihm das nie verzeihen.

Aber Prof. Dr. Dr. Adalbert Bietigheim wäre zufrieden.

Und der hatte deutlich mehr akademische Titel.

Adalbert konnte es nicht verantworten, Madame Baels allein nach Hause zu lassen, also bot er als echter Kavalier selbstverständlich an, sie zu begleiten und sich ihrer anzunehmen. Sie könne sich auch gerne bei ihm unterhaken. Die Museumsdirektorin nahm dankbar an. Da sie nicht weit von seinem Hotel entfernt wohnte, gingen sie das kurze Stück zu Fuß. Sie sprachen nicht viel, rückten jedoch immer enger zusammen.

»Kommissar Aspe untersucht das Verschwinden des Leichnams sicherlich schon«, versuchte der Professor Madame Baels zu beruhigen.

»Falls er mittlerweile mit dem Brüllen aufgehört hat.« Sie lächelte. Was für ein bezauberndes Lächeln. Als ginge die Sonne über einem stürmischen nordischen Meer auf.

Madame Baels' Haus lag am Koningin Astridpark, es war schlicht, klein, doch einladend – und die Fenster sauber geputzt, worauf Adalbert bei einer Frau stets achtete. Ebenso wie auf die Ordnung in der Küche. Denn was sagte mehr über den Charakter eines Menschen aus?

Bevor Madame Baels aufschloss, drehte sie sich kurz zu Adalbert um. »Du darfst mich Josephine-Charlotte nennen oder Phinchen, wenn du magst.«

»Und du darfst einfach Professor zu mir sagen – oder

Adalbert. Darauf müssen wir trinken, Brüderschaft.« Er zwinkerte ihr zu. »Mit Küsschen.«

»Ich habe noch eine Flasche Champagner im Kühlschrank, auch wenn mir eigentlich gar nicht danach ist.«

»Gerade dann hat man ihn am nötigsten!«, verkündete Bietigheim kennerhaft. *»Irgendwann kommt der Moment im Leben einer jeden Frau, wo das Einzige, das hilft, ein Glas Champagner ist.* – Bette Davis in *Old Aquaintances.«*

Josephine-Charlotte sah ihn mit keckem Blick an: *»Ich trinke Champagner, wenn ich froh bin und wenn ich traurig bin. Manchmal trinke ich davon, wenn ich allein bin, und wenn ich Gesellschaft habe, dann darf er nicht fehlen. Wenn ich keinen Hunger habe, mache ich mir mit ihm Appetit, und wenn ich hungrig bin, lasse ich ihn mir schmecken. Sonst aber rühre ich ihn nicht an, außer wenn ich Durst habe.«*

»Madame Lily Bollinger!«, sagte Adalbert, der das Zitat sofort erkannt hatte. »Sie sind so geistreich, Phinchen. Das schätze ich an einer Frau sehr, und ebenso, wenn sie stets Champagner im Haus hat.«

Josephine-Charlotte drehte sich um und schloss die Haustür auf. »Willkommen in meinem kleinen Reich.«

Die Hausherrin hatte ein Faible für Tassen. Und Unterteller. Außerdem Löffel. Und Gemälde, auf denen sie abgebildet waren. Sowie für Lampenschirme aus dem Jugendstil. Und Spiegel. Josephine-Charlotte war solch eine gewaltige Frau, eine, die den Boden erzittern ließ – und doch fühlte Adalbert sich in ihrem Heim wie in einem Puppenhaus.

»Mach es dir doch im Salon bequem«, sagte sie und wies in einen kleinen Raum mit Kamin, in welchem jedoch kein Feuer loderte. Adalbert machte sich sogleich daran, dies zu ändern. Es beeindruckt die Damenwelt stets, wenn ein Mann Feuer entzündet. Das war in der Steinzeit schon so gewesen, und auch im 21. Jahrhundert ließ es einen Mann noch begehrenswerter erscheinen. Dabei wusste Adalbert gar nicht, ob er dies überhaupt wollte. Sein Herz gehörte doch der unnachahmlichen Hildegard zu Trömmsen, sie hielt es schon lange in Händen – doch hatte sie sich immer noch nicht entschlossen, es anzunehmen und ihm das ihre anzuvertrauen. Er wollte ihr Zeit lassen, alle Zeit der Welt, doch nun schien es ihm, als würde es seinem Herzen langsam kalt.

Das Feuer entflammte.

Phinchen ließ noch eine Weile auf sich warten. So lange bewunderte Adalbert ihre exquisite Bibliothek. Diese Frau hatte einen ausnehmend guten Geschmack! Was sich vor allem daran zeigte, dass sie ganze zwölf Publikationen Bietigheims besaß. Darunter sogar das seltene Werk »Weiße Schokolade – Irrtum oder Evolution. Eine kulturgeschichtliche Abhandlung unter Einbeziehung der Kakaobutterhistorie. Inklusive einem Exkurs über Weiße Crunch«.

Phinchen erschien mit der gekühlten Flasche und zwei Champagnerflöten im Wohnzimmer. Zudem hatte sie sich etwas Leichtes übergeworfen. Es hatte Form und Aussehen einer Pferdedecke, aber eben einer leichten. So etwas trug das Vollblut im Sommer. Sie ließ sich mit der vollendeten Grazie einer trächtigen Elefantenkuh neben Adalbert auf dem Plüschsofa nieder und sah ihn erwartungsvoll an.

»Seien wir ehrlich«, sagte Bietigheim.

»Oh, ich bitte darum«, erwiderte Phinchen.

»Wer immer eine Leiche stiehlt, tut dies, weil sie einen Hinweis auf ihn, den Täter, den Jaguarkrieger geben könnte. Einen Fingerabdruck, eine Haarsträhne, was auch immer.«

»Diese Ehrlichkeit meinen Sie.« Phinchen schien enttäuscht.

»Selbstverständlich, ich bin stets ein Freund des offenen Wortes.«

»Manchmal ist reden nicht genug.« Wieder blickte sie ihn erwartungsvoll an.

»Mein liebes Phinchen, da haben Sie völlig recht.«

»Ich weiß.« Sie rutschte näher.

»Wir müssen handeln, Phinchen, indem wir mutig der Wahrheit ins Auge blicken! Das Hotel ›De Boerenpommel‹ steht einsam in der Polderlandschaft. Der Täter hätte von dort nicht ungesehen flüchten können, Aspe ließ zudem das Umland absuchen. Es gab keine Reifenspuren im weiten Umkreis. Das heißt«, Adalbert nahm ihre Hand in die seine, »du musst jetzt ganz stark sein, Phinchen: Der Täter ist unter unseren Finalisten zu suchen. Einer der neun ist der Jaguarkrieger aus dem Video. Und da dieser ein Mann war, können es nur Pierre Cloizel, Edward Macallan, Franky van der Elst, Bill Bulldoss, Urs Egeli, Jón Gnarr, Leopold Ribisel oder Ottavio Bertinotti sein. Bei Bulldoss und van der Elst stimmt allerdings die Statur nicht, also bleiben nur noch sechs. Wir müssen so schnell wie möglich herausfinden, wer von ihnen es ist.« Madame Baels wollte das Wort ergreifen, doch der Professor ließ es nicht dazu kommen. »Sagen Sie nichts, meine Liebe, ich hatte dieselbe Idee! Es gilt, im Hotel der Finalisten jemanden einzuquartieren, um dort Nachforschungen anzustellen. Ich habe es bereits durchdacht, mein getreuer Pit ist die richtige Wahl. Er wird die Verdächtigen nicht aus den Augen lassen. Vierundzwanzig Stunden, rund um die Uhr. Wir müssen den Jaguarkrieger zeitnah entlarven und dann für eine möglichst unauffällige Verhaftung sorgen, damit das Ansehen der Chocolatierskunst keinen weiteren Makel erhält und die von Ihnen so wunderbar, ja geradezu herausragend organisierte Weltmeisterschaft zu einem versöhnlichen Ende kommt.«

»Das haben Sie schön gesagt, Adalbert. Nun lassen Sie uns aber Brüderschaft trinken. In Deutschland kreuzt man doch die Arme, nimmt einen Schluck und küsst sich danach, odcr?«

»Ja, genau so ist es.«

»Darauf hatte ich gehofft.«

Sie blickte ihn aus großen Augen an, dann goss sie den Champagner generös ein, reichte Adalbert ein Glas und griff nach dem zweiten. Zum Anstoßen rückte sie noch etwas näher, ihre Knie berührten seinen Oberschenkel.

Es knisterte. Nicht nur im Kaminfeuer.

»Sonst haben wir in Brügge ständig Stromausfälle. Jetzt könnte ich gut einen gebrauchen.« Phinchen lächelte.

Die zwei tranken und setzten die Gläser ab.

Ihre Lippen näherten sich im Schein des heißen Feuers.

Da schrillte das Telefon in einer Mordslautstärke.

Josephine-Charlotte Baels setzte verärgert ihr Glas ab. »Wer ruft denn jetzt noch an? Hoffentlich nicht noch ein Unglück. Ich vertrage wirklich keines mehr. Für einen Tag sind es mehr als genug.«

Wütenden Schrittes stampfte sie in den Flur zum Apparat, ihr Pferdenegligé flatterte hinter ihr her.

Kurze Zeit später war ihre Stimme laut zu hören. »Ja, der ist da, aber woher wissen Sie? ... Das tut sehr wohl etwas zur Sache ... Nein, können Sie nicht, er hat auch einmal Feierabend ... Ja, das entscheide ich, rufen Sie nicht mehr hier an ... Sie sind eine unverfrorene Person ... Ich habe kein Schild an ihm gesehen, das zeigt, wem er gehört.« Sie legte auf.

Nachdem Phinchen sich zurück auf das Sofa gesetzt hatte, trank sie das Glas in einem Schluck leer und schenkte sich sofort nach.

»Eine gewisse Hildegard zu Trömmsen?«, fragte Adalbert und versuchte seine Stimme nicht nervös klingen zu lassen.

»Impertinente Person. Stehen Sie sich nahe?«

Er kippte den Champagner herunter und versuchte, eiligst das Thema zu wechseln. »Könnte ich auch noch einen Schluck haben?«

Sie füllte beide Gläser bis zum Rand auf.

»Verehrteste, ich habe beschlossen, von nun an Ihr Beschützer zu sein, deshalb werde ich gleich vor Ihrer Haustür Position beziehen, um die Nacht dort zu wachen. Ich könnte es nicht ertragen, wenn Ihnen etwas widerführe.«

»Ach, papperlapp. Sie schlafen natürlich hier, Adalbert. Oben gibt es ein Gästezimmer mit Durchgang zu meinem Schlafgemach. Das ist genau richtig. Für Herrenbesuch habe ich außerdem immer einen Schlafanzug im Schrank.«

»Wie klug von Ihnen.«

»Die kluge Frau ist stets vorbereitet.« Sie lächelte. »Wo waren wir stehen geblieben?«

»Beim Jaguarkrieger«, antwortete Bietigheim und erwähnte den Bruderschaftskuss an diesem Abend mit keiner Silbe mehr. Denn das schlechte Gewissen hatte ihn gepackt. Und Hildegard zu Trömmsen, diese Frau, mit der ihn eine nahezu telepathische Beziehung verband, musste gespürt haben, dass ihre Beziehung in Gefahr war, und wie von Zauberhand die Nummer gewählt haben, weil sie sich endlich ihrer Liebe für ihn bewusst geworden war. Adalbert hatte ein schlechtes Gewissen. Beinahe hätten ihn die Wogen der Leidenschaft hinfortgetragen.

Er versuchte sich wieder auf die drängenden Probleme zu konzentrieren und sprach den Ausschluss von Franky van der Elst an. Doch Phinchen war vehement dagegen, da dies nur noch mehr schlechte Presse bedeuten würde. Im Halbfinale könne man das viel eleganter lösen. Sie ließ keine Einwände gelten. Adalbert beschloss, ihr nicht noch mehr Kummer zu bereiten, und willigte schweren Herzens ein, obwohl er van der Elst, diesen Unmenschen, keine Sekunde länger ertragen wollte. Anschließend gingen sie nochmals die Details der Morde durch, bevor Adalbert sich wie ein formvollendeter Gentleman zur Nacht verabschiedete. Er versicherte seiner Gastgeberin, dass er wachsam nebenan liege, sie solle einfach rufen, falls sie ihn brauche.

Phinchen lächelte daraufhin verschmitzt.

Das Gästezimmer beherbergte ein breites Bett mit fester Matratze, das auch einer schweren Person genügend Halt bot. Viele Kerzen standen im Zimmer, die Decke war verspiegelt. Was für eine hübsche innenarchitektonische Idee! Nie zuvor hatte Bietigheim so etwas gesehen. Sie ermöglichte ihm, Benno von Saber im Auge zu behalten, ohne den Kopf heben zu müssen. Der treue Foxterrier hatte es sich am Fußende bequem gemacht.

Kaum eine halbe Stunde später ertönte ein ohrenbetäubender Schrei aus dem Nebenzimmer. Adalbert griff eine Nachttischlampe, klemmte sich Benno unter den Arm, dann friemelte er flugs die Zwischentür auf und stürzte hinüber.

Das Erste, was er sah, war die geöffnete Balkontür.

Dann ein Stück Jaguarfellkostüm, das nach draußen verschwand. Phinchen hatte sich ängstlich die Bettdecke über den Kopf gezogen.

Adalbert beschloss, dem Eindringling nicht zu folgen, sondern ließ Benno mit dem Kommando »Fass!« hinab, stellte die Lampe rasch ab, setzte sich zu seiner Gastgeberin auf die Bettkante und schloss sie in seine Arme.

Benno ging gemächlich zum Balkon und drückte die Tür weiter auf.

Macht hoch die Tür, die Tor macht weit.

So viel zum Thema Hilfe in der Not.

»Ich spürte, dass jemand im Raum war«, brachte Madame Baels atemlos hervor, »und dann sah ich die Silhouette eines gut gebauten Mannes. Er stand sicher eine Minute regungslos am Ende meines Bettes. Ich fragte mich, was er als Nächstes machen würde. Dann trat er näher, das Mondlicht fiel auf ihn, und da erst erkannte ich, dass es der Jaguarkrieger war!«

»Ach, Phinchen! Was hätte Ihnen alles passieren können! Wieso haben Sie denn dann nicht eher geschrien?«

»Na, weil ich dachte, Sie wären es und würden zu mir ins Bett steigen.«

»Aber wieso sollte ich das…«

Doch in diesem Moment holte Adalberts Hirn seine Zunge ein, und er errötete leicht.

Was Phinchens Augen glühen ließ.

Die nächste Runde der Weltmeisterschaft fand spektakulär am Strand De Haans statt. Bietigheim traf zusammen mit Josephine-Charlotte Baels ein, die besonders beschwingt ihrem großen, cremefarbenen Citroën entstieg. Die Sonne meinte es gut, schickte wie eine fürsorgliche Mutter wärmende Strahlen en gros hinunter, um ihre Kinder mollig warm zu halten.

Für die Arbeit der Chocolatiers meinte sie es ein wenig zu gut.

Der Strand des Küstenortes war weiträumig abgesperrt, es herrschte Ebbe, und das Meer lauerte in der Ferne, neugierig beäugend, was in seinem Revier geschah. Acht weiße Pavillons waren in einem Abstand von jeweils zehn Metern errichtet worden, weit von der Wasserkante entfernt, so dass selbst bei scharfem Wind und stürmischer Flut niemand feuchte Füße bekam.

Benno von Saber jagte sofort den Strand hinunter, um Möwen zu jagen, die ihrerseits Fische und Krebse jagten, welche wiederum irgendetwas noch Kleineres jagten. Es machte Benno hörbar Spaß, am Ende der Nahrungskette zu stehen.

»Für wann ist die Pressekonferenz angesetzt?«, fragte Adalbert.

Phinchen hakte sich bei ihm unter – wodurch es nun aussah, als würde sie ihn über den Strand schleifen. »Für jetzt, Adalbert. Genau jetzt.« Sie zeigte mit der freien Hand auf ein Zirkuszelt. »Dort findet heute Abend die Bekanntgabe der Finalisten statt – und in wenigen Augenblicken auch die Pressekonferenz. Ich werde ein paar einleitende Worte sprechen sowie einige Sätze zum Procedere, also, dass nur vier Kandidaten weiterkommen und die heutige Aufgabe darin besteht, einen Schokoladenkuchen mit Wein zu backen, bevor es dann in der letzten Runde … aber das wird heute natürlich noch nicht verraten! Das bleibt unser Geheimnis, oder, Adalbert?«

»Aber sicher, Phinchen. Wie du wünschst!« Er schenkte ihr ein verschmitztes Lächeln.

Das Zirkuszelt war bis auf den letzten Platz gefüllt, denn die Morde hatten das Interesse der internationalen Presse enorm gesteigert. Längst war bekannt geworden, dass die Chocolatiers im »De Boerenpommel« untergebracht waren, weswegen Madame Baels einen Sicherheitsdienst engagiert hatte, der das Hotel abschottete. Den Teilnehmern war ein Redeverbot mit Außenstehenden auferlegt worden.

Am Eingang des Zirkuszelts hatte Madame Baels einen Lakaien postiert, der eine große Glocke läutete, als sie nun mit Bietigheim eintrat. Die Menge teilte sich vor ihnen, hektisch nahmen alle ihre Plätze ein.

Madame Baels trat ans Mikrofon und begrüßte voller Stil und Würde die Anwesenden, bevor sie nach einer kurzen Einführung das Wort an »den weltberühmten, charmanten und – gestatten Sie mir diese Bemerkung – überaus attraktiven Professor Dr. Dr. Adalbert Bietigheim, einen Kosmopoliten des Genusses, einen Hohepriester der Kulinarik« übergab.

»Danke, Verehrteste«, übernahm der leicht errötete Bietigheim das Mikrofon. »Ist sie nicht wundervoll? Einfach großartig? Ja, das ist sie! Einen Applaus für Madame Baels!« Er klatschte an, und das Publikum stieg mit ein. »Was für ein Glück Belgien mit ihr hat, ach, was rede ich: die Welt!«

Mittlerweile war die Röte auch allen anderen Anwesenden ins Gesicht gestiegen.

»Meine sehr verehrten Damen und Herren, liebe Belgier, wir haben eine sehr wichtige Mitteilung zu machen – aber erst etwas zum Thema Kakao. Sie alle schreiben über diese Weltmeisterschaft, berichten von ihr, tragen sie in aller Herren Länder, doch auch Informationen über die Produktion der Schokolade haben dies verdient.«

Unwirsches Raunen drang aus der Masse.

Professor Adalbert Bietigheim ließ sich davon nicht im Geringsten irritieren.

Er kannte dieses Verhalten von seinen Studenten und nahm es kaum noch wahr.

»Botanisch ist der Kakaobaum als *Theobroma Cacao* bekannt. Der schwedische Naturforscher Carl von Linné beschrieb und benannte ihn 1753, wobei ›Theós‹ aus dem Griechischen stammt und ›Gott‹ bedeutet und ›Brôma‹ nichts anderes als ›Speise‹. Zusammen: Götterspeise! Kakaobäume gedeihen am besten bis zum dreiundzwanzigsten Breitengrad, sowohl nördlich wie auch südlich des Äquators. Sie werden in der Regel auf nur sechs bis acht Meter Höhe gestutzt – es ist übrigens nicht ratsam, auf sie zu klettern, denn ihr Holz ist äußerst brüchig! Und noch ein weiterer Aspekt ist hochinteressant: Er kann reife Früchte, unreife Früchte und Blüten gleichzeitig tragen. Geerntet wird trotzdem meist nur zwischen Oktober und März, also ab dem Ende der afrikanischen Regenzeit bis zur ersten Periode der Trockenheit. Warum ist Afrika so wichtig? Weil Westafrika fast 60 Prozent der Weltrohkakaoproduktion stellt.« Adalbert legte eine Pause ein und blickte sich um. Die Journalisten konnten es nicht erwarten, dass er endlich die wichtige Mitteilung losließ. Doch so einfach machte er es ihnen natürlich nicht. »Ich sehe Ihre faszinierten Gesichter, deswegen erkläre ich gerne noch etwas mehr.« Gemeinschaftliches Murren aus dem Publikum. »Kakaofrüchte sind etwa melonengroß und von unterschiedlicher Färbung. Sie können rot, braun, gelb oder violett sein, aber auch Mischungen dieser Farben aufweisen. Ein Baum liefert bis zu fünfzig Früchte pro Jahr, und diese tragen wiederum bis zu fünfzig Samen in sich – die wir als Kakaobohnen kennen. Diese würden Sie bei Genuss allerdings kaum als Kakao erkennen. Und das nicht, weil Ihre Gaumen und Nasen untrainiert oder von Rauchwarenkonsum schwerst beeinträchtigt wären, nein, die Bohne muss erst einige Produktionsschritte durchlaufen, bis das schokoladige Aroma entsteht.«

Adalbert spürte die Unruhe. Er hatte die Journalistenmeute jetzt genau da, wo er sie haben wollte. Was für ein herrliches Gefühl!

»Zuerst: Die Fermentation. Dazu wird jede Frucht aufgeschlagen und das feuchte Fruchtfleisch grob von den Bohnen entfernt, die auf Bananenblättern ausgebreitet werden. Und was machen die Bohnen nun? Na? Bei bis zu fünfzig Grad tropischer Hitze? Weiß es jemand? Nein, natürlich nicht, das hatte ich mir schon gedacht. Hätten Sie besser mal das Handout gelesen, das ich Ihnen gegeben habe.«

Madame Baels flüsterte ihm etwas zu.

»Ach, das ist Ihnen noch gar nicht ausgeteilt worden? Nun ja, Sie hätten es als gebildete Menschen trotzdem wissen können, ja müssen! Die Bohnen gären natürlich. Und werden dadurch weniger bitter und herb. Nach der Fermentation trocknen sie, dabei müssen sie regelmäßig gewendet werden, damit sich aufgrund der Feuchtigkeit kein Schimmel bildet und sie gleichmäßig austrocknen. Irgendwann wird der Kern porös, und das ist der Moment, in dem der Geschmack sich ausreichend entwickelt hat. Der Rohkakao ist entstanden.«

Ein Aufatmen erklang, der Rohkakao war entstanden, jetzt würde es endlich zu der wichtigen Mitteilung kommen, die ihnen im Vorfeld angekündigt worden war!

»Aber wie wird aus Rohkakao nun Schokolade? Eines kann ich Ihnen verraten: Es ist ein weiter Weg!«

Stöhnen. Einer rief: »Was ist denn nun die wichtige Mitteilung, die Sie zu machen haben? Wir haben gleich Redaktionsschluss.«

»Dann müssen Sie eben ohne diese Mitteilung auskommen.« Der Professor ließ sich nicht aus der Ruhe bringen. »Verlassen Sie ruhig das Zelt. Ich lasse mich nicht hetzen – und die Produktion von guter Schokolade übrigens auch nicht. Nichts Gutes auf der Welt lässt sich hetzen. Ich versuche mich so kurz zu fassen wie möglich, aber ich muss nun mal ein wenig ausholen, damit Sie es noch begreifen können. Also: Die getrockneten Bohnen werden gereinigt und dann geröstet. Wie auch beim Kaffee, kommt der Röstung größte Bedeutung zu. Hundertdreißig bis hundertachtzig Grad beträgt die Temperatur dafür, wobei jede Sorte eine andere Temperatur benötigt. Jetzt erst werden die Bohnen schokoladenbraun. Dann werden sie gebrochen, also von den Schalen gelöst, diese sind nämlich nicht zu gebrauchen. Übrig bleiben grobe Kakaokernstücke, die sogenannten ›Nibs‹. Sicher brennt Ihnen nun allen eine Frage unter den Nägeln. Ich will sie gerne beantworten: Ja, diese schmecken bereits nach Schokolade, sind aber äußerst herb. Sie enthalten einen Fettanteil von fünfzig Prozent und nicht mehr als drei Prozent Feuchtigkeit. Nun geht es ans Mahlen – wir nähern uns der Schokolade. Durch die Wärme des Mahlens schmilzt auch die Kakaobutter, und es entsteht eine herrlich duftende Kakaomasse. Um sie vor dem Erstarren zu schützen, wird sie in beheizten Tanks gelagert. Einige Schokoladen benötigen mehr Kakaopulver, andere mehr Kakaobutter, also müssen diese beiden Komponenten der Kakaomasse getrennt werden. Das passiert heutzutage durch hochmoderne Pressen, die eine Temperatur von etwa achtzig Grad Celsius haben. Und wer sind die größten Kakaoverarbeiter der Welt? Na? Natürlich weiß es niemand, weil Sie defizitär vorbereitet sind. Es handelt sich um die Firmen ADM Cocoa in den USA und Barry Callebaut in der Schweiz. Nur die wenigsten Chocolatiers produzieren von der Bohne an, die meisten beziehen die verarbeitete Ware von einem Produzenten. Kritiker meinen, nur diese dürften sich wahrhaft Chocolatiers nennen, doch ich fasse die Definition weiter. Danke für Ihre Aufmerksamkeit. Sie war in Ihrem eigenen Interesse.« Bietigheim verließ die Manege. »Ach ja, die Mitteilung.« Er kehrte zurück. »Kleiner Scherz.« Niemand lachte.

»Wir haben beschlossen, auf dieser Weltmeisterschaft aus ethischen Gründen nur noch fair gehandelte Schokolade zu verwenden, und wir gehen davon aus, dass auch die teilnehmenden Chocolatiers sich verpflichten werden, zukünftig nur noch solche zu verwenden. Zudem werden sämtliche Gewinne an UNICEF gespendet. Danke schön.«

»Wie? Nix Neues zu den Morden?«, kam es aus der Menge.

»Wer hat das gefragt?« Bietigheim war hörbar erbost. »Na, zeigen Sie sich.« Niemand gab sich zu erkennen. »Ihre Sensationsgier werden wir nicht unterstützen, hören Sie? Hier geht es um Schokolade! Auch den beiden Toten war diese besonders wichtig. Wir ehren sie, indem wir die Weltmeisterschaft wie geplant durchführen. Heute Nachmittag um Punkt vierzehn Uhr beginnt die nächste Runde. Die Kandidaten haben dann exakt eine Stunde Zeit. Momentan dürfen sie nur vorbereiten, wobei Sie ihnen gerne über die Schulter schauen dürfen. Mehr gibt es nicht zu sagen. Und wer jetzt noch etwas zu den Mordfällen fragt, verliert seine Akkreditierung.«

»Nur eine Sache noch, Professor«, war eine lässige Stimme zu hören. »Gehe ich recht in der Annahme, dass Sie sie aufklären werden? Wie schon die Mordserien in Cambridge und dem Burgund?«

»Ich kann niemanden davon abhalten, etwas anzunehmen«, antwortete Bietigheim, dessen Augen sich zu Schlitzen verengt hatten. »Auch nicht, wenn Sie annehmen, dass sich der Mörder genau den falschen Juryvorsitzenden ausgesucht hat, um hier sein Unwesen zu treiben. Nichts, aber auch gar nichts wird das Fortschreiten dieser Weltmeisterschaft aufhalten!«

Hoch erhobenen Hauptes schritt der Professor schnurstracks zum Ausgang.

Doch vor diesem erwartete ihn ein Problem.

Es regnete auf seinen Kopf, steif blies es ihm entgegen.

Und obendrauf gab es noch eine Ladung Sandkörner, die sich ihm ins Gesicht rieb.

Immer mehr Wolken drängten sich mies gelaunt am Himmel, der Wind schaltete in den nächsten Gang und begann, den Sand wie lästiges Geschmeiß über den Strand zu peitschen. Sand und Schokolade vertrugen sich nicht. Es knirschte gewaltig zwischen den beiden – und beim Genuss der Schokolade zwischen den Zähnen.

Mit anderen Worten: Es war ein Debakel.

Die Pavillons waren an drei Seiten geschlossen, doch nun wären vier nötig gewesen. Und Sandsäcke davor, damit sie nicht wegflogen. Ein großer LKW war eingetroffen, aus dem von Madame Baels organisierte Helfer Sandsäcke entluden, mit denen sie die Pavillons vor dem Wasser zu schützen versuchten.

Adalbert packte mit an, machte sich Hände und Kleidung schmutzig, denn schließlich galt es, Schokolade zu schützen. Dabei schüttelte er unentwegt den Kopf. Was für eine verdammte Schnapsidee, diese Runde am Meer stattfinden zu lassen. Er war von Anfang an dagegen gewesen! Doch die Sponsoren hatten sich durchgesetzt. Sie wollten dieses Spektakel, sie wollten Fotos mit Pfiff.

Pierre Cloizel stapfte wutentbrannt aus seinem Pavillon. Als er den Professor erspähte, hielt er schnurstracks auf ihn zu.

»Halten Sie das für lustig? Sollen wir so arbeiten? Das ist

lächerlich, einfach lächerlich! Seit vier Generationen gibt es Chocolatiers in meiner Familie, aber so etwas ist noch keinem von ihnen widerfahren.«

»Ich kenne Ihre Familiengeschichte«, erwiderte Bietigheim ungerührt. »Von Ihrem Urgroßvater und seiner kleinen Manufaktur über seine älteste Tochter, die verschwand, und Ihre Großmutter, die daraufhin aus dem Kloster kam, um den Betrieb weiterzuführen, bis zu Ihrem Vater, der das Unternehmen zur heutigen Größe führte, und dann kamen schließlich Sie, das Genie der Familie, der Künstler, der Schokoladenflüsterer, der zu den besten Chocolatiers der Welt reiste, nach Turin, Paris, zu Urs Egeli in die Schweiz, bevor er seinen rechtmäßigen Platz in der Dynastie einnahm. Ich habe meine Hausaufgaben gemacht. Aber Sie auch Ihre? Was, glauben Sie, geht mehr um die Welt? Fotos von Schokolade am Strand oder von Schokolade in einer Küche? Na?«

»Es stürmt, verdammt noch mal!«

Bill Bulldoss tauchte neben Adalbert auf. »Können wir das Ganze vielleicht wieder im Rathaussaal durchziehen? Der Sand kommt überall durch. Wir haben gleich lauter Sandkuchen!« Er blinzelte schelmisch. »Ich meine, *ich* muss sie ja nicht probieren, das ist Job der Jury. Wobei ich glaube, dass der Schokobär sowieso alles isst. Oder, Pierre?« Er stupste den französischen Chocolatier an, der sich daraufhin fluchend in seinen Pavillon verzog.

Der zwergenhafte Amerikaner trat näher zu Bietigheim und stimmte einen vertraulichen Tonfall an. »Ich mache mir Sorgen, Professor, jeder hier macht sich Sorgen. Ein Mord würde uns schon nervös machen, zwei tun es erst recht. Blasen Sie alles ab. Ist das Beste.«

»Unmöglich. Glauben Sie mir. Ich will nicht ins Detail gehen.«

Bulldoss kam noch näher, stellte sich auf die Zehenspitzen und griff Bietigheim am Kragen. Plötzlich war er nicht mehr der knuffige amerikanische Zwerg. »Ich kann auch anders! Wenn noch einer von uns dran glauben muss, mach ich Sie persönlich haftbar. Dann haben Sie es auf dem Gewissen. Ist das klar?«

Gott sei Dank tauchte in diesem Moment Edward Macallan auf, der Zwerg ließ den Professor wieder los und verschwand in Richtung seines Pavillons. Der schottische Teilnehmer trug einen quer gestreiften einteiligen Badeanzug und ein Badetuch lässig über der Schulter. Hinter ihm wackelten Pressevertreter wie Küken hinter der Entenmama her. »Ich werde meine neueste Kreation ›Flandrische Sanddüne‹ nennen. Dahinter steckt ein richtig geiler Sandkuchen, wie ihn die Welt noch nicht gesehen hat. Das ist das perfekte Wetter dafür. Mein Kuchen soll nicht wie ein öder Sonnentag, sondern wie ein Sturm am Gaumen sein.«

Bietigheim beschloss, diejenigen Köche zu beruhigen, die es nicht gleichermaßen verstanden, einen Vorteil aus der misslichen Situation zu ziehen. Aus dem Inneren des am nächsten stehenden Zeltes waren Lichtblitze zu sehen. Der Professor lugte hinein. Vanessa Hohenhausen dokumentierte mit dem Fotoapparat die einzelnen Stufen ihrer Vorbereitung. Sie trug die klassische weiße Kochuniform und arbeitete akribisch an den Schokoladen, welche sie einsetzen wollte.

»Alles okay bei Ihnen?«

»Ja, wieso?« Sie blickte überrascht auf.

»Na, wegen des Wetters.«

»Welches Wetter?«

»Das heutige, hiesige.« Sie sah ihn verwirrt an. »Draußige«, verunglimpfte Bietigheim die deutsche Sprache. »Es stürmt.«

»Na ja, nicht hier drinnen.« Vanessa Hohenhausen lächelte. »Ich will keine Sekunde verschenken, alles noch mal durchgehen, will meinen Chef doch nicht enttäuschen.«

»Ich glaube, Sie machen ihn bereits jetzt sehr stolz«, sprach Adalbert der jungen Frau Mut zu.

Sie wurde rot.

Adalbert auch ein wenig. »Dann will ich Sie mal nicht länger stören.«

Im nächsten Pavillon werkelte Franky van der Elst, der ausgesprochen grimmig schaute, als Bietigheim hineinspähte.

»Schöne Verwandte haben Sie da, Professor! Sie haben gestern meinen Laden gestürmt. Eine Horde Irrer!«

»Recht haben Sie.« Bietigheim konnte nicht anders, als van der Elst zuzustimmen, auf dessen Stirn die Schweißtropfen allmählich ein neues Binnenmeer bildeten.

»Widersprechen Sie mir bloß nicht. Die gehören in die geschlossene Anstalt!«

»Ganz meine Worte.«

»Natürlich verteidigen Sie dieses Pack. War ja klar. Die haben mir den letzten Nerv geraubt.«

Die Lüdenscheid-Bietigheims schienen tatsächlich bleibenden Schaden angerichtet zu haben.

»Sie rauben mir auch meine Nerven. Durch ihre bloße Existenz.«

»Sind ja auch Familie. Blut ist dicker als Wasser! *Ich* will sie auf jeden Fall nie, nie wiedersehen.«

»Ich auch nicht.«

»Was?« Van der Elst schien wieder zurück im Hier und Jetzt zu sein.

»Ich auch nicht.«

»Aber …«

»Sie haben vollkommen recht. Mit allem. Hätte Gott die Lüdenscheid-Bietigheims gekannt, er hätte sich alle anderen biblischen Strafen sparen können. Arbeiten Sie mal schön weiter. Meinem fairen Sportsgeist haben Sie es zu verdanken, dass Sie nicht disqualifiziert wurden. Auf den haben Sie ja ohnehin gezählt. Es ist allerdings derselbe, der auch den kleinsten Fehler von Ihnen bemerken wird und der keine Gnade für stümperhaftes Arbeiten kennt. Übrigens: Wenn Sie mal ein offenes Ohr suchen, um sich etwas von der Seele zu reden, finden Sie bei mir trotz allem jederzeit eines. Und wissen Sie, falls ich Ihnen zuhören muss, komme ich vielleicht nicht dazu, meiner Familie zu empfehlen, Sie nochmals zu besuchen – und diesmal ihre Tanten, Onkels und Großkusinen mitzubringen. Auf Wiederschauen!«

Van der Elsts Flüche waren in Bietigheims Ohren so süß wie belgischer Honig.

Vor dem nächsten Pavillon hing eine schweizerische Flagge mit weißem Kreuz auf rotem Grund. Bietigheim betrat mit einem Räuspern den Raum. »Alles zu Ihrer Zufriedenheit?«, fragte er höflich.

»Ich bin sehr zufrieden, dass die Presse ferngehalten wird. Sonst droht diese Veranstaltung ja zu einem Zirkus zu werden«, entgegnete Urs Egeli, ohne den Blick von seinem Arbeitstisch abzuwenden.

Bietigheim verstand den Wink mit dem Zaunpfahl sehr wohl. »Wie lebt es sich mit der Favoritenbürde?«, fragte er.

»Ich empfinde diese als Ehre, sie ist das logische Ergebnis harter Arbeit.«

»Wen sehen Sie als Ihren ärgsten Konkurrenten?« Bietigheim wollte das Selbstbewusstsein des Schweizers auf die Probe stellen.

Urs Egeli blickte verblüfft auf und schob seine Nickelbrille einen Hauch höher. »Es gibt keinen. Verstehen Sie mich nicht falsch, aber niemand ist so gut auf diese Weltmeisterschaft vorbereitet wie ich. Edward geht es nur um die Show, doch damit wird er bei Ihnen nicht durchkommen, Pierre mangelt es nicht an Arroganz, dafür jedoch an Selbstkritik. Darüber wird er stolpern. Ich weiß, Sie sehen dies ähnlich, auch wenn Sie es nicht sagen dürfen. Mein

Kuchen wird Sie begeistern. Es wird ein Klassiker werden, ich verspreche es Ihnen.«

Im nächsten Pavillon werkelte Ottavio Bertinotti, der zunächst schon ausgeschieden, aber nun für die ermordete Jana Elisa da Costa nachgerückt war. Bertinotti trug Schwarz – aus Trauer.

»Wir arbeiten am Wetter«, scherzte Bietigheim, »aber bisher verhält es sich leider unkooperativ.« Bertinottis Miene erhellte sich nicht. »Sie sehen unglücklich aus.« Adalbert versuchte es mit seiner feinfühligen Seite. Solange er das nicht zur Gewohnheit werden ließ, konnte es nicht schaden.

Bertinottis Augen waren glasig. »Sie sollten sich wundern, warum die anderen nicht unglücklich aussehen. Jeder denkt nur ans Gewinnen, als wenn es nichts Wichtigeres gäbe. Alle tun so, als sei nichts passiert. Diesen Kuchen hier, den mache ich nicht für mich, Signore Professore, auch nicht für Sie oder die Weltmeisterschaft, ich mache ihn für Jana, die eine wunderbare Frau und Chocolatière war. Wenn ich damit eine Runde weiterkomme, dann kommt auch sie damit eine Runde weiter. Wir sollten nicht einfach zur Tagesordnung übergehen, wir sollten Anteil nehmen!«

Bietigheim stimmte Bertinotti zu, doch musste er sich nun wieder seinen Aufgaben als Juryvorsitzender widmen.

Im letzten Pavillon würde Jón Gnarr sein, doch Bietigheim stand nicht der Sinn nach Small Talk mit dem Isländer. Trotzdem schaute er hinein – die Küchenzeile war verwaist. Verwundert zog er den Kopf wieder heraus. Der Wind raste über den Strand, und Sandwirbel tanzten wie Derwische umher, selbst Edward Macallan war in seinen Pavillon zurückgekehrt.

Plötzlich fiel ein dunkler Schatten über ihn, als käme eine Wand auf ihn zu. Es hätte auch ein Höhlentroll sein können.

Pit hustete. »Können wir uns irgendwo unterhalten, wo uns nicht säckeweise Sand in Mund, Nase und Augen fliegt?«

Bietigheim trat vor Pit in Jón Gnarrs Pavillon und machte sich daran, die Küchenzeile, den Kühlschrank, den Backofen und die Gerätschaften in Augenschein zu nehmen. Alles völlig unbenutzt.

»Ich bin es leid!«, legte Pit sofort los. »So was von leid! Echt. Nie erreicht man Sie. Ich wollte Vollzug melden, was das Frittenbanner am Belfried betrifft. Einfach war die Aktion nicht, aber jetzt ist es runter und wird niemals wiedergefunden werden. Beschweren Sie sich also nie wieder über die Kontakte unter Taxifahrern, denn denen haben Sie es zu verdanken! Auf jeden Fall habe ich jetzt Abhilfe geschaffen, was das Handy angeht. Sie brauchen eines, und ich hab's Ihnen besorgt.«

»Niemals! Ich habe meine Grundsätze. Ein Handy kommt mir nicht ins Haus.« Unfassbar, auf welche Ideen Pit kam.

»Jetzt stellen Sie sich doch nicht so an, verdammt noch mal.« Pit reichte ihm ein Handy von der Größe eines Briketts und mit dem Gewicht eines kleinen indischen Elefanten. »Das ist ein Iphel5, hat mir jemand besorgt. Speziell für Sie, Professore! Ein Anruf zur rechten Zeit kann bei Mordermittlungen wie unseren manchmal verdammt wichtig sein. Zum Beispiel, um Hilfe zu holen. Oder um mich, Ihren Personal Assistant, über die neuesten Entwicklungen zu informieren.«

»Nein. Kommt gar nicht infrage.« Bietigheim legte das Telefon auf die Küchenzeile.

»Seien Sie doch nicht immer so verdammt stur. Sie spielen mit Ihrem Leben.« Pit drückte es ihm wieder in die Hand.

»Nein heißt nein.« Bietigheim verfrachtete es in den Kühlschrank.

Pit holte es wieder hervor. »Es ist ein Bauernhandy. Sehen Sie es als Werkzeug. Man kann damit Nägel in die Wand schlagen, und eine Taschenlampe ist auch eingebaut.« Bevor Pit es Bietigheim erneut in die Hand drücken konnte, verschränkte dieser die Arme. »Hier, ganz große Nummern, die kann man kaum verfehlen, und ganz einfach zu bedienen, das schaffen sogar De... detektivisch Veranlagte wie Sie.«

»Sie wollten Deppen sagen!« Nun ging es allmählich zu weit!

»Nein, nur ... Dechnikabstinente.«

»Das schreibt man aber mit T.« So einfach ließ er sich nicht abspeisen.

»Ach, jetzt nehmen Sie es doch mal in die Hand. Sie können es Benno auch super als Stöckchen werfen. Wo ist der kleine Stinker eigentlich?«

»Er ist kein kleiner Stinker! Und er ist ...« Ja, wo steckte er eigentlich schon wieder?

Ein Schrei erklang.

Der Professor und Pit stürmten hinaus. Noch ein Schrei.

Er drang aus dem Zelt von Vanessa Hohenhausen.

Der Wind war gegen sie. Und der Sand. Wenn es eine Ritze in ihrer Kleidung gab, so fanden beide den Weg hinein. Adalbert schirmte seine Augen mit der Hand ab und klappte den Kragen seiner Jacke hoch. Gebückt stapften sie durch den Sturm, bis Pit nahe genug war, um die Plastikplane von Hohenhausens Pavillon zur Seite zu schieben.

Im Inneren kamen sie kaum zum Durchatmen. Eine Schale lag kopfüber auf den Holzbohlen des Bodens, dunkler, schokoladiger Teig lief heraus. Die Chocolatière selbst stand mit verstörtem Blick und um den Oberkörper geschlungenen Armen hinter ihrem Kochtresen.

»Da ... da war ein ...« Sie schluchzte.

Pit ging zu ihr und schloss sie in seine mächtigen Arme.

»Jetzt ist er nicht mehr da.« Er sah zu Bietigheim und flüsterte: »Nachschauen, Professore.«

Adalbert ging wieder hinaus in den Wind und den Sand, umrundete einmal den Pavillon und fand niemanden. Auch in der Umgebung: niemand zu sehen. Der Strand war im wahrsten Sinne des Wortes leer gefegt. Als er den Pavillon wieder betrat, wischte die deutsche Teilnehmerin gerade den Teig vom Boden auf. »Er stand einfach da. Hinter dem Kühlschrank. Ich konnte nur seine Augen sehen und seine kurzen, dunklen Haare. Es war ein Mann, das weiß ich. Und als er sah, dass ich ihn bemerkt hatte, ist er sofort weg, rückwärts raus. Was wollte der hier? Wieso versteckt er sich hinter dem Kühlschrank? War das vielleicht der…«

Pit sagte nichts.

Aber Adalbert. »…Mörder? Falls er es war, welchen Grund sollte er haben, Sie umzubringen?«

»Was? Keinen! Ich bin doch nur eine einfache Chocolatière.«

»Und was war Jana Elisa da Costa?«

»Eine einfache…« Sie stockte.

»Genau. Aber ich will Ihnen keine Angst einjagen. Allem Anschein nach trug der Eindringling kein Jaguarkostüm, denn dieses wäre Ihnen fraglos aufgefallen. Insofern ist nicht davon auszugehen, dass er der Mörder Jana Elisa da Costas war. Zudem: Wenn der Eindringling wirklich vorgehabt hätte, Sie zu ermorden, warum tat er dies dann nicht?«

»Ja«, sagte Vanessa Hohenhausen, langsam wieder zu sich findend. »Das stimmt. Er hätte mich längst…«

»Sehen Sie. Hat er aber nicht.« Bietigheim legte ihr eine Hand beruhigend auf die Schulter. »Weswegen es vermutlich nicht der Täter war. Vorsicht ist allerdings geboten. Gut, dass Sie geschrien haben. Wir müssen die Polizei umgehend informieren. Pit, übernehmen Sie dies bitte. Sie sind schließlich im Besitz eines transportablen Telefons. Ich werde nochmals hinausgehen und schauen, ob ich den Geflüchteten noch irgendwie ausmachen oder Hinweise auf seinen Verbleib sowie seine Indentität finden kann.« Er beugte sich zu Pit. »Und danach wäre ich Ihnen sehr verbunden, wenn Sie mir helfen könnten, meinen Benno zu finden.«

Der Wind war heute ein Komplize des Verbrechens. Die Spuren im Sand, nach denen der Professor nun suchte, hatte dieser längst verweht. Nichts war mehr zu erkennen. Nur gleichmäßige Wellen im Sand, Miniaturdünen, die sich peu à peu verschoben. Und doch gab es Ecken, in welche der Wind nicht drang, weil Verwehungen es verhinderten, weil die Luft sich an anderer Stelle staute. So etwa an den Windschutzplanen, die sich neben den in Reih und Glied aufgestellten Strandliegen bis zum Holzplankenweg unterhalb der höher gelegenen Strandpromenade erstreckten.

Der Professor suchte die Reihen ab – und fand tatsächlich Spuren. Die einer augenscheinlich äußerst schwerfälligen Möwe und die eines äußerst flinken Foxterriers. Doch keine menschlichen. Dann erst wurde ihm klar, dass er an der völlig falschen Stelle suchte. Der Mann, welcher bei Vanessa Hohenhausen eingedrungen war, würde versucht haben, möglichst schnell Deckung zu finden, anstatt für alle sichtbar zurück in den Ort zu laufen. Also vom Pavillon Hohenhausens zuerst zu dem Macallans und dann so schnell wie möglich hinter das Zirkuszelt, das in südlicher Richtung tatsächlich Windstille bot.

Der Professor ging die Strecke ab.

Keine Spuren an Macallans Pavillon.

Keine Spuren am nördlichen Ende des Zirkuszelts.

Doch am südlichen fand er sie. Ganz nah an der Plane, tiefe Schuhabdrücke. Er folgte ihnen, obwohl er wusste, dass sie verweht sein würden, sobald sich der Fremde in Richtung Strandpromenade aufgemacht hatte. Der Professor blickte nur auf den Boden, versuchte, das Profil der Schuhe zu erkennen. Rillen waren zu sehen, wie die Sohlen von Sportschuhen sie oft besaßen.

Bis er ein Kläffen hörte, ein bekanntes, wütendes Kläffen.

Zuerst sah er Benno.

Und erst dann, was dieser anbellte: einen Mann mit modischen, braunen Turnschuhen.

Es war der Jaguarkrieger, sein schwarz glänzendes Obsidianmesser in der Hand. Als er Bietigheim erblickte, rannte er in Richtung der Strandpromenade. Benno sprintete hinterher, und auch Bietigheim, der sich wahrlich besseres Wetter für eine zünftige Verfolgungsjagd gewünscht hätte. Aber immerhin war er es diesmal nicht, der verfolgt wurde – ein nicht unbedeutender Pluspunkt. Es war deutlich angenehmer, hinter einem Mann mit Stichwaffe herzulaufen als vor diesem weg. Auf der Negativliste stand dagegen, dass er durch Sand laufen musste, was jeden Schritt doppelt schwer machte und ihn innerhalb kürzester Zeit seine Ober- und Unterschenkel spüren ließ. Doch Meter um Meter kam er dem Jaguarkrieger näher, was nicht daran lag, dass er sportlicher war, sondern an dem kleinen, frechen Foxterrier, der dem Flüchtenden zwischen den Beinen herumsprang und ihn ein ums andere Mal ins Straucheln brachte.

Doch was sollte er tun, wenn er ihn stellte? Sich auf ihn werfen? Dann konnte die Klinge den Weg tief in sein Herz finden. Der Professor tastete die Taschen seiner Barbour-Wachsjacke ab. Hatte er etwas bei sich, das als Waffe Verwendung finden konnte? Er fühlte etwas Hartes, Schweres. Das Iphel5! Pit hatte es ihm einfach in die Jacke geschmuggelt. Eine Unverschämtheit!

Die Promenade rückte näher.

»Fass ihn, Benno! Beiß ihn in die Beine!« Benno bellte

laut auf und rannte mit hechelnder Zunge auf Adalbert zu. »Nicht mich! Lass meine Hose los! Den anderen! Das machst du extra, oder?«

Benno ließ ein freudiges Bellen ertönen.

Der Jaguarkrieger entfernte sich. Jetzt war er schon auf der ersten Stufe der Treppe, die hoch zur Promenade führte. Er hatte festen Boden unter den Füßen. Adalbert legte einen Zahn zu. Doch es war hoffnungslos. Schließlich griff er sich das Iphel5 und warf das schwarze Geschoss in die Richtung des Azteken.

Und tatsächlich: Er traf.

Zwar nur in der Kniekehle, aber das brachte den Flüchtenden aus dem Gleichgewicht und ließ ihn mit weit rudernden Armen auf die Treppenstufen fallen. Mit diesem Gerät konnte man sicherlich auch Fensterscheiben einwerfen oder – bei einem Bauernhandy wohl eher notwendig – Wildschweine abwehren.

Gleich hatte er ihn!

Der Bursche lag immer noch auf den harten Steinstufen. Adalbert würde zuerst mit dem Fuß das Obsidianmesser wegtreten müssen, so etwas hatte er mal in einem ›Tatort‹ beobachtet. Hatte sehr einfach ausgesehen.

Doch ein netter älterer Herr half dem Jaguarkrieger auf die Beine, der sofort wieder in den Sprint schaltete.

Verfluchte Hilfsbereitschaft!

Nun war Wut in Adalbert, und Wut machte seine Beine noch schneller. Wogegen der Jaguarkrieger leicht humpelte. Auf der Strandpromenade war wenig los. In den Restaurants saßen die Touristen, aßen Waffeln, Frittiertes oder Seezunge und blickten aus dem Warmen hinaus. Nur wenige ließen sich vom scharfen Wind nicht abschrecken und flanierten mit zugezogenen Jacken und hochgezogenen Kragen. Zwei Jungen waren auf Gokarts unterwegs und rammten sich unter freudigem Geschrei.

Der Jaguarkrieger packte einen Jungen bei den Schultern, hob ihn aus dem Gefährt und schubste ihn zur Seite, um dann selbst mit dem Gokart davonzubrausen. Er ging ab wie eine Rakete.

Bietigheim hob den zweiten Jungen unsanft aus seinem Gokart, rief ihm ein »Sondereinsatz des Juryvorsitzenden« zu und strampelte hinter dem Mörder Jana Elisa da Costas her. Der Fußraum war viel zu eng für seine langen Beine, die Knie schlugen ständig gegen das Steuerrad. Doch davon durfte er sich jetzt nicht ablenken lassen. Es ging den Deich hinunter ins Stadtinnere, vorbei am Rathaus, einem kleinen Park mit Minigolf, Spiel- und Tennisplätzen, prachtvollen Hotels, zwei Eisdielen, bis zur idyllischen Tramstation, dann scharf in eine Linkskurve. Adalbert wünschte sich ein Fahrrad und überlegte kurz, an einem der Radverleihe anzuhalten und das Gefährt zu wechseln, doch in dieser Zeit wäre ihm der Bursche entkommen. Wenige Augenblicke später fand er sich im Villenbereich De Haans wieder. Es ging hinauf und hinab über kleine Sträßchen, auf denen kaum zwei Wagen nebeneinanderpassten.

Plötzlich knallte es. Adalberts Gokart hatte einen Platten – und der Jaguarkrieger hatte es gehört. Adalbert trat weiter, es fühlte sich an, als müsse er das Matterhorn mit einem Dreirad hoch. Es war hoffnungslos.

Er stoppte.

Der Jaguarkrieger erstaunlicherweise auch. Er drehte sich um. »Einen Millimeter näher, und ich bin weg!« Er sprach mit tiefer Stimme und starkem amerikanischen Akzent. Falschem Akzent. Der Bursche verstellte seine Stimme, um unerkannt zu bleiben.

»Ach, hauen Sie doch ab«, sagte Adalbert atemlos. »Ich bin es leid, hier wie ein Kleinkind herumzutreten.« Entschlossen stellte er einen Fuß aus dem Kart. »Verkriechen Sie sich wieder in Ihren Unterschlupf wie eine Ratte. Und wenn Sie das nächste Mal herauskommen, schmeiß ich was anderes nach Ihnen als ein tragbares Telefon.«

»Ich wollte Madame Baels nicht töten, sagen Sie ihr das bitte.« Der Jaguarkrieger schien tatsächlich so etwas wie ein Gewissen zu haben. Überraschend.

Der Professor konnte nicht anders, als laut zu lachen. »Warum haben Sie sich dann in ihr Schlafzimmer geschlichen? Um sie zu malen?«

Phinchen hatte noch in der Nacht die Polizei informiert, welche ihr daraufhin Personenschutz zugesagt hatte. Auf Adalberts Anwesenheit im Nebenraum wollte sie dennoch auch in der heutigen Nacht nicht verzichten.

»Um sie zu beruhigen.«

»Sie zu beruhigen! Weswegen zu beruhigen? Dass sie von Ihnen angenehm ermordet wird?« Empört richtete Bietigheim sich auf und unternahm einen entschiedenen Schritt in Richtung seines Gesprächspartners.

»Dass alles gut wird. Kommen Sie nicht näher!«

Bietigheim setzte sich wieder. »Dass alles gut wird? Und das von Ihnen? Ist das aztekischer Humor?«

»Sie müssen das nicht verstehen.«

»Sie reden von verstehen? Bei Mord? Wie kann man verstehen, warum Sie Jana Elisa da Costa getötet haben?«

»Um ein Exempel zu statuieren. Sie ist die einzige Teilnehmerin aus einem Land, in dem Kakao produziert wird.« Eine schwarzweiße Katze tauchte auf und schnurrte dem Jaguarkrieger um die Beine.

»Das ist doch kein Grund, eine junge Frau umzubringen!« Bietigheim rang um Fassung. »Und Beatrice Reekmans? Was war Ihr Grund, sie zu töten?«

»Ich habe sie nicht ermordet.«

»Ach, es war also nur ein Versehen oder ein unglücklicher Unfall? Wie praktisch für Sie!«

»Nein, das meine ich nicht. Ich habe nichts mit ihrem Tod zu tun.«

Bietigheim nickte innerlich. Das hatte er schließlich bereits vermutet. Und er schenkte den Worten des Jaguarkriegers Glauben. »Aber Sie haben da Costas Leiche entwendet.«

»Ja.« Der Katze war es zu langweilig, nur schnurrend um die Beine des Jaguarkriegers zu streichen, deshalb pieselte sie nun auf seine Schuhe. »Verdammtes Mistvieh!«

»Warum haben Sie ihre Leiche gestohlen?« Die Antwort auf diese Frage würde Bietigheim bekommen, und wenn er dafür das Gokart auf den Mann werfen musste.

Plötzlich waren Schritte zu hören. Stimmen näherten sich.

»Ich muss weg.«

»Wie viele werden noch sterben? Was hatten Sie am Zirkuszelt zu suchen? Was bei Vanessa Hohenhausen? Wir haben Ihre Bedingungen doch erfüllt!«

»Noch nicht alle.« Der Jaguarkrieger trat in die Pedale. »Die Chocolatiers müssen es ebenfalls zusagen.« Das Quietschen des Gokarts entfernte sich. »Auch Cloizel und seine Firma!«, rief er noch einmal zurück.

»Das wird er nie, und das wissen Sie. Das kann er gar nicht. Hören Sie!«

Der Jaguarkrieger war schon um eine Straßenecke gebogen, doch seine Stimme war noch leise zu hören. »Dann werden weitere dran glauben müssen. Und auch Sie sollten sich nicht zu sicher fühlen, Herr Professor. Sie würden für eine gute Sache sterben.«

Adalbert würde es allerdings bevorzugen, überhaupt nicht zu sterben. Schon gar nicht vor dem heutigen Abendessen mit Phinchen.

KAPITEL 7

Das Leben ist wie eine Schachtel Pralinen …

… je mehr Schokolade, desto besser.

Pit saß fluchend hinter dem Steuer seines Taxis. Ihm schmeckte es überhaupt nicht, dass der Professor ihn abkommandiert hatte, unverzüglich ins Hotel der Chocolatiers umzuziehen. Da gab es in der Umgebung nix außer Gras, Schafen und Kühen, die nachts blökten oder grunzten oder was auch immer. Kein einziges Pub in der Nähe. Und immer blies ein scharfer Wind. Wer wollte da schon wohnen? Pit hatte sich im »Relais Bourgondisch Cruyce« so wohlgefühlt. Die hatten echt ein super Frühstück! Große Wurstplatte und sogar einen Käse, der wie Wurst schmeckte, so ein geräucherter. Nach Pits Meinung sollte man sowieso alles räuchern: Käse, Gemüse, Salat, Obst, Kartoffeln – und vor allem Professor Bietigheim. Der scharwenzelte um Madame Baels herum wie die Katze um die Maus. Wenn Hildegard zu Trömmsen das erfuhr, würde die Hölle los sein. Sie hatte ein ziemliches Temperament – und nahm ihm, ihrem liebsten Chauffeur, immer noch übel, dass er der Liebe wegen nach Cambridge gezogen war.

Pit parkte im selben Moment vor dem »Relais Bourgondisch Cruyce«, um seine Sachen zu holen, als die Lüdenscheid-Bietigheims mit prall gefüllten Einkaufstaschen heimkehrten. Sie schienen mehrere Chocolaterien ausgeraubt zu haben.

»Ah, der Pit!«, rief Vater Wolfi. »Sie bringen uns doch sicher gern zu dem Bootsanleger, von dem aus der Schaufelraddampfer nach Damme tuckert. Wir wollten da nämlich tüchtig Aal essen! Warten Sie, wir bringen nur kurz die Tüten hoch und gehen alle noch mal aufs Töpfchen!«

Mit einem Mal hielt Pit es für eine Superidee, das Hotel zu wechseln, mal was anderes von der Welt zu sehen, raus aus dem Zentrum Brügges, aufs ruhige Land, wo der Wind frische und gesunde Luft vom Meer herüberblies.

Schnell kramte er alles in seinem Zimmer zusammen, zahlte flott und brauste aus der Stadt. Er nutzte die Chance, sich eine große Portion Fritten mit Mayo, Ketchup und Zwiebeln – eine Speciaal – zu bestellen, auf die er noch extra Knoflook und Pindasaus, Erdnusssoße, gab. Wenn schon, denn schon! Wichtig war: so viel Sauce, dass die Fritten nicht mehr zu sehen waren. Da Bietigheim zurzeit schlecht auf Fritten zu sprechen war, musste er dieses kulinarische Abenteuer eben solo angehen. Natürlich nur außerhalb des Taxis! Keine Flecken in Alfons. Der Wagen war reiner als seine Seele. Mit großem Abstand.

Die Zufahrtsstraße zum Hotel »De Boerenpummel« wurde von der Polizei kontrolliert, doch Pit ließen sie durch, da er bereits als Gast erwartet wurde. An der Rezeption erklärte man ihm, leider sei nur das Zimmer der verstorbenen Jana Elisa da Costa frei, die Polizei habe es am Morgen geräumt, und es sei danach akribisch gesäubert worden. Es mache ihm hoffentlich nichts aus? Pit fragte nur, ob das Bett frisch bezogen worden sei. Nachdem das bejaht wurde, nickte er zufrieden.

»Ich hab schon in etlichen Betten gepooft, in denen Leute geschlafen haben, die mittlerweile unter der Erde liegen. Viel wichtiger ist: Gibt's zum Frühstück ordentlich Wurst? Legen Sie auf jeden Fall mehr hin. Das Raubtier hier muss gefüttert werden.« Er deutete auf seinen Bauch, den er zu diesem Zweck extra herausstreckte.

Jana Elisa da Costas Zimmer erstrahlte wie neu. Nur am Türrahmen fanden sich Spuren der Klebestreifen, mit denen das Absperrband der Polizei angebracht worden war. Sämtliche Möbel waren aus hellem Kiefernholz, der Boden aus Laminat, die Bettwäsche weiß, und an den Wänden hingen Bilder der Polderlandschaft – als sähe man die nicht beim Blick aus dem Fenster. Weil das Zimmer nach Essigreiniger stank, öffnete Pit dieses erst sperrangelweit, bevor er sich in kompletter Montur rücklings auf das Bett warf. Es knirschte. Es knarzte. Wunderbar, es stürzte nicht ein! Er wälzte sich nach links und rechts, alles so weit gut ... bis auf ... da war doch was ... Pit drehte sich nochmals, schloss dabei die Augen und achtete genau auf das, was ihm sein Gesäß sagte. Beim Fahren verriet es ihm immer viel über Straßenbelag und Bodenwellen, über Aquaplaning und überfrierende Nässe. Pits Meinung nach hatten Taxifahrer nicht fünf, sondern sechs Sinne. Der sechste war ihr Hintern.

Irgendwas stimmte mit dem Bett nicht.

Einige Wälzungen später war sich Pit vollends sicher, wuchtete sich hoch und die Matratze empor. Nichts zu sehen auf dem Rost, doch da musste etwas sein, auf der rechten Seite, ungefähr in der Mitte, nichts Großes, aber es nervte. Pit sah sich die Matratze von unten an, ihr Bezug weiß mit kariertem Muster und leicht gewellter Struktur. Immer noch nichts zu erkennen. Er fuhr mit der Hand darüber – und hielt inne. Er spürte etwas. Pit öffnete den Reißverschluss des Matratzenbezugs und zog seinen Fund heraus.

Er wog nur wenige Gramm, und doch wog es schwer, ihn hier, in da Costas Zimmer, zu finden.

Es war ein brauner Legostein, ein Einser. Ganz klein.

Einer, wie sie auch in der Konstruktion an der Decke des gotischen Rathaussaals verbaut worden waren.

Wie um alles in der Welt passte das zusammen?

Von draußen waren schnelle, stampfende Schritte auf dem Kies der Auffahrt zu hören, wütende Schritte. Pit trat ans Fenster und sah, wie Pierre Cloizel zu seinem Renault

Alpine ging, der auf dem etwas entfernt liegenden Parkplatz stand. Pits Taxi parkte immer noch direkt vor der Tür.

Er wartete keine Sekunde.

Ein deutsches Taxi war in Belgien nicht der unauffälligste Wagen, um jemanden zu verfolgen. Wahrscheinlich wäre nur ein rosa Einhorn problematischer gewesen. Also hielt Pit Abstand, großen Abstand. Glücklicherweise hatte der Feierabendverkehr angefangen, weswegen es innerhalb der Stadtgrenzen Brügges nur noch im Schritttempo vorwärtsging und er den Renault problemlos im Blick behalten konnte.

Cloizel hielt in einer Parkgarage nahe des Groote Markt. Pit stellte sich in sicherem Abstand auf einen der fünf Behindertenparkplätze. Tat er sonst nie, aber hier ging es um Mord, da musste das sein. Bietigheim im Nacken zu haben ging in liberalen Ländern zudem als Behinderung durch.

Es dauerte nicht lange, bis Cloizel an ihm vorbeischritt und das Parkhaus verließ. Dieser war so hoch gewachsen, dass Pit ihm selbst über den dicht bevölkerten Groote Markt gut bis zum Belfried folgen konnte. Pit hatte schon wieder Hunger. Der Duft der Frituur stieg ihm in die Nase, senkte Haken hinein und zerrte ihn mit unerbittlicher Kraft zu sich. Nur eine kleine Portion. Ohne alles. Nur Salz. Auf die Hand. Die Schlange an der Bude links vor dem Eingang zum Belfried war auch gar nicht soooo lang. Und wo sollte Cloizel schon hin? Der Belfried hatte nur einen Ein- und Ausgang. Es sei denn, der Franzose sprang hinunter, dachte Pit lächelnd.

Er stellte sich ans Ende der Schlange.

Gegen seinen Bauch kam er einfach nicht an.

Cloizel hastete die Treppenstufen zum Eingang des Belfried hoch. Die Frau vor Pit bestellte acht Riesenportionen Fritten, sechs Frikandeln, vier Kaaskrokett, zwei Bami und extra Sauce. Pit sprintete zum Ende der Schlange an der benachbarten Bude. Hier ging es zacki, zacki, das hatte er genau gesehen. Es waren zwar noch drei Leute vor ihm, aber das machte nix. Alles Solo-Esser, erkannte man sofort.

Nur leider war einer davon Chinese.

Und sprach kein Wort Niederländisch. Kein Wort Deutsch. Kein Wort Französisch. Kein Wort Englisch. Nur Mandarin. Er versuchte, mit Händen und Füßen klarzumachen, was er mit welcher Sauce in welcher Größe essen wollte. Der junge Mann hinter dem Tresen war mit einer großen Portion Hilfsbereitschaft und Geduld gesegnet.

Pit nicht.

Er sah einen Mann mit Fritten an sich vorbeilaufen und packte ihn am Kragen.

»Deine Fritten? Zehn Euro?«

»Zwanzig!«, sagte der Mann, nachdem er begriffen hatte, dass Pit ihn nicht ausrauben, sondern ihm tatsächlich seine Fritten abkaufen wollte.

Pit drückte ihm den Schein in die Hand und griff sich die frittierten Kartoffelstäbchen. Sie waren heiß und unfassbar salzig. Also genau richtig. Zufrieden schob Pit sie sich in den Mund, solange sie noch Lippen und Zunge verbrannten. Am liebsten immer acht auf einmal. Allmählich taten ihm auch die Zähne weh. Mann, war das gut!

Schmatzend erklomm Pit die Treppe zum Belfried, in dem sich ein Museum zur Geschichte des Turms befand. Vor ihm löste ein junger Mann, der ihm irgendwie bekannt vorkam, seine Eintrittskarte. Egal, jetzt ging es um Cloizel. Pit war dran.

»Damit dürfen Sie nicht hinein«, sagte die Dame am Ticketschalter streng und zeigte auf das Schild über ihrem Kopf, das eine durchgestrichene Eiswaffel zeigte.

»Das ist kein Eis. Das sind Fritten. Eure Nationalspeise.«

»Essen verboten. Auch Nationalspeisen. Und wenn,

dann wären das Fritten mit Muscheln. Dazu ein Chicoréesalat und ein Bier. Als Nachtisch Waffeln. Wenn Sie das jetzt alles bei sich hätten, würde ich vielleicht ein Auge zudrücken.«

Pit versuchte, sie mit einem breiten Grinsen umzustimmen, und zeigte die Zähne. Ohne Erfolg. »Entscheiden Sie sich schnell. Wir lassen nie mehr als siebzig Leute gleichzeitig in den Turm. Und neunundsechzig sind gerade drinnen.« Sie blickte in Richtung einer betrunkenen schottischen Touristengruppe, die gerade eintorkelte. Dann zeigte sie auf den Mülleimer.

»Ich hab aber doch so einen Kohldampf. Und sie sind noch schön heiß. Bitte!«

»Gehen Sie bitte zur Seite, die Gentlemen möchten ins Museum.«

Pit pfefferte die Fritten in den Mülleimer und zahlte den Eintrittspreis an die überlegen lächelnde Kassendame. Sein Magen grummelte. Pit auch. Wo würde der blöde Cloizel wohl stecken? Doch hoffentlich nicht ganz oben, oder? Das war schließlich dreiundachtzig Meter und dreihundertsechsundsechzig Stufen entfernt.

Manchmal täuschte Pit sich im Leben.

Er hatte keine Augen für die Schatzkammer, keine für das beeindruckende Uhrwerk und all die Fotos und Tafeln, welche darüber informierten, dass der Belfried ab 1240 als Teil der Tuchhallen – des Handelszentrums der hier hergestellten Tuche – gebaut worden war. Der steinerne Turm diente der Stadt als Verwaltungssitz und trug einst ein Obergeschoss aus Holz, das jedoch mehrfach abgebrannt war, bis man 1822 eine neugotische Steinkrone erbaut hatte. All das war Pit schnurz, er hatte nur Augen für Cloizel, doch der war nirgends zu sehen.

Erst nachdem er sich in teils unfassbar engen Wendeltreppen alle Stufen hinaufgequält hatte, erreichte er völlig außer Atem die oberste Etage des Turms. Siebenundvierzig tonnenschwere Glocken hingen wie ein Damoklesschwert über ihm. Die hohen Fenster waren zwar glaslos, aber vergittert. Hier sprang niemand herunter. Wenigstens etwas.

Pit stützte sich auf seine Oberschenkel, der Schweiß tropfte ihm von der Stirn. Jedes einzelne Kilo hatte er beim Heraufschleppen gespürt – und sogar die eben noch angefutterten Fritten. Seine Lederstiefel hatten sich als untauglich zum Treppensteigen erwiesen. Seine Füße ebenso.

Doch der Blick entschädigte, er reichte nicht nur über Brügge, sondern weit über Westflandern, sogar die Küste war zu erahnen, die Meeresbrise erzählte von Salz und Fischen. Bietigheim hatte ihm schon kurz nach seiner Ankunft ungefragt erklärt, dass hier viele Wolken an Schwefeltröpfchen keimten, die von Algen in die Luft abgegeben wurden und so den typischen Meeresduft ergaben.

Wäre trotzdem schöner gewesen, wenn es das Parfüm der Meerjungfrauen wäre.

Pit drückte sich schnell in eine der Fensternischen und sondierte den Raum.

Dort stand Cloizel. Aber nicht allein. Neben ihm war der junge Bursche, der direkt vor Pit ein Ticket gelöst hatte und der ihm schon unten bekannt vorgekommen war. Jetzt konnte er das Gesicht zuordnen.

Es war der junge van der Elst, Emile hieß er, vielleicht gerade Mitte zwanzig, hager, mit einem Dreitagebart, der mehr wie der Flaum eines frisch geschlüpften Kükens wirkte.

Die beiden konnten noch nicht lange zusammen hier stehen.

Pit drückte sich näher heran, wobei er ihnen die ganze Zeit den Rücken zuwendete und das polierte Haupt tief senkte.

»Jetzt sag endlich, was dieses ganze Theater soll«, zischte Cloizel, als Pit nur noch einige Schritte von ihnen entfernt stand. »Das hier soll ja wohl kaum ein Vorstellungsgespräch für einen Praktikumsplatz sein. Obwohl dir der nicht schaden könnte. Eure belgische Chocolatierskunst ist maßlos überbewertet. Schlechte Grundschokolade, industrielle Produktion, Innovationsstau.«

»Lassen Sie meinen Vater in Ruhe! Beenden Sie den Streit.« Die Anspannung war in van der Elsts Stimme deutlich zu hören.

»Ich habe mit deinem Vater keinen Streit. Wie kommst du überhaupt darauf?«

»Weiß ich nicht, er sagt mir nichts, aber er brüllt ständig wütend Ihren Namen, wenn wir arbeiten.«

»Und deswegen lässt du mich hier hochkommen? Hätte es nicht auch ein Gespräch im Hotelflur getan? Meinst du, ich habe meine Zeit gestohlen? Heute ist Halbfinale, Herrgott noch mal!«

Pit sah auf seine Armbanduhr. Der Professor hatte das Halbfinale wegen des Wetters zwar auf den frühen Abend verschoben, aber lange war es nicht mehr bis dahin.

»Hier sind wir ungestört, Monsieur Cloizel. Und … ich muss Ihnen noch etwas erzählen. Und Sie etwas fragen. Weil ich weiß, dass Sie ein guter Mensch sind. Also, es geht um …«

Die erste Glocke schlug. Sie blieb nicht lange allein. Es war ohrenbetäubend. Der junge van der Elst beugte sich ganz nah zu Cloizels Ohr, der sich in der Hoffnung, dort vor dem Lärm geschützt zu sein, in eine Fensternische drückte. Doch hier gab es keinen Schutz, denn der Klang der schwingenden Glocken musste weit hinaus, noch Kilometer entfernt vom Belfried künden und durfte sich selbst von schlechtem Wetter nicht aufhalten lassen. Pit hielt sich derweil die Ohren zu und fluchte wie ein Bierkutscher. Zu spät bemerkte er darum, dass die beiden sich direkt an ihm vorbeidrückten. Sie erkannten ihn.

Emile van der Elsts Blick war ängstlich, Cloizels überrascht.

»Waren Sie nicht eben noch im Hotel? Was suchen Sie…?« Dann begriff der Franzose. »Von Ihnen lasse ich mir nicht nachspionieren, von Ihnen nicht, *Schokobär*!«

Sie eilten die steile Treppe hinunter.

Als der junge van der Elst noch einmal zurück zu Pit blickte, erkannte dieser darin etwas, das er nicht erwartet hatte: Schuldbewusstsein.

Adalbert Bietigheim verspürte eine leichte Vibration am Körper. Das war ungewohnt. Normalerweise vibrierte er nicht. Hatte er noch nie getan. Es gab auch keinen Grund für ein solches Verhalten. Nervös drehte er sich im Zirkuszelt, wo gerade alles für die am Abend stattfindende Bekanntgabe der Finalisten vorbereitet wurde, nach allen Seiten um. Ein Podest mit Platz für die vier Auserwählten, große Aufsteller der Sponsoren, überdimensionale Fotos von Schokolade und Pralinen. Madame Baels organisierte das Chaos vorbildlich, mit Verve und Energie und einer klaren, bellenden Stimme, die bis ins Mark der grobschlächtigen Hilfsarbeiter drang.

Adalbert blickte zu Benno. Er war es schon mal nicht, der vibrierte. Wie beruhigend. Foxterrier sollten einfach nicht vibrieren.

Kurz entschlossen packte sich Adalbert an das Körperteil, welches er sonst ausschließlich beim Toilettengang und zur Reinigung berührte. Und ertastete dort etwas Hartes.

Das Iphel5!

Er hatte das Wurfgeschoss nach der Jagd auf den Jaguarkrieger wieder eingesammelt, schließlich gehörte es sich nicht, seinen Müll liegen zu lassen. Adalbert zog es hervor. Im Display erschien: *Jemand ruft Sie an – drücken Sie den grünen Knopf, und halten Sie den Hörer an Ihr Ohr.* Ein darunter angebrachter grüner Knopf blinkte, er zeigte einen Hörer. Adalbert drückte ihn.

»Professor Dr. Dr. Adalbert Bietigheim hier.«

»Mein herzallerliebster Professor, welch eine Freude, Ihre Stimme zu hören. Geht es Ihnen gut?«

»Frau zu Trömmsen!« Die Göttliche. Woher hatte sie bloß diese Nummer?

»Genau die. Wie ich sehe, haben Sie mein kleines Geschenk erhalten. Es ist mir einfach unerträglich, Sie nicht jederzeit erreichen zu können. Das verstehen Sie sicherlich.«

Jetzt wurde Bietigheim einiges klar. »Und deshalb haben Sie Herrn Kossitzke dazu gebracht, mir dieses tragbare Telefoniergerät unterzuschieben. Aber Gnädigste, Sie wissen doch, wie sehr ich solche Dinger verabscheu...«

»Papperlapapp! Es gibt Ihnen Gelegenheit, mit mir zu telefonieren. Überall und jederzeit. Ist das etwa so unattraktiv?«

»Aber nein! Natürlich nicht.«

»Sehen Sie. Oder besser: Hören Sie!«

»Sehr wohl.« Bietigheim setzte sich auf die oberste Bankreihe im Zirkuszelt – weit entfernt von Madame Baels.

»Wann werden Sie das Rätsel um diese Morde gelöst haben? Im Übersee-Club schließen sie bereits Wetten auf das Datum ab. Falls Sie möchten, dass ich gewinne, sollten Sie sich damit beeilen!«

»Selbstverständlich möchte ich dies, Gnädigste, nichts wünsche ich mir mehr, als Sie glücklich zu sehen.« Sowie in meinen Armen, dachte Adalbert, sprach es jedoch nicht aus. Dies verstand sich ohnehin von selbst. »Der Fall ist allerdings verzwickt.«

»Die Presse spricht von schwarzem Glas als Tatwaffe bei dieser da Costa. Was ist denn das für ein Unsinn? Können die Belgier nicht mit etwas Ordentlichem morden? Haben die keine Stichwaffen oder Pistolen? Sie sollten auf jeden Fall diese Mareijke Dovendaan durchleuchten. Sie hat ganz offensichtlich nicht nur ein, sondern zwei Motive. Sie wollte den Job als Schokofee und, wie Herr Kossitzke mir mitteilte, auch den Mann der Schokofee. Da kann man als Frau gut nachvollziehen, dass sie mordet. Eine eifersüchtige Frau ist zu allem fähig, mein lieber Professor. Machen Sie besser nie eine Frau eifersüchtig!«

»Ich habe es nicht vor.« Adalbert spürte, wie es ihm eiskalt den Rücken herunterlief.

»Gut. Und bedenken Sie auch: je klüger eine Frau, desto eifersüchtiger.«

»Das werde ich mir gut merken.«

»Das höre ich ausgesprochen gern! Doch nun zurück zum Fall: Lassen Sie bitte nicht außer Acht, dass Dovendaan das Verbrechen auch mit Fred de Vaele zusammen verübt haben könnte. Vielleicht ist er der Jaguarkrieger. Würde das vom Körperbau her passen?«

»Nun ja, vermutlich schon, er hat eine sehr durchschnittliche Größe, ist weder außerordentlich dick noch dünn.«

»Einem Mann, der sich für Albert Einstein hält, ist alles zuzutrauen.«

»Da haben Sie wohl recht.« Bietigheim überlegte. »Allerdings war dieser kein Mörder.«

»Aber in der Familie gab es einen Mord. Die Frau und die beiden Töchter von Einsteins Cousin Robert, mit dem er in der Jugend eng befreundet war, wurden im Zweiten Weltkrieg von einer unbekannten Nazieinheit erschossen. Ein tragischer Fall – vielleicht rächt er sich für dieses Verbrechen?«

»Verehrteste Frau zu Trömmsen, haben Sie vielleicht wieder etwas Rum in Ihren Darjeeling gegeben?«

»Es war doch nur ein wönziges Schlöckchen, Herr Wachtmeister.« Sie kicherte, wie nur eine Frau mit einer Reibeisenstimme wie Hildegard zu Trömmsen es fertigbrachte. »Trotzdem bleibt es dabei, dass nicht nur Frauen, sondern auch Männern alles zuzutrauen ist. Das sollten Sie im Hinterkopf behalten. Wissen Sie eigentlich, warum Schokolade besser ist als jeder Mann?«

»Nein, Verehrteste. Diesen Vergleich habe ich noch nie angestellt.«

»Ich nenne Ihnen gleich fünf hervorragende Gründe: Erstens: Schokolade befriedigt sogar, wenn sie weich geworden ist. Zweitens: Keiner beschwert sich, wenn du zu fest auf die Nüsse beißt. Drittens: Bei Schokolade ist die Größe egal. Viertens: Du kannst sie an allen Tagen des Monats haben. Und fünftens: Beim Genuss von Schokolade bekommt man keine Haare in den Mund.«

Adalbert lachte, obwohl sich ihm das mit den Haaren nicht ganz erschloss. »Köstlich, Gnädigste. Sie haben einen bemerkenswerten Sinn für Humor. Keine Frau gleicht Ihnen.«

»Ach, wirklich?« Ihre Stimme hatte plötzlich einen spitzen Unterton. »Dabei ist mir zu Ohren gekommen, dass Sie sich mit einer hiesigen Ureinwohnerin angefreundet haben, ja sogar bei dieser nächtigen?«

»Nur zu ihrem Schutz! Im Nebenzimmer. Wie es sich gehört.«

»Ach, hören Sie doch auf! Sie haben diesem belgischen Monstrum sicher längst gezeigt, was Sie unter der längsten Praline der Welt verstehen.«

»Oh, nein! Nichts dergleichen. Wollen wir nun zum Fall zurückkehren? Dieser ist doch bedeutend wichtiger.«

»Da bin ich mir nicht so sicher ...«

Einen Augenblick schwiegen beide. Schließlich ergriff Bietigheim wieder beherzt das Wort.

»Mareijke Dovendaan mag ja ein Motiv für den Mord an Beatrice Reekmans haben, doch keines für den an Jana Elisa da Costa.«

»Diese Brasilianerin könnte Zeugin des ersten Mordes gewesen sein.«

»Warum hat sie dann vor ihrem Tod der Polizei nichts davon erzählt?«

»Weil sie Dovendaan erpresste?«

»Nein, Verehrteste. Dafür war sie nicht der Typ.«

»Das sagt Ihnen Ihr Bauchgefühl, weil Sie so viel von Frauen verstehen …?« Ganz entschieden ignorierte Adalbert den ironischen Unterton, den er in ihrer Stimme zu erkennen glaubte.

»Jawohl.«

»Darüber reden wir ein anderes Mal. Wenn Madame Baels Sie mit Haut und Haaren verschlungen hat wie eine Gottesanbeterin ihren Paarungspartner. Aber ich will nicht weiter über dieses schreckliche Weibsstück reden und auch nicht über sie nachdenken. Es bereitet mir Kopfschmerzen. Wenn Ihnen auch nur das geringste bisschen an meiner Gesundheit liegen sollte, halten Sie sich fern von ihr! So, und bevor ich mich jetzt zu meiner Herzchakramassage spute, noch einen Hinweis: Lassen Sie auch diesen van der Elst nicht aus dem Blick. Für ihn steht am meisten auf dem Spiel, die Weltmeisterschaft findet schließlich in seinem Land statt. Pierre Cloizel muss außerdem durch seine Familie unter großem Druck stehen, ebenso dieser schweizerische Titelverteidiger. Und diesem verrückten Macallan traue ich sowieso alles zu.«

»Da gehe ich völlig d'accord mit Ihnen. Und ich greife wohl nicht zu weit vor, wenn ich die Vermutung äußere, dass einer der Finalisten der Täter sein muss – oder die Täterin. Sehr delikat das alles. Ich habe Herrn Kossitzke deshalb im Hotel der Teilnehmer einquartiert. Ich will nicht ausschließen, dass es Helfer von außen gibt, doch deutet vor allem der erste Mord auf einen Chocolatier hin. Was eine große Schande darstellt! Schokolade ist da, um Glück zu schenken – nicht den Tod.«

»Und was diesen Jaguarkrieger angeht …« Hildegard zu Trömmsen schien wie immer bestens informiert zu sein.

»… er hat mir gegenüber glaubwürdig den Mord an Beatrice Reekmans abgestritten.« Bietigheim erzählte von dem Vorfall im Strandpavillon der deutschen Teilnehmerin, der

Verfolgungsjagd und dem anschließenden Gespräch mit dem Flüchtenden.

»Nun ja, er mag abstreiten, dass er der Mörder von dieser Reekmans ist – was aber nicht bedeutet, dass Sie ihm glauben müssen. Wer mordet, der lügt auch.«

»Aber er wirkte, nun ja, wie soll ich es ausdrücken, vertrauenerweckend.«

»Sie sind solch eine Seele von Mensch, mein lieber Professor. Doch bei diesem Verbrechen müssen Sie sich in das Böse hineinversetzen. Entdecken Sie das Raubtier in sich, das wilde, ungezähmte – allerdings bitte nicht, wenn Sie bei Madame Baels nächtigen.«

Bietigheim lachte höflich.

»Das war kein Scherz!« Bietigheim hörte auf, höflich zu lachen.

»Was ich nicht verstehe: Warum war dieser Jaguarkrieger bei der Beobachtung von Fräulein Hohenhausen nicht verkleidet?«

»Vielleicht wollte er inkognito die Lage auskundschaften«, schlug Adalbert vor.

»Ach, was! Das passt ja gar nicht zu seiner Methode.«

»Hat er tatsächlich eine Methode? Vielleicht mordet er einfach, wie es ihm gerade passt. Allerdings hatte er es bisher ausschließlich auf Frauen abgesehen. Sogar bei Madame Baels hat er im Schlafzimmer gestanden.«

»Und er hat sie nicht umgebracht? Wenn man einmal einen verrückten Mörder brauchen könnte! Auf die kann man auch nicht mehr zählen.« Hildegard zu Trömmsen erlitt einen Hustenanfall. Warum rauchte sie auch immer beim Telefonieren? Adalbert schüttelte voller Mitleid den Kopf.

»Ich errettete Madame Baels. Genau dafür hatte ich ja bei ihr mein Nachtlager aufgeschlagen.« Bietigheim spürte, wie Hildegard zu Trömmsen zu einer neuen Tirade über Phinchen ansetzen wollte, deshalb kam er schnell mit einem Kompliment zuvor. »Ich vermisse es so, meine allerliebste Frau zu Trömmsen, gemeinsam mit Ihnen, und nur mit Ihnen, in Ihrem schönen Salon etwas Warmes zu genießen.«

»Ach, Sie alter Charmeur! Dabei fällt mir ein köstlicher Witz ein. Treffen sich zwei Prostituierte am Morgen. Fragt die eine: ›Gehen wir zuerst anschaffen oder frühstücken?‹ Darauf die andere: ›Egal, Hauptsache, was Warmes im Bauch.‹«

Diesmal brüllte Hildegard zu Trömmsen fast vor Lachen. Als wäre sie bis auf die andere Seite des Zirkuszelts zu hören, blickte Madame Baels in diesem Moment zu Adalbert herüber. Und zwar leicht vorwurfsvoll.

Oha, wo war er da nur hineingeraten?

Phinchen zeigte demonstrativ auf ihre goldene Armbanduhr.

Es war gleich so weit.

Halbfinale.

Und an einem Herd: der Mörder.

Das Wetter in De Haan hatte sich beruhigt – vielleicht befanden sie sich aber auch nur im Auge des Orkans. Die Wolken schlichen träge wie vollgefressene Katzen über den Himmel, und der Strand hatte sich mit Schaulustigen gefüllt, die den berühmten Chocolatiers über die Schultern schauen und am liebsten die Finger in die Schüsseln stecken wollten. Die Absperrung war darum sehr großzügig bemessen worden. In einem separaten Pavillon gab es Schokoladenspezialitäten zu kaufen, und auf einer Leinwand im Zirkuszelt wurden die Teilnehmer per Videostream abwechselnd gezeigt. Aber nur frontal, darauf hatten diese bestanden, schließlich sollten keine Geheimzutaten und -prozeduren per Übertragung preisgegeben werden.

Adalbert stand bei Pierre Cloizel, der das Thema Wein

und Schokolade betont staatstragend in Szene setzte. Der Franzose hatte einen Kuchen im Umriss seines Heimatlandes gebacken und dafür Schokoladen aus dem Haus seiner Familie verwendet, die aus Bohnen verschiedener Länder hergestellt worden waren, darunter Ghana, Madagaskar, Ecuador und die Dominikanische Republik. Er hatte diese jedoch nicht miteinander vermischt, sondern daraus einzelne Kuchen gebacken und sie dann wie ein Puzzle zur Form seines Heimatlandes zusammengesetzt. Darüber hinaus waren sie entsprechend der Weinregionen Frankreichs jeweils mit einem Wein getränkt, der wiederum perfekt mit der verwendeten Schokolade harmonierte. Eine geniale Idee. Zum Schluss wollte er alles mit einer weißen Schokoladenglasur überziehen, die er in drei Portionen geteilt hatte und einmal pur, einmal rot und einmal blau eingefärbt verwendete, um die Nationalflagge Frankreichs darzustellen.

Obwohl Cloizel ausgesprochen nervös wirkte, ging ihm die Arbeit leicht von der Hand. Die Aufgabe des Halbfinales wie auch des Finales war im Vorhinein bekannt gegeben worden, damit möglichst Eindrucksvolles geplant werden konnte. Man sah, dass er diesen Kuchen schon oft gebacken hatte. Auf Cloizels Schultern lastete viel, nicht nur die Erwartung einer großen Schokoladennation, sondern auch die seiner altehrwürdigen Familie. Würde er es nicht unter die ersten drei schaffen, wäre es eine Schmach, auf die sich die französischen Medien wie Geier stürzen würden. Denn Cloizel war ein Gigant, die Massen liebten es, wenn so einer fiel.

In Edward Macallans Pavillon lief ohrenbetäubend laute Dudelsackmusik, doch sein Kuchen war keine Hommage an die Heimat, sondern an das Meer. Er maß sicher einen Quadratmeter und bildete ein Stück Strand eins zu eins ab. Macallan war es gelungen, die Zuckermasse, mit der er das Wasser darstellte, vor der Aushärtung und dadurch vor der

Trübung zu bewahren. Auf den sandigen Grund unter diesem klaren Wasser hatte er Krabben und Krebse gesetzt. Dort, wo das Meer an den Strand spülte, lagen Algen und weißer Algenschaum, Muscheln und sogar ein Haifischzahn, alles aus Marzipan oder Schokolade, welche er mit Pistazien, Roter Beete oder Lakritz eingefärbt hatte. Adalbert stockte der Atem, so täuschend echt war es. Das Thema Wein hatte Macallan raffiniert umgesetzt – und wie beim Billard über Bande gespielt. Genau wie Cloizel hatte er den Kuchenteig getränkt, jedoch nicht mit Wein, sondern mit Edradour Single Malt Whisky, der in Weinfässern nachgelagert wurde. Und zwar nicht in irgendwelchen, sondern den edlen des Château d'Yquem aus dem Sauternes-Gebiet im Bordelais, welche den teuersten Süßwein der Welt enthalten hatten. Viel Whisky war in den Kuchen geflossen – viel aber auch in Macallan, dessen glasige Augen davon kündeten. Er arbeitete wie im Rausch, schien sich von seiner Intuition leiten zu lassen. Alles kam bei ihm aus dem Bauch heraus.

Adalbert befremdete dies, schließlich war Backen eine exakte Wissenschaft, eine Art chemisches Experiment im Ofen. Wahre Größe entstand dabei nur durch äußerst korrektes Messen und Arbeiten. Dieser Macallan würde mit seinem Sandkuchen deshalb hochkant verlieren. Adalbert hatte ihn zwar noch nicht probiert, aber da gab es keinen Zweifel. Zudem war er ihm in Anbetracht der Morde an zwei jungen Frauen bedeutend zu fröhlich.

Franky van der Elst hatte sich für ein Gebirge mit zwei Kuppen entschieden, die Bergspitzen von Eis gekrönt. Im Publikum, ganz vorne, stand van der Elsts Sohn und rief ihm Anweisungen zu, neben diesem der Schokoladenskulpteur Fred de Vaele mit hochtoupierter Einstein-Mähne und einer prächtigen Beule auf der Stirn, die Pits Kopfnuss geschuldet war. An seiner Seite: Mareijke Dovendaan. Was für eine Mischpoke!

Adalbert ging näher an van der Elsts Kuchen heran, um die Konsistenz der Berge zu prüfen. Sie waren nicht fest, sondern leicht wabbelig, und auf der weißen Spitze war ein kleiner Knubbel. Sie sahen fast aus wie … Brüste!

Nicht nur fast, das war ein Brustgebirge! Und nun goss er eingedickten Wein darüber!

»Den muss man vor dem Essen ablecken«, feixte van der Elst. »Und gefüllt sind sie mit süßer Milchcreme. Genial, oder?«

Kopfschüttelnd wandte Bietigheim sich ab. Immerhin war damit van der Elsts Ausscheiden im Wettbewerb besiegelt.

Im nächsten Pavillon werkelte Bill Bulldoss an einer Quadruple-Chocolate-Explosion, die aus Schokoladenkuchen mit Schokoladenstücken, Schokoladenmousse, Schokoladencreme, Schokoladenglasur, Schokoladenstreuseln und Schokoladensahne bestand. Dazu Schokoladeneis. Bulldoss hatte für alles die gleiche Schokoladensorte, Criollo aus Ghana, verwendet, jedoch mit unterschiedlichen Kakaoanteilen.

»Wo ist denn der Wein?«, fragte Adalbert.

»Der Wein? Wieso? Wo soll er sein?«

»Nun ja, das Thema ist schließlich *Wein & Torte*.«

»Wein kann man super dazu trinken!«

»Das reicht in diesem Fall nicht, darum ging es in der ersten Runde. Wenn Sie das Thema Wein nicht einbauen, fliegen Sie raus.«

»Sekunde!« Bulldoss verschwand und kehrte kurz danach mit einer Flasche zurück, die verdächtig nach einem der französichen Weine Cloizels aussah. Er rührte ihn in die Creme hinein. »Chocolate-Wine-Explosion!«

Wer mit so wenig Ernst und Disziplin heranging, dessen Ausscheiden war abzusehen!

Im nächsten Pavillon war es bemerkenswert ruhig, wie in einer Messe. Die Konzentration des Schweizer Chocolatiers, der jede Zutat sensibel und hochachtungsvoll wie Goldstaub behandelte, übertrug sich auf alle Umstehenden. Urs Egelis Torte war quadratisch, ganz schlicht. Doch Adalbert roch, was mit ihr los war, roch das Außerordentliche, das Spektakuläre.

»Hundert Prozent?«, fragte er.

Egeli nickte.

Für die Torte war ausschließlich hundertprozentige Schokolade verwendet worden, diese enthielt keine Kakaobutter, keinen Zucker, einfach nur Kakao pur. Hundertprozentige konnten staubtrocken und ungenießbar schmecken, doch der Professor erschnupperte, dass es bei dieser anders war. Keine Bitterkeit war zu erkennen, stattdessen Aromen von getrocknetem Obst und dunklem roten Wein. Diese Torte war, und das wusste Adalbert, ohne sie gekostet zu haben, einfach genial.

Dagegen würden es alle anderen Wettbewerber schwer haben.

So auch der Nächste auf Adalberts Runde. Ottavio Bertinotti hatte seinen Worten Taten folgen lassen und eine Torte im Andenken an Jana Elisa da Costa geschaffen. Aus Gründen der Trauer war er weiterhin komplett in Schwarz gekleidet, außerdem hatte er ein gerahmtes Foto Jana Elisa da Costas auf seine Küchentheke gestellt.

Die von ihm verwendete Schokolade war aztekisch gewürzt, unter anderem mit Chili, Cayennepfeffer, Piment, Vanille, Blütensamen sowie den gemahlenen Samen des Seidenbaumwollbaums. Verzichten musste er dabei natürlich auf »Hueinacaztli«, das beliebteste und wertvollste Schokogewürz der Azteken, hergestellt aus dem Blütenblatt der Ohrenblume und der Legende nach so wertvoll wie Gold. Doch wie es schmeckte, hatte bisher niemand herausfinden können.

Bertinottis Kuchen hatte die Form eines Fußballs, war außen gelb und innen grün – die Farben Brasiliens. Die

Glasur, die der Italiener gerade auftrug, bestand aus mit Zucker versetztem brasilianischen Weißwein. Den in der kurzen Zeit aufzutreiben verdiente eigentlich einen Sonderpreis.

Adalbert notierte sich einige Stichworte und wechselte zum siebten Pavillon. Jón Gnarr hatte Schweiß auf seinem Glatzkopf und war kurzatmig, denn sein Kuchen war ein Balanceakt – und wer ihn aß, zerstörte ihn. Das war zwar bei jedem Kuchen so, doch bei diesem traf es ganz besonders zu. Er hatte die Form eines Weinfasses und war mit einem echten Zapfhahn versehen. Drehte man diesen auf, floss schwerfällig eingedickter, süßer Wein heraus. So viel Kreativität hatte Adalbert dem Isländer gar nicht zugetraut.

Im letzten Pavillon werkelte Vanessa Hohenhausen. Ihr Kuchen sah aus wie eine Wolke. Er war ganz und gar weiß, eine Hymne aus Mehl, Eiern, Zucker, Marzipan und weißer Schokolade. Zudem hatte sie kaviarähnliche Kügelchen erzeugt, die komplett aus Wein bestanden, genauer gesagt, aus Rieslingsekt des Ahrtals. Wie schillernde Perlen umhüllten sie zusammen mit weißen Mandelsplittern und Kokosflocken den hellen Teig. Zu guter Letzt verlieh Zuckerwatte der Torte eine wolkenhafte Leichtigkeit. »Ganz in Weiß« lautete ihr Titel.

Bietigheim kamen sogleich die berühmten Zeilen von Roy Black in den Sinn »Ganz in Weiß mit einem Blumenstrauß / So siehst du in meinen schönsten Träumen aus / Ganz verliebt schaust du mich strahlend an / Es gibt nichts mehr, was uns beide trennen kann / Ganz in Weiß, so gehst du neben mir / Und die Liebe lacht aus jedem Blick von dir.« Normalerweise hörte er nur Klassik, vorzugsweise Wagner, doch bei Roy Black machte er eine Ausnahme. Der war schließlich so etwas wie der Wagner unter den Schlagersängern. Ohne sich dessen bewusst zu sein, summte Adalbert die Melodie und dachte an Hildegard zu

Trömmsen – und dann auch ein wenig an Josephine-Charlotte Baels.

Einige Journalisten durften dank einer zusätzlichen Akkreditierung näher an die Teilnehmer heran, allerdings nicht hinter den Tresen, und auch Blitzlicht war verboten, um die Chocolatiers nicht zu stören. Vanessa Hohenhausen war völlig in ihrer eigenen Welt und gab der Wolke durch einen Zupfer hier und ein Aufbauschen dort Form und Fülle. Ihre Augen glänzten wie die eines Kindes, das die größte und schönste Sandburg seines Lebens errichtet hatte.

Als ein Fotograf ihr zu nahe kam, schreckte sie auf, sah ihm direkt ins Gesicht, stutzte. Dann schrie sie und zeigte auf den vor ihr stehenden bärtigen Mann mit der klobigen Brille.

»Das ist er!« Sie griff sich ihr schweres, marmornes Nudelholz und holte aus, doch der Mann floh in die Menge, warf Brille und falschen Bart fort und verschwand in der Masse der Zuschauer und Journalisten.

Vanessa Hohenhausen erspähte Bietigheim im Publikum. »Das war der Mann, der mich heute Morgen beobachtet hat. Ganz bestimmt!« Der Professor hatte ihn nur kurz gesehen, doch eines war klar: Dies war nicht der Jaguarkrieger. Dessen Statur war völlig anders.

Die deutsche Kandidatin war am Ende ihrer Nerven. Als sie zurück zu ihrer Küchentheke ging, stolperte sie, versuchte reflexartig, sich irgendwo festzuhalten – und riss dadurch ihren gesamten Kuchen auf den Boden.

Es war nur wenig später, als Bietigheim die Manege betrat, die Spots angingen und ihn blendeten. Nichts ging mehr, die Jury hatte ihre Entscheidung gefällt. Die gespannte Stimmung einer Opernpremiere lag unter der Zeltkuppel, die von der Meeresbrise sanft bewegt wurde. Die Sitze waren bis auf den letzten Platz gefüllt. Das Medieninteresse stieg mit jeder Runde – und jeder Toten. Das Publikum hoffte zudem, die in der Manege aufgebauten Kreationen der Gewinner nicht nur sehen und fotografieren, sondern sie nach der Entscheidung auch probieren zu können. Doch da würden sie enttäuscht werden. Madame Baels lud am Abend die Sponsoren und ausgewählte Gäste zu sich ins Museum, wo die guten Stücke verspeist werden würden.

In der Mitte der Manege, deren Boden mit einer großen Plane bedeckt war, auf welcher ein Löwe prangte, stand ein Rednerpult samt eingebautem Mikrofon. Daneben das Podium für die vier Finalisten dieser Weltmeisterschaft. Vier andere würden sich jetzt aus dem Wettbewerb verabschieden müssen.

Adalbert zog seine Fliege zurecht. Den Sitz des Anzuges hatte er bereits zuvor penibel auf seinen Sitz kontrolliert. Nach einem kurzen, huldvollen Räuspern begann er in feinstem Oxford-Englisch mit seiner Rede, die er selbstverständlich auswendig gelernt hatte.

»Meine sehr verehrten Damen und Herren, liebe Vertreter der Medien. Eine gute Praline ist wie eine Zirkusattraktion. Sie lässt uns staunen, den Moment vergessen. Sie lässt uns fragen, wie so etwas möglich ist, obwohl wir es doch sehen oder vielmehr schmecken. Mit anderen Worten: Sie öffnet eine neue Welt. Unser Geruch ist der älteste unserer Sinne und eng verbunden mit dem Gefühlszentrum in unserem Gehirn. Wie nur wenigen anderen Genüssen – Wein ist einer davon, auch Käse, Tee, ein guter Whisky – gelingt es der Schokolade, uns emotional zu berühren – erst recht in Form einer Praline. Eine perfekte Praline ist wie ein süßer Kuss der sanftesten Lippen. Pures Glück.«

»Recht hast du, Adi!«, brüllte jemand aus dem Zuschauerraum. Wegen der Scheinwerfer konnte Adalbert ihn nicht sehen, aber die Stimme verriet, dass es sich um Wolfram handelte. »Wie ein Knutscher von meiner Elfi! Sag ich den Kunden auch immer«, setzte er hinterher.

»Männe, jetzt lass ihn doch mal ausreden. Kannst weitermachen, Adi! Ich halt ihm den Mund zu!«

Der Professor zog die rechte Augenbraue empor, räusperte sich abermals und presste ein Lächeln heraus. Weiter im Text. »Eine Praline ist ein komplexes, geradezu architektonisches Meisterwerk, in dem unsere Zunge für einen glücklichen Moment wohnen darf. Das perfekte Einzimmerappartement. Ein Kuchen ist im Vergleich dazu ein Schloss mit mehreren Etagen, manchmal sogar mit einer Aussichtsplattform. Man verbringt mehr Zeit mit einem Kuchen, schwelgt darin, flaniert. Der gustatorische Effekt, welcher bei einer Praline laut und überwältigend sein darf, muss bei einem Kuchen subtiler gesetzt werden. Es geht um einen Genuss, dem man sich länger als einen Moment anvertraut. Der einen nicht ermüden darf, sondern uns in seinen Bann zieht, bis man sich nicht mehr von ihm verabschieden will. Wir haben heute acht herausragende Torten sehen und probieren dürfen, von Meistern ihrer Kunst, die Schokolade zu dem ihr zugewiesenen, edelsten Zweck verarbeiten: um gegessen zu werden. Denn das ist es schließlich, worum es geht. Nicht um die bloße Freude des Auges.«

Ein missfälliges Grunzen verriet Adalbert, dass sein Pfeil Edward Macallan getroffen hatte. Wunderbar!

»Die Kunstwerke wurden nach technischer Schwierigkeit, Optik, Geschmack sowie Kreativität beurteilt. Denn ein großer Chocolatier ist kein Kopist, er ist ein Schöpfer.«

Für diese Runde waren extra einige ehemalige Weltmeister eingeflogen worden, um die Jury zu verstärken. Der Professor stellte nun alle vor und bat sie zu sich. Sie alle trugen eine Kochmontur samt Toque.

Eigentlich wäre nun der Moment gewesen, um offiziell mitzuteilen, dass alle Teilnehmer sich schriftlich verpflichtet hätten, nur noch fair gehandelten Kakao zu verwenden, doch es war einfach keine Zeit gewesen, ihnen und vor allem Cloizel eine Zusage abzuringen. Deshalb war es nun Zeit für die Schweigeminute zu Ehren der verstorbenen Jana Elisa da Costa. Ohne Absprache schloss der Professor gleich noch eine für Beatrice Reekmans an, die im Trubel bisher unverzeihlicherweise vergessen worden war.

Die Stille war bedrückend.

Alle atmeten auf, als Adalbert wieder das Wort ergriff und sich bedankte.

»Ich darf nun alle acht Chocolatiers in die Manege bitten, um sich rechts von mir aufzustellen.« Einzeln rief er sie auf, und sie betraten unter dem Jubel aller – vor allem ihrer extra angereisten Fans – das Rampenlicht. Den lautesten Beifall erhielt Lokalmatador Franky van der Elst, wogegen sich Jón Gnarr mit höflichem Applaus zufriedengeben musste.

»Der erste Finalist ist«, Adalbert machte eine lange Pause und kostete die Ungeduld des Publikums aus, »Pierre Cloizel aus Frankreich!« Lang anhaltender Applaus. »Seine französische Torte ist ebenso klug wie köstlich. Eine kleine kulinarische Tour de France in Tortenform.« Noch einmal brandete tosender Beifall auf. »Als Nächsten darf ich nach vorne bitten …«, diesmal ließ er sich sogar so lange Zeit, bis die ersten Pfiffe erklangen und jemand »Nu sag schon!« brüllte.

»… Edward Macallan aus Schottland!« Der Chocolatier rannte mit hochgerissenen Armen auf das Podest und sprang vor Freude in die Höhe, wobei er die Fersen seiner Schuhe zusammenschlug. Bei ihm mochte alles spielerisch aussehen, doch als Adalbert die Meerestorte gekostet hatte, war ihm sofort klar geworden, wie genau und exakt dieser Mann arbeitete. Sein Auftritt war Show, doch dahinter steckte ein herausragender Chocolatier.

»Van der Elst!«, brüllte nun jemand aus dem Publikum. »Wir wollen van der Elst!«

Adalbert senkte beschwichtigend die Arme. »Selbstverständlich wollen Sie Ihren Lokalmatadoren im Finale sehen. Seine Kreation war sehr gewagt.« Um nicht zu sagen, unanständig. Was hatten Brüste schon mit Schokolade zu tun?

»Der dritte Finalist ist…« Gespannte Stille lag im Raum. »… Franky van der Elst!«

Adalbert gefiel es nicht, aber einige Jurymitglieder waren von der Obszönität durchaus beeindruckt gewesen – und sie hatte tatsächlich durchaus gut geschmeckt. Besonders der später noch angelegte Karamell-BH. Ausschlaggebend war allerdings Madame Baels gewesen, die mehrere Unentschlossene dazu bewegt hatte, die Stimme für ihren Landsmann abzugeben. Mit Engelszungen hatte sie auf manchen eingeredet, anderen hatte sie, wenn gar nichts sonst mehr half, totale Unfähigkeit unterstellt. Adalbert hatte dies durchaus verletzt, doch gezeigt hatte er es selbstverständlich nicht. Und einer demokratischen Entscheidung stellte er sich niemals in den Weg.

Der nun ertönende Jubel war ohrenbetäubend. Mit zwei erhobenen Daumen und einem abfälligen Blick auf den Professor bestieg der Belgier das Podest.

»Nun zu unserem vierten und letzten Finalisten«, fuhr der Professor fort. Bill Bulldoss, Vanessa Hohenhausen, der amtierende Weltmeister Urs Egeli, Jón Gnarr und Ottavio Bertinotti standen noch zu seiner Rechten. »Alle hätten es verdient weiterzukommen, und ich bin niemand, der so etwas leichtfertig sagt. In anderen Jahren, bei einer etwas schwächeren Konkurrenz, hätte jeder Einzelne von ihnen das Finale erreicht. Doch niemals zuvor war eine Weltmeisterschaft der Chocolatiers besser besetzt, sodass es in diesem Jahr einzig Kleinigkeiten sind, die entscheiden. Der letzte Finalist ist…« Adalbert kostete die Spannung ein letztes Mal aus, denn er wusste, nun platzte eine kleine Bombe. »… Vanessa Hohenhausen aus Deutschland!«

Die gerade Aufgerufene konnte es nicht fassen. Sie hielt sich die Hände vors Gesicht, ihre Wangen wurden so rot, als hätte jemand Lampen in ihnen angezündet, Tränen strömten wie mit Hochdruck aus ihren Augen, und dann entlud sich ihr ganzes Glück in einem lauten Freudenschrei, bevor sie kopfschüttelnd das Podest betrat. Die Jury war nicht nur von der feinfühligen Balance der Torte und der wolkenhaften Art, wie sie über die Zunge flog, beeindruckt gewesen, sondern auch davon, wie die Deutsche innerhalb kürzester Zeit ihre gestürzte Torte wieder aufgebaut hatte. Das Unglück war im Nachhinein ein echter Glücksfall gewesen. Im wahrsten Sinne des Wortes.

Urs Egelis Gesichtszüge entgleisten in dem Tempo eines ICE, wogegen Bulldoss, Gnarr und Bertinotti tapfer Beifall spendeten. Adalbert tat der schweizerische Vertreter leid, dessen Torte aus hundertprozentiger Schokolade er für ein Weltwunder hielt und die seinem Sinn für bescheidene Eleganz und Perfektion am nächsten kam. Doch Egeli hatte eine vergleichbare Torte bereits beim Jubiläum seiner Pralinerie präsentiert. Wenn auch nur mit achtzigprozentiger Schokolade und bei Weitem nicht so perfekt austariert, doch eben im Ansatz gleich – das hatten die anderen Juroren nicht durchgehen lassen. Der Professor war sich trotzdem sicher, dass dieses Wunderwerk in der Schokoladenwelt für Furore sorgen würde.

Mittlerweile hatten sich Fotografen um die Finalisten geschart und ließen ein Blitzlichtgewitter auf sie niedergehen. Wenn sich alles etwas beruhigt hatte, würde Adalbert das weitere Procedere bekannt geben und zum Finale einladen, bei dem eine Schokoladenskulptur mit korrespondierenden Pralinen kreiert werden musste. Höchste Schwierigkeitsstufe.

Doch er kam nicht dazu.

Der Professor kam nicht mehr dazu, auch nur eine Silbe zu sagen.

Ein lauter Peitschenknall hallte durch das Zelt, dann noch einer und kurz danach ein weiterer. Dabei war der

Tierdompteur außer Haus. Das Publikum wurde unruhig und ängstlich. Weiterhin ertönten knallende Peitschen, allmählich wurde klar, dass die Geräusche von außen kamen und scheinbar rund ums Zelt liefen, unaufhaltsam, in stetem Takt. Die Ersten versuchten, das Zelt zu verlassen, doch der Eingang war verschlossen worden, von außen. Als dieses Wissen die Anwesenden erfasste wie eine große dunkle Welle, brach Panik aus, die sich in Angstschreien entlud, in Fluchtversuchen, aber auch in gezückten Handys – die teils zum Senden eines Notrufs und teils zum Filmen der panischen Menschenmasse benutzt wurden.

Das Peitschenknallen ging unaufhörlich weiter, und langsam begriffen alle, was es zu bedeuten hatte. Denn es passierte das, wovor die Gallier immer die größte Angst hatten: Der Himmel fiel ihnen auf den Kopf.

Der Professor blickte empor in die Spitze des Zeltes, die sich wie ein in sich zusammenfallender Heißluftballon näherte, und erkannte dort etwas Viereckiges, eine Art Paket, gelb mit schwarzen Punkten.

Jaguarfell.

Jetzt kam es rasend schnell näher. Die Menge hatte den Ausgang aufgerissen und stürzte hinaus. Bietigheim dagegen stellte sich neben einen der Scheinwerferpfeiler, welche die Plane aufhalten würden. Dann sackte der schwere Stoff rasant in sich zusammen. Der Professor wartete nicht lange und machte sich auf den Weg in die Mitte, wo die Botschaft des Jaguarkriegers niedergegangen sein musste.

Da lag sie.

Eine kleine Box, eingeschlagen in künstliches Jaguarfell und verschnürt.

Der Professor holte sein Schweizer Offiziersmesser hervor, das er seit dem Auftauchen des Jaguarkriegers in Phinchens Schlafzimmer durchgehend mit sich führte, und schnitt vorsichtig die Schnüre auf, entfaltete das Jaguarfell und drückte schließlich mit der Klinge den hölzernen Deckel empor.

In der Box befanden sich Obsidiansplitter.

Und Pralinen von Cloizel.

Auch Blutspritzer waren unübersehbar.

Immerhin war nun klar, auf wessen Kopf die Guillotine eingestellt war.

Es wurde ein langer Abend an der Bar des »De Boerenpummel«. Die Chocolatiers diskutierten die Juryentscheidungen und tranken belgisches Bier, das klassische, mit Hopfen, Malz und Hefe gebraute, aber auch außergewöhnlichere Sorten mit Kirschen, Himbeeren oder Gewürzen. Da gab es tolle Sachen, rund eintausend verschiedene Sorten, das hatte Pit nachgelesen. Einer der Gründe, warum er hergekommen war. Bier war einfach eine überzeugende Touristenattraktion.

Je lauter es an der Bar wurde, desto weniger ertrug Pit es, in seinem Zimmer zu bleiben. Doch ein Jurymitglied – und war es nur der Schokobär – war für die Stimmung nun mal Gift und darum unerwünscht. Hätte er wenigstens in die Stadt gehen und sich durch Brügges Kneipen trinken können. Zum Beispiel in dem von Taxikollegen empfohlenen »Het Dreupelhuisje« mit belgischer Livemusik in der Kemelstraat oder im berühmten urigen Pub »De Garre«. Pit hätte auch ein Ausflugsboot am Rosenkranzkai kapern und Schwäne jagen können oder, noch besser, an der Schokoladenorgie der Sponsoren und anderen Jurymitglieder teilnehmen können – wie Bietigheim jetzt. Doch dieser hatte klipp und klar gesagt, Pit müsse gerade an diesem Abend, an dem die Emotionen hochkochten, die Chocolatiers im Auge behalten. Pit hatte das Fenster offen und behielt sie im Ohr. Wenn es zu einem Streit käme, wäre er umgehend da.

Pit grummelte.

Er musste sich natürlich nicht an die Anweisung des Professors halten.

Pit Kossitzke war ja kein Angestellter!

Missmutig setzte er die zehnte Flasche Bier von seinen Lippen ab und stellte sie neben die anderen, die er auf dem Boden zu einem Kreuz aufgestellt hatte. Drum herum lagen strahlenförmig die länglichen Plastikschälchen von acht Frikandeln Speciaal. Heute hatte er auf Fritten verzichtet. Man sollte so etwas Gutes nicht zu oft essen, sonst verdarb man es sich. Also nur jeden zweiten Tag. Oder jeden anderthalbten. Wobei diese Regel natürlich nicht für Currywurst galt. Oder Bratwurst. Oder eine schöne Krakauer. Erst recht nicht für seine Lieblingswurst, die göttliche Käsekrainer. Aber das verstand sich ja von selbst.

Pit setzte die elfte Flasche an. Ein dunkles Quadrupel mit hohem Alkoholgehalt. 12 %, stand darauf. Gut so. Unter 10 % ließ Kummer sich eh nicht effektiv ertränken.

Pit sollte noch einige Bierflaschen damit beschäftigt sein, denn die Chocolatiers saßen bis zwei Uhr früh zusammen. In der Zwischenzeit hatte Pit lange mit Diana in Cambridge telefoniert und sich erkundigt, wie alles ohne ihn lief. Leider gut. Ein paar Probleme hätten Pit gefallen. Vielleicht wollte sie die ihm gegenüber auch einfach nicht zugeben. Es war schön, ihre Stimme zu hören, sich ihr Lächeln dabei vorzustellen, manchmal ihren vorwurfsvollen Blick und wie sie die Hand in ihre Hüfte stemmte oder diese eine widerspenstige Haarsträhne zurückstrich. Sonst kümmerte sich Pit immer um die. Er hatte Fotos von Diana auf seinem Handy. 3 786, um genau zu sein. Es waren immer noch nicht genug. Noch lieber sah er sich die Filme von ihr an. Diana hasste es, fotografiert zu werden, und noch mehr, wenn er sie filmte. Deswegen wehrte sie auf allen – zumindest auf allen, bei denen sie nicht schlief – Pits Filmversuche mit den Händen ab, hielt sich etwas vor das Gesicht oder rannte gleich davon. Dabei lachte sie manchmal, schaute wütend oder genervt. Pit liebte jeden ihrer Ausdrücke. Er hatte sich die kurzen Sequenzen nach dem Telefonat immer und immer wieder angeschaut, während das Bierkreuz bis zu den Zimmerwänden gewachsen war.

Nur kurz war er eingenickt, doch als er aufwachte, ging das Licht nicht mehr. Stromausfall. Ein Blick aus dem Fenster verriet ihm, dass dieser wohl ganz Brügge betraf, denn selbst in der Ferne war kein Leuchten auszumachen. Er zündete sich eine Zigarette an und machte sich auf den Weg zur Bar. Alle Flaschen waren leer, jetzt brauchte er Nachschub.

Es war still, als Pit auf Socken durch den Hotelkorridor schlurfte – und es machte irre Spaß, auf dem glatten Boden etwas Anlauf zu nehmen und ein paar Zentimeter zu gleiten. Ein bisschen wie Surfen. Sockensurfen.

So kam es, dass Pit fast geräuschlos die finstere Hotelbar betrat.

Und etwas sah.

Edward Macallan war noch wach und saß am hinteren Ende des Tresens. Er hielt eine Bierflasche in der Hand und redete mit jemandem. Aufgebracht.

Dieser Jemand stand draußen vor der geöffneten Terrassentür. Nebel war vom Meer herübergezogen, kroch sogar bis in die Bar. Pit kam sich wie in einem Edgar-Wallace-Film vor.

Als die Person seine brennende Zigarette sah, rannte sie davon in die Nacht, die sie verschluckte wie eine ausgehungerte Spinne die Fliege im Netz.

Pit rieb sich die Augen. Wie viel Bier waren es gewesen? Na ja, so viele, dass er mit dem Zählen aufgehört hatte.

Die Person hatte ausgesehen wie eine Person, die er schon einmal gesehen hatte.

Sie hatte ausgesehen wie Jana Elisa da Costa.

KAPITEL 8

Das Leben ist wie eine Schachtel Pralinen …

… die Werbung verspricht viel zu viel.

Das Licht sprang wieder an. Der Kühlschrank begann zu brummen. Die Stereoanlage spielte etwas Dudeliges. Edward Macallan drehte sich überrascht um. »Hey, Mann! Was machst du denn noch so spät hier? Auch durstig? Das ist der späte Durst, kenn ich, dem muss man nachgeben.« Er griff eine Dose Amstel aus dem deckenhohen Kühlschrank und warf sie Pit zu, der noch genug Reflexe hatte, um sie sicher zu fangen. Manche Reflexe verlor er nie – egal, wie viel Alkohol sich in seinem Blutkreislauf befand.

»Wer war das?« Pit öffnete die Dose mit einer Hand.

»Wer war was?« Macallan drehte sich zu ihm um und zog fragend die Augenbrauen hoch.

»Die Frau gerade. Wer war das?«

»Du hast schon was getrunken, oder?«

»Ich hab sie gesehen. Verarsch mich nicht!« So leicht würde Pit sich nicht abservieren lassen.

»Keine Ahnung, wovon du redest.«

»Du bist ein schlechter Lügner, Eddie. Ich darf doch Eddie sagen, oder? Klar darf ich das. Setz dich, ich hab keinen Bock zu stehen, meine Muskeln pennen schon. Also hier an den Tisch mit dir.«

Macallan ließ sich nieder. »Wollte ich sowieso gerade. Aber Mann, da war echt niemand. Wie soll das auch gehen? Die Polizei bewacht das Hotel doch seit dem Mord rund um die Uhr.«

»Also hast du mit dir selber geredet? Und zwar ganz schön laut?«

Der Schotte blickte zu Boden. »Ja, Mann, hab ich. Sag's keinem, okay? Sonst denken die noch, ich wäre ein Spinner und sie könnten mich im Finale knacken. Ich brauch das mit dem Quatschen, weißt du, im Spiegel oder jetzt nachts vor einer Glasscheibe, die spiegelt ja auch. Da motiviere ich mich, als wäre ich mein Zwillingsbruder, sporne mich an. Hat halt jeder so seine Ticks. Ich höre auch – nicht lachen!«

»Ich lache nicht.«

»Cliff Richard. Das ist echt das Schlimmste. Aber ich mag's.«

»Ich mag Reinhard Mey.« Das behielt Pit ja sonst gern für sich, aber zum Zwecke der Ermittlungen würde er heute mal eine Ausnahme machen.

»Kenn ich nicht.«

»Sagen wir es so: Der ist von Heavy Metal so weit entfernt wie Schottland vom Mons Huygens.«

»Mons Huygens?«

»Dem höchsten Berg auf dem Mond.«

»Oha.«

»Sag ich ja.« Pit stieß mit dem merkwürdigen Burschen an. »Also war das gar nicht Jana Elisa da Costa, sondern deine Spiegelung?«

»Das wäre ja sonst echt gruselig gewesen. Da war gar keiner.«

Einen Moment lang hingen beide ihren Gedanken nach.

»Kanntest du sie? Gut?«, fragte Pit dann.

Macallan beugte sich vor und blickte auf seine Hände. Hinter ihm an der Glasfront der Veranda türmte sich der Nebel auf. »Jana hat mal ein Praktikum bei mir gemacht, vor drei Jahren war das. Aber auch bei Cloizel und Egeli. Sie hatte viel Ehrgeiz, den von der guten Art, der einen erst dazu bringt, etwas Besonderes zu erreichen. Noch ein paar Jahre, nicht viele, und sie wäre ein ernst zu nehmender Anwärter auf den Weltmeistertitel gewesen. Und das hätte in ihrem Land sicherlich einen kleinen Schokoladenboom ausgelöst. Die Medien hätten sich auf sie gestürzt: so schön und dann auch noch so begabt. Mann, sie war eine Traumfrau.«

Pit setzte das Bier ab und wischte sich die Lippen mit dem Unterarm trocken. »Deine Traumfrau?«

Macallan holte tief Luft. »Ja, auch meine.«

»Dafür nimmst du ihren Tod aber verdammt locker.«

Macallan atmete tief durch und nahm dann einen langen Schluck. »Ich verdränge das. Kann's mir so kurz vor dem Finale einfach nicht erlauben. Wenn alles vorbei ist, dann werde ich trauern, weil es dann rausmuss aus mir. Das will es jetzt schon.« Er kniff die Augen zusammen. »Darfst du überhaupt mit mir reden? So als Jurymitglied?«

»Bin gerade außer Dienst. Bin nur Pit. Und Pit darf mit allen reden. Eine Frage hätte er noch: Dir ist schon klar, dass der Mörder von Jana Elisa einer von euch Chocolatiers sein muss und auch der von Beatrice Reekmans? Und das es nicht derselbe ist? Dass also zwei von euch Mörder sind?«

Macallan hielt es nicht mehr auf dem Stuhl, es sah fast so aus, als würde er herausgeschleudert. »Quatsch! Keiner von denen wäre dazu fähig. Dafür lege ich meine Hand ins Feuer. Echt!«

»Dann verbrennst du dich aber tierisch.« Pit legte ihm die Beweiskette dar.

»Scheiße!« Macallan strich sich durch die Haare. »Glaub ich trotzdem nicht, kann ich nicht, das sind alles gute Jungs und Mädels. Wer mit Schokolade zu tun hat, kann kein schlechter Mensch sein.«

»Na klar. Wer mit Gott zu tun hat, kann auch kein schlechter Mensch sein. Wer mit Kranken zu tun hat, kann sowieso kein schlechter Mensch sein. Leider missbrauchen die einen Kinder, und die anderen treiben Organhandel. Natürlich nicht alle, klar, aber überall gibt's schwarze Schafe. Auch bei solchen Süßkrampanschern wie euch.«

»Das hier sind Künstler!« Macallan gestikulierte wild durch die Luft.

»Van der Elst hat Schwabbelbrüste gemacht!«

»Was ist mit dir los? Sind Brüste etwa keine Kunstwerke? Kennst du was Schöneres?«

Pit lachte schallend. »Du bist in Ordnung, Mann.«

Er konnte erst weiterreden, nachdem er einen Schluck von seinem Bier genommen hatte. »Hatte die da Costa eigentlich mit irgendwem Streit?«

»Das hat die Polizei längst gefragt. Und nicht nur einmal. Echt. Es hat irgendwann richtig genervt. Sie hatte mit keinem Streit. Wir mochten sie alle, und sie stellte für keinen eine Gefahr da. Das schwöre ich bei dem Single Malt meiner Familie.« Er holte einen Flachmann aus seiner Hosentasche, drehte den Deckel ab und schüttete etwas daraus in sein Bier. »Das ist sonst zu dünn. Weißt du, Alkohol ist Geschmacksträger.«

»Und ob ich das weiß«, sagte Pit, beugte sich zu Macallan über den Tisch und griff sich den Flachmann. »Wer wird gewinnen?«

»Ich.« Der Schotte grinste nicht.

»Ehrlich?«

»Ich, ehrlich. Aber fragst du die Buchhändler, sagen sie Cloizel. Und zwar 7:1. Van der Elst 18:1, ich stehe aktuell bei 22:1 und Vanessa bei 53:1. Was ist? Warum guckst du so?«

Cloizel! Mist, den musste er doch noch fragen, ob alles klarging mit der Umstellung auf fairen Kakao. Hatte der Professor gesagt. Na ja, dann also ran. So spät war es ja noch gar nicht. Zumindest in Australien.

Pit klopfte gegen Cloizels Tür, unter der noch Licht durchschien. Doch niemand öffnete. Sicherheitshalber trat er die Tür ein. Bloß nicht noch eine Leiche. Es wäre wirklich schade um den begabten Chocolatier – außerdem wollte Pit langsam in die Koje.

Pierre Cloizel war quicklebendig. Er saß an dem kleinen Hotelschreibtisch, trug Sakko, Hemd und Krawatte sowie Boxershorts mit dem aufgestickten Emblem seiner Familie, einer doppelten Aster. Pierre blickte auf den Bildschirm seines Laptops, der in vier geöffneten Programmfenstern jeweils ein anderes Gesicht zeigte, live zugeschaltet. Nur kurz blickte der Franzose auf, als Pit die Tür eintrat, dann wandte er sich sofort wieder dem Bildschirm zu. Was dort geschah, war augenscheinlich viel wichtiger als ein um Mitternacht in sein Zimmer polternder Rocker.

»Dann lasst uns einen Zeitplan festlegen und diesen kommunizieren!«, sagte der Franzose nun.

»Pierre, willst du es nicht verstehen?«, kam die Antwort aus den Lautsprechern des Laptops. Wenn Pit es richtig sah, sprach der Mann oben rechts im Bild. »Es geht nicht. Nicht heute, nicht morgen, nicht in einem Jahr, nie. Bei unseren Mengen ist es völlig unmöglich. Wo willst du das fair gehandelte Zeug herbekommen? Wir müssten erst die Strukturen legen.«

»Dann lasst uns das tun! Wir können doch sofort damit anfangen. Und die Entscheidung kommunizieren.«

Eine andere Stimme erklang, älter und kälter, eine Stimme, die keine Widerworte gewohnt war und der man nicht dazwischenredete. Der ältere Herr unten rechts im Bild sah aus, als sei er mit Pierre verwandt. Sein Vater vielleicht oder sein Onkel. »Es ist grober Unfug. Und ich sage es ein letztes Mal: Unsere Preispolitik lässt es nicht zu. Es wäre wirtschaftlicher Selbstmord. Sei nicht so blauäugig, Junge!«

»Es muss doch eine Möglichkeit geben!« In Cloizels Stimme war Verzweiflung zu hören.

»Ja, die gibt es. Du erhältst einen Bodyguard. Wir haben ihn bereits organisiert, er trifft Ende der Woche ein.«

Pierre lachte trocken. »Es ist ja nicht euer Leben, das auf dem Spiel steht! Dann killt dieser Jaguarkrieger eben erst den Bodyguard und dann mich. Ein Mord mehr wird ihn nicht kratzen.«

»Du reagierst völlig über. Konzentriere dich auf die Weltmeisterschaft!«, ertönte nun die Stimme der älteren Dame im Fenster oben links. Auch hier war die Ähnlichkeit unverkennbar. Vermutlich seine Mutter.

Jetzt wurde er laut. *«Wie denn, wenn ich ganz oben auf der Liste eines verrückten Killers stehe?«*

»Das Gespräch ist beendet«, verkündete nun erneut der Mann unten rechts.

Die Gesichter verschwanden eines nach dem anderen vom Bildschirm. An ihre Stelle trat Schwärze.

Der junge Franzose drehte sich zu Pit um. Seine Augen waren gefüllt, aber nicht mit Tränen. In ihnen lag etwas Schwereres, das sie rötete und sich nicht einfach wegreiben ließ. Es war Angst. Die Angst eines Mannes, der wusste, dass der nächste Tag schon sein letzter sein konnte.

Adalbert zögerte. Seine rechte Hand wollte die linke von Madame Baels halten. Wie ein selbstständiges Wesen drückte sie von innen gegen den Stoff seiner Jackentasche. Niemand konnte etwa dagegen haben, wenn sie es täte, oder? Hand in Hand durch Brügge zu gehen würde ja nichts bedeuten, selbst Kinder taten es. Es war ein harmloses Zeichen der Zuneigung. Fast eine Geste reiner Höflichkeit.

Adalbert ließ seine Hand hinaus an die frische Luft und machen, was sie wollte. Josephine-Charlotte Baels Hand wollte anscheinend auch. Und zwar sofort.

Brügge sah mit einem Mal ganz anders aus.

Die Gassen waren nicht länger eng, sondern pittoresk,

die Sonne nicht verhangen, sondern von einem zarten Pastell. Und überhaupt war Brügge fraglos die schönste Stadt der Welt.

»Das dahinten, mein lieber Adalbert, das graue Haus mit der Nummer 38, ist das älteste Wohnhaus von Brügge, 1468 erbaut! Das Motto von João Vasquez, des Mannes, der es damals beauftragte, können Sie dort an der Natursteinfassade lesen: A bon compte avenir.«

»Die Zukunft gehört dem, der gut aufpasst.« Adalbert lächelte. »Wie recht er hat. Aber lassen Sie uns gleich weiter spazieren, mir ist heute nach gehen, gehen, gehen.«

Das stimmte nicht. Ihm war danach, Mareijke Dovendaan zu verfolgen. Am Morgen nach einer erfreulich ereignislosen Nacht – zumindest was das Auftauchen von Männern in Kostüm betraf – waren Phinchen und er zum Museum gegangen, um die Details der Finalrunde zu besprechen. Er hatte natürlich nur Augen für die Museumsleiterin gehabt, zumindest bis Mareijke Dovendaan den Raum betrat. Fahrig war sie gewesen, ihre Pupillen aufgescheucht wie Hühner. Sie erzählte, dass sie einen Anruf auf ihrem tragbaren Telefon erhalten habe und nun ganz schnell nach Hause müsse, ihrer Mutter gehe es schlecht und ihr Vater sei auf der Arbeit.

Madame Baels gab ihr selbstverständlich frei und Genesungswünsche mit auf den Weg.

Doch Adalbert hatte gleich erkannt, dass Mareijke Dovendaans Unruhe nicht in Sorgen und Kummer begründet war. Immer wieder hatte sie ihr Kleid zurechtgezupft und den Sitz ihrer Ohrringe kontrolliert. Da musste etwas anderes dahinterstecken.

Der Professor hatte es daraufhin plötzlich sehr eilig gehabt, Benno angeleint und sich unter dem Vorwand, der Vierbeiner würde Anzeichen dringenden Wasserlassens zeigen, für einen Spaziergang verabschiedet.

Benno pennte.

»Klares Zeichen dafür, dass er muss. Sonst schläft er nie so tief. Wenn ich jetzt nicht mit ihm gehe, passiert gleich ein Unglück.«

»Wissen Sie was? Ich komme mit.« Madame Baels griff sich ihren Mantel. »Ein wenig frische Luft tut doch immer gut. Da werden die Wangen so schön rosig. Wie sonst nur beim Küssen.« Sie warf ihm einen schmachtenden Blick zu. »Und Sie können mir etwas über Ihre legendäre Abhandlung ›Kakaobutter und Kakaomasse – Die ungleichen Brüder, eine Streitschrift‹ erzählen. Ein famoses Werk!«

Adalbert nickte, da hatte sie recht. »Ebenso verhält es sich mit ›Die Milchschokolade – Ein Missverständnis in holistisch-historischer Darstellung unter Einbeziehung von Kinderriegeln‹.«

»Ich wollte es gerade erwähnen. Schlaflose Nächte hat es mir bereitet.«

»Nicht nur Ihnen, Phinchen.« Adalbert lächelte. Diese Frau verstand ihn wirklich!

Und so kam es, dass er nun mit diesem prachtvollen Weib Mareijke Dovendaan verfolgte – ohne dass eine der beiden Frauen wusste, was vor sich ging.

Die St.-Salvatorskoorstraat mündete nach rund hundert Metern in den Simon Stevinplein. Viele der rings um den malerischen kleinen Platz liegenden Gasthäuser hatten Stühle und Tische herausgestellt, von denen die meisten besetzt waren. Bäume bildeten ein Karree, in dessen Mitte ein Denkmal für Brügges berühmtesten Sohn, den Naturwissenschaftler Simon Stevin, stand. Er hatte unter anderem die Unmöglichkeit eines Perpetuum mobile bewiesen, das Komma bei Dezimalzahlen eingeführt und erklärt, dass die Anziehungskraft des Mondes verantwortlich für die Gezeiten war.

Als Adalbert die Statue sah, fragte er sich unwillkürlich, wo nach seinem Dahinscheiden Denkmäler für ihn errichtet würden. Epoigey, Cambridge und Hamburg planten sicher bereits, doch es sollten schon noch ein paar Hauptstädte dazukommen. Sicher würde sein bald erscheinender, geradezu revolutionärer Bildband über »Whisky – Alle Dellen der Brennblasen schottischer Destillerien und ihre transhistorische Geschichte« dazu führen.

Die nächsten Meter verliefen ruhig, es waren viele Menschen auf den Straßen, sodass Mareijke Dovendaan ihn und Madame Baels nicht direkt ausmachen konnte, aber doch so wenige, dass die Verfolgung problemlos möglich war. Das Einzige, was Adalbert störte, waren die unerträglichen Plakate für die Frittenolympiade. Geschmacklos zeigten sie riesige, vor Fett triefende Pommes, die mit lachenden Gesichtern und Lorbeerkränzen auf einem Podest tanzten. Wie viel schöner waren da die Plakate der Chocolatiersweltmeisterschaft, auf welchen fröhliche Pralinen mit Siegerkränzen um den Belfried tanzten. Lustig und trotzdem mit Niveau. Es ging doch! Aber die vielen Fritten hatten diesen Olympiadefatzkes sicher längst die Hirne verfettet.

Adalbert beschloss, sie einfach nicht mehr anzusehen.

In der Kemelstraat befand sich das »Brugs Beertje«, eine der beliebten Bierkneipen, in dessen Innerem es mehr Biersorten als Sauerstoffmoleküle gab.

Benno zog an der Leine, stürmte darauf zu und suhlte sich in einer dunklen, braungrünen Lache, welche die Konsistenz von Schmieröl hatte und aus der kleine Knöchelchen hervorschauten.

Adalbert lächelte entschuldigend zu Madame Baels, als sich die Tür der Kneipe öffnete und einen Mann ausspie wie Katzen einen Fellklumpen.

»Dr. Bietigheim! Na, so ein Zufall!«, stolperte dieser auf Adalbert zu. Er hatte eine Fahne, die sicherlich bis über die belgische Grenze in die Niederlande reichte und dort Windkrafträder antrieb.

»Professor Dr. Dr. Bietigheim«, korrigierte Adalbert. »So viel Zeit muss sein.«

Es war Hauptkommissar Pieter Aspe, der nun eine Hand auf Bietigheims Schulter legte. Mit der anderen hielt er ein Bierglas.

»Lassen Sie uns reden! Wir zwei, ja, wir hatten einen scheiß Start. Also machen wir jetzt einen Neustart. Sie sind zwar ein hochnäsiger Arsch, aber clever. Ich bin cleverer, aber ich komme nicht weiter«, lallte Aspe. »Wir sollten reden, einfach mal quatschen, uns austauschen. Ich mach Sie zum Hilfssheriff. Kommen Sie, ich geb Ihnen ein Bier aus oder auch zwei, ist mir egal, wie viele, die haben Hunderte Sorten hier. Sie sind mein Gast.« Aspe zerrte an Adalberts Maßanzug aus Merinowolle.

Zur gleichen Zeit näherte Mareijke Dovendaan sich der nächsten Abzweigung. Wenn er sie nicht verlieren wollte, musste er schleunigst hinterher.

Aspe reichte ihm die Hand. »Kommen Sie, Doktor, lassen Sie uns zusammenarbeiten, dann kriegen wir den Saukerl schon. Ich hätte nie gedacht, dass ich so was mal zu einem deutschen Touri sagen würde, und ich mach es sicher auch nie wieder, aber: Ich bin der Pieter!«

Mareijke Dovendaan bog rechts ab.

»Ein andermal. Und es heißt Professor Dr. Dr. Bietigheim. Merken Sie sich das, und gehaben Sie sich wohl.« Bietigheim drückte Phinchens Hand und machte sich festen Schrittes von dannen.

»Sie sind echt das größte Arschlosch, das hier herumläuft!«, brüllte der Hauptkommissar ihnen hinterher. »Von mir erfahren Sie nix mehr! Und wenn ich Ihnen das Leben schwer machen kann, dann werde ich das mit vollem Einsatz tun.« Aspe rülpste laut und wütend, bevor er, unentwegt fluchend, wieder im »Brugs Beertje« verschwand.

»Warum haben Sie nicht ihm gesprochen?«, fragte Madame Baels nun.

Adalbert lächelte sie an. »Weil wir beide nun spazieren gehen. Und nichts könnte wichtiger sein.« Er beschleunigte seinen Schritt und zog Benno von einer orangelila Pfütze fort.

»Sie alter Schmeichler.« Phinchen schmiegte sich an ihn. »Sie haben im Zirkuszelt so schön über Küsse und Pralinen geredet. Es klang, als kennten Sie sich damit gut aus.«

»Nun ja, auch Professoren ist das Küssen nicht untersagt.«

»Man müsste Pralinen und Küsse mal einem direkten Vergleich unterziehen. Ups, da habe ich ja sogar eine kleine Schachtel Pralinen in der Tasche. Brugsche Swaentjes!«

Der Schwan war das Wappentier Brügges und die schokoladige Stadtpraline mit einer würzigen Ganache gefüllt, deren genaue Zusammensetzung ein Geheimnis blieb. Plötzlich hatte der Professor eine davon im Mund. Phinchen sah ihm tief in die Augen. »Jetzt benötigen wir nur noch einen Kuss. Ganz schnell.« Ihr Gesicht kam näher. Die Praline war von ordentlicher Qualität, wenn auch die verwendete Schokolade höchsten Ansprüchen nicht genügte und sie deutlich zu viel Zucker sowie Vanillearoma anstatt echter Vanille enthielt. Ein Problem hatte Adalbert zudem mit der Schwanenform. Die Ablehnung gegenüber diesem Großgeflügel war durch seinen Cambridge-Aufenthalt weiter gewachsen. Brügge war aufgrund eines Besuchs des ungeliebten Kaisers Maximilian von Österreich im 15. Jahrhundert zu seinem Wappentier gekommen. Die Bürger riefen damals zum Aufstand gegen ihn und seine Steuererhöhungen auf und sperrten den Kaiser mitsamt des von ihm eingesetzten Bürgermeisters Pieter Lanckhals ein. Letzteren richteten sie später hin. Als Maximilian wieder frei war, erließ er das Dekret, dass auf den Grachten Brügges Schwäne – Langhälse – gehalten werden müssen, denn ein weißer Schwan war das Wappentier von Pieter

Lanckhals. Ob Phinchen diese Geschichte kannte? Ganz sicher, doch vielleicht nicht in sämtlichen historischen Details.

Adalbert öffnete gerade den Mund, um ihr diese ausführlich zu schildern, als sich ihre Lippen auf die seinen legten. Sie schmeckte nach Schokolade. Er war so überrascht, dass er vergaß zurückzuküssen. Es passierte ihm selten, einfach so geküsst zu werden. Eigentlich nie.

Madame Baels setzte ab und holte tief Luft. »Das habe ich jetzt gebraucht.« Sie fuhr sich durch ihr wallendes Haar. »Und ich muss sagen, mein lieber Adalbert, Pralinen allein sind schon sehr gut, aber in Kombination mit Ihren Küssen sind sie sogar noch besser.« Sie kicherte wie ein kleines Mädchen. »Das müssen wir bald wiederholen. Sie sind ein Genuss, mein Lieber.«

»*Und kein Genuss ist vorübergehend, denn der Eindruck, den er zurücklässt, ist bleibend. – Wilhelm Meisters Lehrjahre,* Johann Wolfgang von Goethe. Sie sind auch ein Genuss, Phinchen, ein Hochgenuss sogar.«

»Na, dann wollen wir doch gleich noch mal …«

Ihr Gesicht näherte sich erneut, doch Mareijke Dovendaan nahm die nächste Abzweigung.

Der Professor marschierte los und zog Phinchen hinter sich her.

»Lassen Sie Mareijke doch gehen«, sagte sie vorwurfsvoll. »Es ist äußerst uncharmant, mich wie die zweite Geige zu behandeln.«

Bietigheim war ehrlich konsterniert. »Sie wissen, dass ich Mareijke Dovendaan verfolge?«

»Mein lieber Adalbert, eine Frau spürt, wenn ihr nicht die Aufmerksamkeit zuteilwird, die sie verdient hat.« Sie warf ihm einen strengen Blick zu.

»Ich bitte vielmals um Verzeihung, Gnädigste. Sie haben völlig recht. Aber es geht um den Mord, und Mareijke …«

»Sie müssen Mareijke nicht verfolgen.«

»Wie kommen Sie zu dieser Ansicht?« Adalbert legte seinen Kopf leicht schief.

»Sie trifft sich mit Fred de Vaele.«

»Genau darum geht es mir ja! Sie haben solch ein gutes, reines Herz, Phinchen, deshalb können Sie sich nicht in die Psyche einer Mörderin versetzen. Mareijke Dovendaan wollte de Vaele für sich haben und musste Beatrice Reekmans deshalb ausschalten.«

Die amtierende Chocofee betrat ein Ladenlokal in der Steenstraat, auf welcher sich allerlei Geschäfte, Boutiquen und Shops aneinanderreihten und sie zur belebtesten Einkaufsstraße Brügges machten. Einige der Häuser gehörten einst den Zünften, wovon noch immer Namen und Symbole zeugten. Der Laden, in dem Mareijke Dovendaan verschwunden war, stand leer. Plakate kündeten davon, dass hier bald eine neue Chocolaterie eröffnen würde – von Urs Egeli, der sich als erster Schweizer hierherwagte. Das hatte im Vorfeld bereits zu Unruhen unter den hiesigen Schokoladenkünstlern geführt.

Adalbert stellte sich auf die Zehenspitzen und blickte durch das zu drei Vierteln mit Zeitungspapier abgeklebte Schaufenster. Die Regale waren bereits aufgebaut, allesamt rot wie die Schweizer Nationalflagge, der Boden weiß gekachelt, eine gläserne Kühltheke, an der Wand dahinter eine riesige Fototapete mit dem Matterhorn.

In der Mitte des Raumes stand de Vaele und arbeitete mit tropfenden braunen Händen an einer hüfthohen Schokoladenskulptur. Mareijke Dovendaan entkleidete sich bereits, doch sie war nicht das Hauptmotiv. Sie würde dem großen Klumpen Form geben, der neben diesem stand. Und wenn sich Adalbert nicht täuschte, und das tat er ganz bestimmt nicht, war das Hauptmotiv ein Jaguar.

»Bea hatte keine Beziehung mit Fred«, hörte er Madame Baels Stimme hinter sich. »Doch verliebt war sie, ja, bis über beide Ohren. Offiziell stand sie Fred Modell, doch in

Wirklichkeit versuchte sie immer, so schnell wie möglich von dort fortzukommen, um sich mit ihrem Geliebten zu treffen. Natürlich durfte keiner davon wissen, doch mir vertraute sie sich an. Hätte ihre Familie es herausgefunden, es wäre ein Skandal gewesen! Ihre Kleine, ihre Prinzessin, ihre Erbin, alles hätte sie sich erlauben dürfen, nur das nicht.«

»Sie meinen also ...?«

»Ja. Das meine ich.«

»Sie hatte eine Beziehung mit Franky van der Elst ...«

»... seinem Sohn. Emile. Ganz genau.«

Adalbert riss die Augen auf. »Nein!«

Sein Ausruf drang durch die Fensterscheibe zu Mareijke Dovendaan und Fred de Vaele.

Beide blickten überrascht zu ihm.

Er winkte freundlich.

Und hätte sich in diesem Moment am liebsten mit Benno in irgendeinem Schlamm gewälzt, bis keiner ihn mehr erkannte.

Pits Bierträume waren immer sehr lebendig – und am nächsten Morgen roch das Zimmer danach. Er lüftete ordentlich durch und sah, dass Hildegard zu Trömmsen mehrfach auf seinem Handy angerufen hatte. Sie drehte gerade am Rad wegen der Sache mit Josephine-Charlotte Baels. Jahrelang hatte sie Bietigheim am Haken zappeln lassen, und nun wollte halt eine andere Anglerin den großen Brocken für sich haben. Selbst schuld. Er würde sie nicht zurückrufen. Stattdessen ließ Pit sich eine Wanne volllaufen und weichte seinen Körper ein. Mehrmals ließ er heißes Wasser nach und baute mit dem Schaum kleine Schneelandschaften auf seinem Schmerbauch. Gleich würde er in aller Ruhe frühstücken, vielleicht kurz zur Frittenolympiade fahren, um dort das zweite Frühstück einzunehmen, und dann erst nach einem reichhaltigen Mittagessen zum Professor gehen, um Instruktionen für die weitere Ermittlung abzuholen, vielleicht auch erst nach einem stärkenden Bierchen in einer netten Kneipe. Immerhin war das Ganze hier Urlaub.

Pit wollte sich gerade auf den Weg zum Frühstück machen, als er einen Zettel entdeckte, den jemand unter der Tür durchgeschoben haben musste. Die Schrift kannte er. Sie war weit ausholend, voller Schnörkel und trotzdem exakt.

Anordnung zur Überwachung: van der Elst junior. Umgehend.

Kein Bitte, kein Danke. Der alte Charmeur …

Eine unauffällige Beschattung durchzuführen war in Pits Fall nahezu ein Ding der Unmöglichkeit. Ein Mann wie er fiel in den Touristenscharen Brügges auf wie ein Schwan inmitten von Enten. Oder eher wie ein Krokodil. Mit Nietenjacke und Lederstiefeln. Erst recht in seinem deutschen Taxi.

Doch Pit hatte Glück, denn der junge van der Elst rechnete nicht damit, dass irgendjemand ihm folgen würde, und hatte kaum Augen für seine Umwelt. Es war nicht schwer gewesen, das Haus der van der Elsts zu finden. Sie lebten im Stadtteil Koolkerke, etwas außerhalb des Zentrums im Osten der Stadt. Das Haus war ein Neubau aus den Fünfzigerjahren, nicht besonders schön, dafür groß, mit einem Garten, der fast schon ein kleiner Park war. Van der Elst junior lebte zwar noch bei seinen Eltern, bewohnte aber die ganze obere Etage allein.

Pit hatte ein bisschen im Internet über ihn recherchiert. Der junge Bursche hatte bei einigen Patissiers gelernt, aber nicht wie Jana Elisa da Costa im Ausland, sondern ausschließlich in Belgien, bei Galler, Neuhaus und Aristoteles. Zuvor hatte Emile jedoch eine ganz andere Laufbahn eingeschlagen, war Lead-Gitarrist in einer Rockband namens »Bake That Cake« gewesen, die sogar einen kleinen Hit hatte landen können. Doch dann war die – wie es in seiner Vita hieß – Liebe zur Chocolatierskunst in ihm erwacht.

Emile van der Elst fuhr mit einem sportlichen Mountainbike ohne Lichter, Schutzbleche oder Gepäckträger zur Arbeit. Er fuhr schnell, der Verkehr schien ihn nicht zu interessieren, mehr als einmal wurde er wütend angehupt. Ein Höllenritt. Pit kam kaum hinterher. Am Groote Markt verlor er ihn schließlich, denn in der Innenstadt lösten die Touristen die Grenzen zwischen Straße und Bürgersteig auf. Sie waren einfach überall.

Dann zog ein Tumult in der Breydelstraat Pits Blick auf sich. Vermutlich war die ältere Dame, deren Toupet verrutscht war und die nun von Passanten beruhigt wurde, aus dem Spitzengeschäft direkt in Emile van der Elsts Rad gelaufen. Der junge Belgier stieg nicht mehr auf, sondern schob sein Fahrrad nun um die Ecke in Richtung Burgplatz.

Pit musste parken.

Es dauerte viel zu lange, bis er es konnte.

Als er endlich auf dem Platz ankam, war Emile van der Elst schon nicht mehr zu sehen.

Aber sein Mountainbike.

Festgemacht an einem Laternenpfahl vor der Heilig Bloedbasiliek, dem, wie Pit wusste, ältesten Gebäude der Stadt. Eingezwängt in der Ecke des quadratischen Platzes, wirkte die reich verzierte und geradezu orientalisch anmutende kleine Kirche wie ein Fremdkörper, der sich wegen seiner Andersartigkeit verschämt versteckte. Innen dagegen präsentierte sich die Basilika als dunkler, romanischer Bau mit winzigen Seitenschiffen und einer schwarzen Marmortafel im Altarraum. Bemerkenswert war eine Wendeltreppe, die in die eigentliche Heilig-Blut-Kapelle emporführte, welche im 19. Jahrhundert im spätgotischen Stil erbaut worden war. Sie war das weiße Yang zum schwarzen Yin unter ihr, mit bunten Glasfenstern, farbigen Säulen und beeindruckenden Wandmalereien. Ein prachtvoller Rahmen für den größten Schatz Brügges: die Reliquie des Heiligen Blutes.

Da Pit sich ausnehmend gerne mit allem, was mit Blut zu tun hatte, beschäftigte, hatte ein Besuch hier ohnehin auf seiner Must-see-Liste gestanden. Wunderbar, war das schon mal abgehakt. Automatisch ging er gemessenen Schrittes und setzte seine schweren Stiefel möglichst lautlos auf den gekachelten Fußboden.

Das vermeintliche Blut Christi befand sich in einer Flasche aus Bergkristall, die in einem mit zwei goldenen Krönchen verschlossenen Glaszylinder ruhte, welcher wiederum in einem silbernen Tabernakel in einer Seitenkapelle aufbewahrt wurde. Sicher war sicher. Sie war nur zu bestimmten Zeiten zu sehen – und die musste Emile van der Elst gekannt haben, denn er saß in der ersten Reihe, als sie nun hervorgeholt wurde.

Pit setzte sich ganz nach hinten.

Obwohl er wusste, dass die Legende, nach der Graf Diederik aus dem Elsass nach seinen Kreuzzügen einige Tropfen des Heiligen Blutes mit auf den Weg nach Flandern nahm, vermutlich völlig falsch war und das da vorne bestimmt nicht das Blut Jesu Christi, hatte es etwas Erhebendes, ja Bewegendes, der Prozession zu folgen. Als wäre die rote Flüssigkeit tatsächlich ein Gottesbeweis, als gäbe es wirklich mehr als nur die paar Jährchen auf Mutter Erde.

Nachdem der Glasbehälter wieder weggeschlossen war, drehte sich van der Elst plötzlich um und sah Pit direkt in die Augen. Dann kam er auf ihn zu, setzte sich in die Bank vor ihm und drehte sich mit verschwörerisch gesenktem Kopf um.

»Sie wissen es, oder? Deshalb sind Sie hier«, raunte der junge Chocolatier.

Pit hatte keine Ahnung, was Emile meinte. Aber er nickte vorsichtshalber. »Ja, ich weiß es.«

»Ihr Professor, der ermittelt in der Mordsache, oder? Ich habe in der Zeitung gelesen, dass er das schon mal gemacht hat, also als Privatmensch einen Fall gelöst. Ich dachte immer, so was gäbe es gar nicht.«

»Manchmal denke ich auch, so was wie den Professore gäbe es nicht.« Pit lachte auf. »Aber glaub mir, Junge, der ist echt keine Fata Morgana.«

Emile lehnte sich weiter zu Pit. »Ich erzähl Ihnen alles, und Sie finden Beas Mörder, ja?«

»Lass uns nach unten gehen. Der Drachen da vorne guckt schon so, spuckt bestimmt gleich Feuer.« Die alte Frau blickte ihn an, als sei der Antichrist mal kurz auf Besuch vorbeigekommen und würde gleich die Horden der Hölle in Brügge aufmarschieren lassen.

Sie gingen die Wendeltreppe nach unten, setzten sich in der dunklen Kapelle in eine Bank ganz am Rand und sprachen nur noch sehr leise. So, dass die Horden der Hölle nicht geweckt wurden.

»Ich komme immer hierher, wenn sie das Blut zeigen. Dann fühle ich mich Bea nahe. Das soll nicht krank klingen, aber sie ist ermordet worden, also, na ja, blutig gestorben. Und deshalb bete ich hier für sie. Denn das zwischen Bea und mir war echt, das war Liebe, die ist immer stärker und stärker geworden ist. Aber so richtig begreift man erst, wie wichtig einem ein Mensch ist und wie viel man für ihn fühlt, wenn man ihn verloren hat. Weil der andere Schluss gemacht hat oder …«

»… oder stirbt.«

Emile van der Elst nickte. »Ihre Eltern durften nichts wissen. Deshalb haben wir uns heimlich getroffen. Offiziell stand sie Fred de Vaele stundenlang Modell. Aber da war sie immer nur ganz kurz und kam dann zu mir.«

»Dein Vater wusste davon?«

»Ja, er wollte das Kriegsbeil mit den Reekmans deshalb begraben. Das ist eine ganz alte Sache, die kommt noch von meinem Großvater und Beas Großvater. Der eine hat dem anderen die Frau weggeschnappt, dabei waren sie schon verlobt. Und dann ist die Sache immer größer geworden. Das hätte jetzt endlich ein Ende gefunden. Bea mochte meinen Vater, wollte ihm bei der Weltmeisterschaft helfen, also nicht betrügen oder so, aber ein bisschen herumfragen darf man ja. Und wenn die anderen Chocolatiers dann reden, ist es ihre eigene Dummheit.«

»So kann man es auch sehen.«

»Ja, genau. So hat sie es gesehen. Sie war auf unserer Seite. Total.«

»Ihr habt euch über die Musik kennengelernt?«, fragte Pit.

»Sie wissen ja echt alles!« Emile war ehrlich beeindruckt. »Bea hatte ihren Proberaum neben dem meiner Band. Und ihre Stimme ist der Hammer … also, gewesen. Leicht rauchig und tief, als wäre sie eine Schwarze. Wir haben irgendwann zusammen gejammt und uns kennengelernt. Ich wusste zuerst gar nicht, dass sie die Tochter von Willem Reekmans war. Sie war einfach Bea. Und als ich dann erfahren habe, wer sie war, und sie, wer ich bin, da war es zu spät. Verstehen Sie?«

»Verstehe ich, klar. Gegen die Liebe kannst du einfach nix machen. Auch wenn alle Vernunft dagegenspricht. Du liebst einfach. Und wenn die Schleusen deines Herzens einmal offen sind, kannst du sie nicht so einfach wieder schließen. Dafür ist es einfach zu mächtig.«

»Ganz genau!«

Pit hätte sich jetzt gerne eine angesteckt. Wenn man über Liebe sprach, war das immer gut, Liebe wühlte auf, und der heiße Rauch beruhigte die Seele. Rauchen ging hier aber nicht, also steckte er sich ein Stück Schokolade in den Mund. Er hatte sich gestern nämlich was gekauft, oder besser: etwas gegönnt. Eine Cacao Criollo 70 % Chuao aus Venezuela von der italienischen Manufaktur Domori – der Professor hatte ihm die ans Herz gelegt. Pit hatte gelesen, dass man solch eine Spitzenschokolade bloß nicht zerbeißen, sondern im Mund anschmelzen lassen sollte, um sie dann an den Gaumen zu kleben und mit der Zunge zu kitzeln, bis der schokoladige Genuss geschmolzen war. Also irgendwie Lutschschokolade. Sie schmeckte nach Trockenobst, Honig und Rahm.

Leider kein bisschen nach Rauch.

Und anzünden ging auch nicht.

Pit zerbiss sie.

»Was hatte es mit dem Treffen mit Cloizel im Belfried auf sich? Ihr seid keine Freunde, oder?«

Emile van der Elst rutschte auf der harten Holzbank, als müsse er ganz dringend mal wohin. »Nein, so war das nicht. Bea hatte von ihm erzählt. Sie meinte, er sei ein Mann, dem man vertrauen könne. Ich wollte von ihm wissen, was er über den Mord denkt und was zwischen ihnen gewesen war. Nicht im sexuellen Sinne oder aus Eifersucht, aber er hat das so verstanden und war stinkewütend, auch weil ich ihn kurz vor dem Halbfinale zu dem Treffen gedrängt hatte. Am Telefon hatte ich ihm nur gesagt, dass es unheimlich wichtig und dringend sei. Irgendwie dachte er, ich wollte ihm Zeit stehlen, damit mein Vater gegen ihn gewinnt. Es ist alles völlig schiefgelaufen.«

Pit erinnerte sich. An diesem Tag war tatsächlich alles schiefgelaufen. Auch mit seinen Fritten.

»Du hast dir bestimmt Gedanken zu dem Verbrechen gemacht, Kleiner. Und die will ich jetzt hören. Frei heraus: Wer hat Bea umgebracht? Wer Jana Elisa da Costa? Die beiden konnten sich gut leiden, oder?«

»Sie haben sich gut verstanden, ja, auf Anhieb, aber dann haben die zwei sich plötzlich zerstritten, weiß auch nicht, wieso.« Er beschrieb mit der Hand eine Parabel. »Zuerst ging diese Freundschaft supersteil aufwärts, und dann stürzte sie ab. Frauen! Ich verstehe sie nicht.«

»Das ändert sich mit dem Alter total, vertrau mir.« Pit grinste breit. Man musste der Jugend die Hoffnung lassen. »Also: Warum mussten sie sterben? Was meinst du?«

»Ich weiß es nicht! Ich sehe überhaupt keinen Grund. Und ich kenne ... kannte Bea in- und auswendig.«

»Vielleicht war einer wütend, weil sie für deinen Daddy spionierte?«

»Nein, das glaube ich nicht.« Emile winkte ab. »Sie hat ja nicht in den Sachen der Chocolatiers herumgewühlt oder sie heimlich beobachtet, sondern nur mit ihnen geredet.«

»Vielleicht war es einer der Chocolatiers, der sich Hoffnungen auf mehr gemacht hatte? Du weißt schon, sie war schließlich verdammt hübsch.«

»Dafür tötet man nicht. Und sie hatte keinem Hoffnungen gemacht!« Emile schüttelte entschieden den Kopf.

»Aber ein Chocolatier war's, oder? Ich meine, wegen des Schokoüberzugs.«

Emile wollte es nicht sagen, doch nachdem er das Kreuz der Kapelle lange angesehen hatte, tat er es trotzdem. »Ja, mein Vater hat mir erzählt, wie die Schokolade aussah. Das kriegt ein Laie nicht hin, so eine gleichmäßige Verteilung. Dafür muss man mit großen Mengen Schokolade gearbeitet haben. Das sieht viel leichter aus, als es ist.«

»Aber warum hat der Mörder sich die Mühe gemacht, sie mit Schokolade zu überdecken? Das lenkt die Spur doch nur auf ihn.«

»Ja, stimmt. War 'ne saudumme Idee.«

»Und der Mord an Jana Elisa?«

»Das kann jeder gewesen sein.«

Pit lehnte sich näher. Nicht um Emile Angst zu machen, sondern weil er wollte, dass dieser ihm vertraute. »Was meint dein Vater, wer es war?«

»Sagt er nicht. Nur dass er eine Ahnung hat.« Emiles Stimme zitterte kaum hörbar.

»Hast du eigentlich keine Angst um deinen Vater?«

Er schüttelte entschieden den Kopf. Ein wenig zu entschieden. »Dem passiert nix. Da bin ich mir ganz sicher. Mein Vater ist ein super Kerl. Dem will keiner was Böses.«

»Das hast du von Bea auch gedacht.«

»Ja, ich weiß. Aber es werden nicht kurz hintereinander zwei Menschen sterben, die mir so unglaublich wichtig sind. Sie sollten mal mit ihm reden. Also, über den Mord. Ich sag ihm auch, dass man Ihnen vertrauen kann.«

So was hörte Pit eher selten. Selbst die Kunden in »Aunties Tea Shop« zählten jedes Mal nach, wenn er ihnen das Rückgeld gab.

»Okay, dann lass uns zu ihm gehen. Sofort.« Pit stand auf. Er hatte schon wieder Appetit auf Fritten. Das wurde immer schlimmer. Streuten die hier Koks statt Salz drauf? »Auf dem Weg kaufen wir noch irgendwo Fritten. Wo gibt es die besten?«

»Hier am Groote Markt. Aber die besten Fritten Belgiens gibt es in Brüssel, Maison Antoine, das ist ein etwas größerer Pavillon am Place Jordan.« Emile war verwirrt. »Aber Sie wollen da jetzt doch nicht hin, oder? Sie kommen doch mit zu meinem Vater?«

»Ja, und danach fahre ich nach Brüssel. Wenn ich nicht die besten Fritten der Welt bekomme, dann war mein Leben vertan.« Pit überlegte kurz. »Das gilt übrigens auch für das beste Steak und die beste Currywurst.«

Franky van der Elsts Laden in der Steenstraat war noch voller als sonst. Im Schaufenster hing ein neues Plakat, das van der Elsts Kuchen aus dem Halbfinale und ihn selbst strahlend daneben zeigte. Darüber die Schlagzeile »Der kommende Weltmeister!«. Unter dem Plakat stand der Kuchen. Der Brügger Chocolatier musste ihn noch einmal nachgebacken haben, denn Pit wusste, dass das Original von Madame Baels Sponsorenrunde verspeist worden war. Seinem Eindruck nach hatte van der Elst für das Schaustück noch eine Körbchengröße draufgelegt. Umringt war der Kuchen von Dutzenden kleiner Miniaturexemplare, inklusive passender Papierschachteln in BH-Form.

Das konnte Ken seiner Barbie schenken.

Ein Paar Brüste nach dem anderen wurde verkauft, ein Fernsehteam hatte sich in die Ecke gedrückt und filmte von einer Leiter aus das Tohuwabohu. Der Meister selbst war nicht anwesend, hatte aber zusätzliches Personal eingestellt, das nun im Akkord verkaufte.

»Wir sollten besser hintenrum rein, ist immer besser«, sagte Emile.

Pit verkniff sich einen Witz.

Kurze Zeit später standen sie in der Gasse hinter der Chocolaterie, doch schon von außen war zu sehen, dass kein Licht im Produktionsraum brannte. Die Tür war verschlossen.

»Ach, Mist!«, fluchte van der Elst junior und presste die Lippen aufeinander. »Es ist schon nach eins, oder?«

Pit blickte auf seine Uhr und nickte. »Wieso? Verwandelt sich dein Vater um diese Uhrzeit immer in einen Schokoriegel?«

»Nein, dann joggt er. Jeden Tag. Da hat er seine Routine. Er läuft auch immer dieselbe Strecke, fast immer in derselben Zeit. Puls 120 bis 140, Sie wissen schon.«

»Ja, klar, Puls 120 bis 140«, sagte Pit. »Mach ich auch immer. Beim Joggen. Oder Reiten. Oder Skydiving.« Er hatte keine Ahnung, was es mit Puls 120 auf sich hatte. Klang auf jeden Fall zu schnell.

»Sollen wir ihn abfangen?«, fragte Emile. »Ist nicht weit. Er joggt immer bei Blankenberge.«

»Solange ich nicht mitlaufen muss, gern.«

»Sie sind nicht richtig dafür gekleidet«, antwortete

Emile. Er war scheinbar noch zu jung für Ironie. Die kam mit dem Alter. Automatisch. Und war überlebenswichtig, wie Pit fand.

Der Strandabschnitt von Blankenberge lag tatsächlich nicht weit von Brügge. Franky van der Elsts Ford Galaxy stand auf dem Parkplatz und warb mit Bildern unbekleideter Damen für seine Produkte. Pit begann, eine rote Linie zu erkennen.

In diesem Fall glich sie einer Bikinilinie.

Van der Elsts Wagen war außer Pits Taxi der einzige auf dem Parkplatz. Kein Wunder bei dem verhangenen Himmel.

Pit legte seine Hand auf die Motorhaube des Fords. Sie war noch warm. Der Galaxy stand höchstens fünf Minuten. »Er kann noch nicht weit sein.«

Van der Elst junior zeigte zu einer steilen Treppe, die über die Düne führte. »Da läuft er immer hinauf. Echt eine Leistung bei seinem Gewicht.«

»Sollen wir hier warten, bis er zurückkommt?«, fragte Pit hoffnungsvoll.

»Nein, das dauert zu lange. Er dreht eine Runde am Strand, wir können ihm von der Düne aus zuwinken, dann sieht er uns.« Emile ging strammen Schrittes vor.

Pit entschloss sich, der Jugend das Rennen zu überlassen und altersgemäß zu schlurfen. So kam es, dass der junge van der Elst deutlich früher als er auf der dicht mit Büschen und Gräsern bewachsenen Düne stand. Als Pit endlich oben ankam, die Hände tief und lässig in der eng anliegenden Lederhose steckend, suchte Emile immer noch den Strand nach seinem Vater ab. Doch Franky van der Elst war nirgends zu sehen. Nur Meer, Strand und Möwen. Außerdem die Buchstaben »KC«, so riesig in den Sand geschrieben, dass man es vermutlich selbst von einer fernen Insel aus hätte lesen können. Vermutlich war der Adressat weit entfernt.

»Wo steckt er?«, fragte Pit ungeduldig.

Emile schüttelte den Kopf. »Ich sehe noch nicht mal Spuren im Sand, dabei müssten sie an der Wasserkante zu sehen sein. Da läuft er nämlich, weil der Sand dort etwas härter und das Laufen weniger anstrengend ist. Er läuft bis zu dem Gebäude der Strandwacht und dann wieder zurück. Immer.« Es war, als wollte er sich dies noch einmal versichern.

»Lass uns runtergehen.«

»Aber da ist er nicht!« Emile hob beide Hände in Richtung des Strands und ließ sie dann kraftlos fallen.

»Vielleicht können wir ihn von da aus aber entdecken.«

Pit liebte das Meer. Wie es in überlappenden Wellen an den Strand schwappte, das Bizzeln und Zischen dabei, als würden unzählige Mineralwasserflaschen gleichzeitig geöffnet, der Algenschaum, der so sanft auf dem Strand abgelegt wurde. Dieser stieg hier so leicht an, dass man es kaum bemerkte. Pit erinnerte sich an Urlaube seiner Kindheit. Drei- oder viermal waren sie in den Sommerferien an die niederländische Küste gefahren, die nur wenige Kilometer von hier entfernt begann. Er hatte es geliebt, in den lauwarmen Pfützen und kleinen Teichen zu planschen, die an den Nordseestränden blieben, wenn das Wasser bei Ebbe schwand. Wenn er Glück gehabt hatte, fand er darin eine Qualle, mit viel Glück noch lebend, und mit noch mehr Glück einen Krebs.

Doch selbst im schönsten Sommer, dachte Pit, wenn Eltern mit ihren Kindern am Strand spielten, Drachen in den Himmel emporgelassen wurden und andere sich auf Luftmatratzen von den Wellen schaukeln ließen, selbst dann verlor das Meer nicht vollends seine Dramatik, die Gefahr, die eine solch niemals endende Wassermasse ausstrahlte, die gegen das Land schlug, es zu verschlingen drohte und sich immer weiter hineinfraß, Millimeter um Millimeter. Mit der Zeit mahlte es jeden Stein zu Sand.

Doch das Meer selbst konnte kein Hammer zerstören, kein Wind es auf ewig teilen, kein Tier es leer trinken.

Pit stand direkt am Wasser und atmete tief ein.

Emile begann, nach seinem Vater zu rufen, zuerst zaghaft, als habe er Angst vor einer Antwort, dann schrie er immer lauter gegen die Meeresbrise an. Doch eine Antwort erhielt er nicht.

Irgendwann gab er auf.

»Hier ist kein Nebel oder so«, sagte Pit. »Und hell ist es auch. Also ist er nicht da. Sein Wagen aber schon. Was sagt uns das?«

»Ich weiß es nicht.«

»Dann sag ich es dir: dass wir uns jetzt Scheißsorgen um deinen alten Herrn machen sollten. Hier am Strand sind keine Spuren von ihm. Also kann er nicht so weit gekommen sein. Du suchst links, ich rechts. Ab in die Dünen.«

Der junge van der Elst sah Pit mit stierem Blick an. Sein Brustkorb hob sich, als pumpe ihn ein Irrer immer weiter auf, obwohl er schon zu platzen drohte.

Er wollte nicht alleine gehen, er hatte Angst vor dem, was er vielleicht finden würde.

»Blöde Idee«, sagte Pit. »Ist besser, wir gehen zusammen, ein paar Meter auseinander, dann können wir das Gelände effektiver durchkämmen, ist doch sehr dicht bewachsen alles. Vielleicht ist er irgendwo hingefallen und hat sich was gebrochen oder so.« Pit glaubte nicht daran, kein bisschen, und er sah in Emiles Gesicht, dass es diesem nicht anders ging.

Zuerst suchten sie rechter Hand alles ab, sicher einen halben Kilometer bis zu dem Abschnitt, wo die Treppe des nächsten Parkplatzes emporführte. Sie fanden nichts außer Müll und einem Haufen verkohlter Holzscheite, daneben leere Bierflaschen und benutzte Kondome.

Als sie zurück am Startpunkt waren, redeten sie bereits

kein Wort mehr miteinander. Schweigend machten sie sich linker Hand ihres Parkplatzes auf den Weg bis zu der Baracke der Strandwacht. Wieder nichts. Auf dem Rückweg wurden sie mit jedem Schritt langsamer.

Pit dachte daran, den Professor anzurufen – dann kam ihm eine Idee. Eine, die ihm viel früher hätte kommen müssen. »Sag mal, hast du dein Handy dabei? Und die Nummer deines Vaters?«

Zögernd zog Emile es hervor, seine Finger zitterten, als er die Nummer eingab. Dann klingelte es.

Wenige Meter von ihnen entfernt.

Nicht im Richtung Meer ausgerichteten Nordhang der Dünen, der mit Strandhafer, -roggen und -disteln überwuchert war, sondern in dem Teil, der auf das Land blickte und wo unzählige Holunder- und Sanddornbüsche wuchsen.

Es klingelte fünfmal, dann schaltete sich die Mailbox ein.

Pit nahm Emile das Handy aus der Hand und drückte Wahlwiederholung. Als das Klingeln abermals erklang, fiel er fast die Treppe zum Parkplatz hinunter, so eilig versuchte er, es zu erreichen. Dann schob er sich wie eine Urgewalt durch das dornige Gestrüpp, seine von der festen Lederjacke geschützten Arme voraus – als würde King Kong den Dschungel niederreißen.

Er fand Franky van der Elst gute zehn Meter von der Treppe entfernt.

Der Chocolatier lag auf dem Rücken, ohne Joggingkleidung, komplett nackt. Sein massiger und stark behaarter Körper war vom Haaransatz bis hinunter zum Geschlecht mit Schokolade bedeckt. Über diese liefen mehr als ein Dutzend unterschiedlichste Insekten, einige hatten sich auch an ihr gelabt und waren kleben geblieben.

In Franky van der Elsts Hals steckte schwarzes Glas – aus den Wunden war jedoch kaum Blut gedrungen. Pit erkannte sofort, dass der Belgier nicht erstochen worden war. Franky van der Elst war erstickt. Es wäre Pit lieber gewesen, er wüsste nicht, wie ein erstickter Mensch aussah. Doch es war genau wie damals, als dem alten Sturzbecher eine Plastiktüte über den Kopf gezogen und mit Paketband um den Hals verschnürt worden war.

Es hatte nicht lange gedauert.

Die aufgerissenen Augen, der verzerrte Mund, van der Elst war wie eine Fotokopie des Toten in Hamburg.

Noch bevor Emile an Pit vorbei zur Leiche gehen konnte, fuhr dieser seinen Arm aus, unüberwindbar wie die Grenze nach Nordkorea. »Nicht gucken, glaub mir, nicht gucken. So willst du deinen Vater nicht in Erinnerung behalten. Vertrau mir, ich weiß, wovon ich rede. Es tut mir echt leid, Kleiner.«

»Ich will aber, ich muss. Lassen Sie mich durch!« Erfolglos versuchte er, Pits Arm wegzudrücken.

»Nein. Er hätte nicht gewollt, dass du ihn so siehst.«

»Ich will zu ihm!«, brüllte er.

Pit drückte ihn fort, auch als Emile anfing, auf ihn einzuschlagen, er schob ihn zurück auf die Treppe und drückte ihm so auf die Schultern, dass er nicht anders konnte, als sich zu setzen.

Dann nahm Pit sein Handy und wählte schnell eine Nummer. Nicht die der Polizei, sondern die von Bietigheim. Doch der ging nicht ran. Vielleicht hatte er sein Handy längst in einer Gracht versenkt. Also rief er Madame Baels an, um den Professor zu erreichen.

Eine halbe Stunde später war Bietigheim an der Küste. Benno von Saber hatte er in der Obhut Mareijke Dovendaans im Museum gelassen, wo er am Morgen eine Besprechung mit den anderen Jurymitgliedern gehabt hatte.

Pit war nirgendwo zu entdecken.

Emile van der Elst saß auf der Treppe, die vom Parkplatz auf die Düne führte, und hatte sein Gesicht in den Händen vergraben. Als Bietigheim ankam, zeigte er wortlos in die Richtung, in der sein Vater lag.

Es war dem Professor unangenehm, durch das Gestrüpp zu gehen. Es drohte den Maßanzug zu schädigen und die Frisur zu zerzausen. Er brauchte lange, bis er jeden einzelnen Zweig weggedrückt oder abgebrochen hatte. Madame Baels folgte ihm. Sie war aschfahl. Den ganzen Tag schon war sie ausgesprochen schlecht gelaunt und gereizt gewesen, vielleicht wurde ihr alles doch langsam zu viel. Der Mord an van der Elst hatte ihr auf jeden Fall den Rest gegeben. Sie sprach kaum noch, jegliche Spannkraft schien aus ihrem imposanten Körper gewichen.

Beim Anblick der Leiche verschlug es Adalbert den Atem. Er würde sich nie daran gewöhnen.

»Es ist wahrlich kein schöner Anblick, meine Teuerste. Sind Sie sicher, dass Sie …?«

»Ja«, unterbrach sie ihn harsch.

Adalbert trat zur Seite, wobei er sich unter einen Ast bücken musste. Die Gebüsche bildeten mit ihrem Blätterdach an dieser Stelle eine natürliche Höhle, nicht einsehbar von Treppe, Straße oder Parkplatz. Ein hervorragender Platz für einen Mord.

Madame Baels schaute die Leiche zitternd an, Tränen rannen über ihre Wangen und das Kinn hinunter bis zum Kragen ihrer Bluse. Sie ging in die Knie und schloss dem Toten die Augen.

Auch der Professor kniete sich hin, allerdings, um etwas von der Schokolade abzubrechen, mit der van der Elst teilweise bedeckt worden war. Er ließ sie langsam am Gaumen schmelzen und schloss die Augen, um alle Aromen, die Süße der Schokolade, ihren Anteil an Kakaobutter und Zucker, ihre Herkunft, um alles erspüren zu können.

Als er die Augen wieder öffnete, nickte er zufrieden.

Es gab Schokoladen, die weltweit nur von einem einzigen Chocolatier erzeugt wurden. Dies war eine solche.

Zur gleichen Zeit lief Pit. Nicht im gesitteten Fettverbrennungsbereich von 120 bis 140 Pulsschlägen pro Minute, sondern so schnell, wie er nur konnte. So schnell, dass er schon nicht mehr wusste, wie er stoppen sollte, ebenso wenig, wie es eine Kanonenkugel wusste. Sie hielt erst, wenn sie ihr Ziel erreichte und in dieses einschlug. Die Kanonenkugel interessierte nicht, was links und rechts von ihr geschah.

Oder hinter ihr.

Pit hatte neben der Leiche eine Thermoskanne gefunden, aus der warme Schokolade lief. Da war ihm klar geworden, dass der Mörder nicht weit sein konnte, dass sie ihn gestört haben mussten, als er die Schokolade auf der Leiche verteilt hatte. Dann war Pit eingefallen, dass er beim Durchkämmen der Düne auf dem benachbarten Parkplatz einen Wagen gesehen hatte, genau einen einzigen. Einen schwarzen VW Golf IV, wie es ihn hunderttausendfach gab.

Die Chancen standen nicht schlecht, dass genau dieser zum Täter gehörte.

Als Pit das bewusst wurde, hatte er ohne Umschweife die Lunte gezündet und sich als Kanonenkugel in Richtung Golf geschossen. Dabei brüllte er laut: »Attacke!«, wie es Teddy Brewster in seinem Lieblingsfilm »Arsen und Spitzenhäubchen« tat. »Attacke!« wollte er schon immer mal brüllen, und dies schien eine wunderbare Gelegenheit. Dass es den Mörder warnte, kam ihm nicht in den Sinn, während er eine Schneise in die Dünenlandschaft schlug.

Schon bald war das Keuchen seines Atems so laut, dass Pit nichts anderes mehr hörte.

Pit hörte nicht die Schritte.

Pit hörte nicht den schweren Atem hinter sich.

Pit hörte nicht den Schlag.

Doch er spürte den Schmerz am Hinterkopf, spürte, wie er fiel, sah den Boden näher kommen, und dann sah er nichts mehr, hörte nichts mehr, spürte nichts mehr. Wie defekte Neonreklamen leuchteten Schlagzeilen der Morgenzeitung in seinem Kopf auf. Sie war voll gewesen mit den Geschehnissen im Zirkuszelt, dem Plan der Frittenolympiade, das Brüsseler Atomium aus Kartoffelstäbchen nachzubauen, und der Klage Urs Egelis gegen sein Ausscheiden im Halbfinale. Dann flackerten Bilder vom Heiligen Blut auf, von der Leiche und von Diana. Dann nur noch Diana. Doch die Neonreklamen flackerten nur kurz.

Dann Finsternis.

KAPITEL 9

Das Leben ist wie eine Schachtel Pralinen …
… zu viel Sonne schadet.

Bietigheim wich keinen Zentimeter von der Leiche. Es war, als ob der Schock die sperrigen Brocken in seinem Kopf pulverisierte und den Weg frei machte für die Lösung des Falls. Sein Blick haftete auf Franky van der Elsts totem Gesicht. Doch den Täter zu ahnen war nicht dasselbe, wie ihn zu kennen, und ihn zu kennen bedeutete noch lange nicht, ihn überführen zu können. Und doch.

Bietigheim fühlte sich, als hielte er ein Seil in der Hand, und wenn er nur lang genug daran zöge, würde der Mörder irgendwann vor ihm stehen. Er sollte verdammt sein, wenn er es losließ.

Der Professor beugte sich über die Leiche, zog die Pinzette aus seinem Schweizer Offiziersmesser und entfernte vorsichtig die kleinste der schwarzen Glasscherben aus dem Hals van der Elsts. Kurz besah er sie sich, hielt sie empor, sodass das Sonnenlicht sie durchdringen konnte, und steckte sie danach für die Rechtsmedizin wieder ordentlich an Ort und Stelle.

Die Polizei traf zeitgleich mit der Spurensicherung ein. Madame Baels war unterdessen zurück in ihr Büro gefahren, um eine Pressemitteilung vorzubereiten.

»Arschloch!«, begrüßte ihn Kommissar Aspe.

»Angenehm, Professor Dr. Dr. Bietigheim«, sagte der Professor und streckte ihm mit ernster Miene die Hand entgegen. Höflichkeit war eine wunderbare Waffe, wenn man sie wie ein Florett zu schwingen wusste.

»Was haben Sie bei meiner Leiche zu suchen?«

»Ich war mir nicht bewusst, dass Tote automatisch in Ihren Besitz übergehen. Hegen Sie eine Sammelleidenschaft für Leichen?«

Aspe schob ihn weg. »Behinderung der Staatsgewalt, einsperren, Degroof.«

Der Assistent näherte sich entschuldigend lächelnd dem Professor.

Bietigheim streckte seine Unterarme vor, damit sich Handschellen darum schließen konnten. »Machen Sie ruhig. Das wird Madame Baels allerdings nicht gefallen, das wird den Medien nicht gefallen, dem Tourismusverband nicht, ich vermute, Ihren Politikern ebenfalls nicht und infolgedessen auch Ihrem Chef nicht. Aber lassen Sie mich ruhig festnehmen, wenn Sie hinter den lächerlichen Gründen meiner Festnahme stehen. Bestrafen Sie ruhig Bürger, welche die Polizei durch Melden und Bewachen einer Leiche unterstützen.«

»Gott, Sie bringen mich ins Grab.« Aspe raufte sich die zauseligen Haare.

Bietigheim schüttelte entschieden den Kopf. »Das übernehmen schon Zigaretten und Fritten.«

»Leck mich da, wo die Sonne nicht hinscheint!«

»An Ihren Füßen? Nein danke, Herr Kommissar. Ich bevorzuge französischen Käse.«

Aspe würdigte ihn keines Wortes und keines Blickes mehr, stattdessen sah er sich kurz die Leiche an, redete mit seinen Untergebenen, blaffte die Spurensicherung an und verschwand kurze Zeit später mit einer unordentlich gedrehten Zigarette im Mundwinkel.

Bietigheim wartete auf die Ankunft der Rechtsmedizin. Professor Ceulemans war anscheinend noch krank, denn wieder war es sein jüngerer Mitarbeiter Didier Kalou, der die Leiche vor Ort in Augenschein nahm. Diesmal wirkte er deutlich routinierter und entspannter als beim letzten Mal.

Adalberts Blick war wie der eines Adlers, jede Kleinigkeit nahm er wahr. Kalou trug lässige Kleidung, einen orangefarbenen Kapuzensweater der Universität Chicago, dunkelgrüne Jeans und modische Turnschuhe. Flugs stieg er in einen weißen Einmaloverall und holte alles Nötige aus dem Kofferraum seines Wagens. Zwei Mitarbeiter zum Eintüten des verblichenen Franky van der Elst begleiteten ihn.

»Herr Bietigbert von der Spurensicherung, nicht wahr? Ungewöhnliche Arbeitskleidung, erstaunlich, dass Aspe Ihnen das durchgehen lässt.« Kalou grinste.

»Sie wissen doch, wer ich bin, oder? Immerhin findet sich mein Antlitz überlebensgroß am Grote Markt.«

»Natürlich. Ich wusste es sofort.«

»Warum haben Sie dann ...« Adalbert überlegte kurz. »Wegen Aspe, oder?«

»Aspes Feind ist jedermanns Freund.« Kalou reichte Bietigheim die Hand. »Schön, Sie endlich offiziell kennenzulernen. Aber jetzt muss ich loslegen.« Er beugte sich zu der Leiche und nahm als Erstes die Glassplitter in Augenschein.

»Sie haben es also auch direkt bemerkt«, sagte der Professor.

Kalou nickte. »Ja, es ist kein Obsidian, sondern einfaches schwarzes Glas.«

»So, wie es in den Zeitungen stand: schwarzes Glas. Der Täter wusste nicht, dass es sich bei Jana Elisa da Costa um Obsidian gehandelt hatte. Dies ist ein Nachahmungstäter, der es dem Jaguarkrieger in die ... Schuhe schieben will.« Beinahe hätte Bietigheim Sandalen gesagt, aber sein Sprachgefühl drohte mit Schmerzen.

»So ist es«, bestätigte Kalou. »Aber das ist danebengegangen. Da wollte jemand die Methoden beider Morde kopieren – schwarzes Glas und Schokolade –, um alle drei Verbrechen wie das Werk eines einzigen Täters aussehen zu lassen.«

»Was meinen Sie? War es ein dritter Täter oder der Mörder von Bea?«

»Das wird vielleicht die rechtsmedizinische Untersuchung erweisen. Hier ist meine Arbeit gleich getan.«

»Darf ich mit Ihnen fahren?«, fragte Bietigheim. Pit würde schon ohne ihn klarkommen, wo auch immer er steckte. Vermutlich hatte er irgendwo eine Frittenbude ausgemacht. Der Bursche musste nicht meinen, dass dies unbemerkt blieb. Im richtigen Moment würde der Professor ihn für diesen kulinarischen Betrug zur Rede stellen.

»Ein Platz ist noch frei«, antwortete Kalou. »Wenn es Ihnen nichts ausmacht, mit einer Leiche zu fahren?«

»Oh, nein. Ich bin schon mit dem Dekan der Universität Reykjavík gefahren. Schweigsamer kann keine Leiche sein«, sagte Bietigheim und setzte nach kurzem Nachdenken hinzu: »Und stärker nach Verwesung riechen ebenfalls nicht.«

Was einzig und allein an dessen Lieblingsspeise, der isländischen Haifischspezialität Hákarl, lag. Normalerweise hätte Adalbert dem jungen Rechtsmediziner jetzt einen Vortrag über Historie, Produktion und kulinarische Bedeutung der Spezialität aus verfaultem beziehungsweise fermentiertem Haifleisch gehalten. Doch ausnahmsweise war ihm nicht danach, denn er freute sich wie nie zuvor im Leben auf den Besuch einer Rechtsmedizin.

Denn dort wartete ein Teil der Löstung dieses Falls auf ihn.

Eine zeitlose Stille lag über dem Raum, so, als vergingen hier keine Sekunden, Minuten und Stunden. Didier Kalou wartete ruhig ab, bis Franky van der Elsts Leichnam auf einem der metallenen Obduktionstische abgelegt worden war, öffnete dann das entsprechende Programm am PC und schaltete die bewegliche OP-Leuchte ein.

Auch Bietigheim blieb nicht untätig. Er schloss die einzige Tür zum Saal ab und steckte den Schlüssel ein, dann griff er sich eines der scharfen Obduktionsmesser sowie eine Knochensäge – und hielt beides hinter dem Rücken versteckt.

»Und Sie sind sich sicher, dass Sie bei der Obduktion anwesend sein möchten?«, fragte Kalou.

Bietigheim trat an den Seziertisch. »Haben Sie UV-Licht?«

»Ja. Wieso?« Mit verwundertem Blick drehte Kalou sich zu ihm um. »Vermuten Sie, dass wir damit etwas finden?«

»Oh ja, da bin ich mir sogar ganz sicher.«

»Verraten Sie mir, was? Dann kann ich danach Ausschau halten.«

»Es wird nicht zu übersehen sein. Vertrauen Sie mir – Jaguarkrieger.«

Die Stille wurde schneidend, sie härtete schneller aus als heiße Kuvertüre im Eisschrank.

»Bitte?«, fragte Didier Kalou und lächelte gequält. »Sie haben aber eine komische Art von Humor.«

»Ihre Schuhe«, entgegnete Bietigheim. »Schreckliches Schuhwerk, diese Turndinger, gar nicht gut für den Fuß, völlig stillos, keine Handwerkskunst. Und dann diese Farbe! Dieses unmögliche Braun. Es sollte als eigenständiger Auslöser für Augenkrankheiten geführt werden. Nun ja, wie auch immer, der Jaguarkrieger trug genau dieselben Schuhe wie Sie heute. Ist das nicht ein merkwürdiger Zufall?«

Jetzt lachte Kalou erleichtert. »Diese Schuhe sind sehr populär, gerade in dieser Farbe. Wenn jeder, der sie trägt, ein mordender Jaguarkrieger wäre, dann hätten wir eine ganze Armee von denen. – Haben Sie etwa wirklich geglaubt, ich sei es?«

Bietigheim verneinte nicht, ließ aber auch das Bejahen sein. »Lassen Sie uns das UV-Licht anschalten.«

»Gerne, wenn Sie dann nicht mehr solch einen Blödsinn erzählen.«

Kalou drückte den entsprechenden Knopf und richtete das UV-Licht auf Kopf und Oberkörper des Leichnams. Durch den Transport waren Teile der Schokolade abgebröckelt.

»Ich kann nichts erkennen. Wo soll das Licht denn hin?«, fragte der junge Gerichtsmediziner.

Der Professor nahm Messer und Knochensäge hinter dem Rücken in die linke Hand, griff mit der rechten nach dem Lampenschirm und richtete das Licht auf Kalous Schuhe.

Leuchtende Flecken waren auf ihnen zu sehen.

Als wäre eine Flüssigkeit darauf verspritzt worden.

»Wussten Sie«, begann Bietigheim genüsslich, »dass Katzenurin unter UV-Licht leuchtet? Und wussten Sie weiterhin, dass dem Jaguarkrieger, als ich ihn in De Haan stellte, von einer Katze auf die Schuhe uriniert wurde? Natürlich wissen Sie es. Keine Ausrede. Beleidigen Sie nicht meine Intelligenz. Sie sind der Jaguarkrieger, auch Statur und Stimme passen. Zudem stammen Sie von der Cote d'Ivoire, dem größten Produzenten von Kakaobohnen weltweit. Wenn einer einen Grund hätte, für faire Arbeitsbedingungen zu kämpfen, dann jemand aus ihrem Land.«

Kalou blickte zur Tür.

»Abgeschlossen. Der Schlüssel befindet sich in meinem Besitz.« Der Professor zog die beiden medizinischen Werkzeuge hinter seinem Rücken hervor. »Denken Sie erst gar nicht daran.«

Kalous Pupillen huschten wie gefangene Frettchen umher. Es gab nur Angriff, mit dem Risiko des Todes – oder Kapitulation. Doch dann fand Kalou eine dritte Möglichkeit. Blitzschnell wuchtete er die massige Leiche Franky van der Elsts auf den Professor, der sich zwar mit Messer und Säge verteidigte, was ihn jedoch nicht davor bewahrte, unter dem Toten begraben zu werden. Die Luft blieb ihm weg, sein Hinterkopf donnerte auf den harten, gefliesten Boden, und er konnte sich nicht mehr rühren.

Kalou stellte sich neben ihn, einen Bohrer in der Hand.

»Es ist nicht so, wie Sie denken.«

»Woher wollen Sie wissen, was ich denke?« Adalbert versuchte, sich von seiner misslichen Lage nicht aus der Ruhe bringen zu lassen.

»Ich habe Bea nicht umgebracht und van der Elst auch nicht.«

»Bei Letzterem bin ich mir sicher. Schließlich wurde er mit schwarzem Glas und nicht mit Obsidian getötet. Aber jetzt machen Sie mit mir weiter. Bringen Sie es bitte schnell zu Ende.« Doch Adalberts Unterbewusstsein sandte keine Todesangst durch die Glieder.

»Ich will Sie nicht töten.«

»Dann werde ich zur Polizei gehen und dieser alles erzählen.« Gut, das war taktisch vielleicht unklug gewesen, aber Bietigheim hatte keine Lust, mit gezinkten Karten zu spielen. Außerdem sah er die Angst in Didier Kalous Augen, obwohl sie doch eigentlich in seinen eigenen sein müsste.

»Geben Sie mir zwei Stunden. Bitte!« Dass ein Mörder um Zeit bat, hatte Bietigheim auch noch nicht erlebt.

»Um zu fliehen? Wenn Sie noch ein paar mehr Leichen auf mich stapeln, erübrigt sich die Bitte.«

»Zwei Stunden Ihrer Zeit«, sagte Kalou. »Danach können Sie zur Polizei gehen – falls Sie dann noch wollen.«

»Wollen Sie mir über Kinderarbeit in der Cote d'Ivoire berichten? Ich weiß, wie schlimm es ist. Einen Mord rechtfertigt dies aber keineswegs. Ich bekomme übrigens keine Luft mehr, und das rechte Bein ist mir meines Erachtens nach bereits abgestorben.« Bietigheim versuchte vergeblich, sich von dem massigen Körper zu befreien.

»Zwei Stunden?«, fragte Kalou flehentlich.

Der Professor mochte den jungen Mann, er hatte etwas Aufrichtiges. Unter den Mördern, die er kannte war er einer der nettesten. Typ Schwiegersohn. Doch Bietigheim war froh, dass er keine Tochter im richtigen Alter hatte.

»Zwei Stunden«, sagte der Professor. »Ab jetzt. Und wenn Sie Herrn van der Elst von mir entfernen würden, könnte ich auf meiner Taschenuhr die exakte Zeit ablesen.«

»Zwei Stunden«, sagte Kalou und ging ins Nebenzimmer, um zu telefonieren.

Kopfschmerzen gehörten zu Pits Leben wie die lila Kuh zu Milka. Nach vielen Nächten ging es einfach nicht ohne. Ein Mythos besagte, Eskimos hätten mehr als hundert Namen für Schnee, Pit kam nah heran mit seinen Namen für die unterschiedlichen Arten von Kopfschmerz. Vom leichten Kopfschmerz über den unregelmäßig pochenden, den schraubstockartigen, der den Kopf beinahe zum Explodieren brachte, den Kopfschmerz, der laute Geräusche oder helles Licht gar nicht mochte, oder den, der seinen Kopf zu einem zentnerschweren Stein werden ließ. Nicht zu vergessen den, der sich anfühlte wie ein Ritterhelm mit viel zu kleinem Sehschlitz, den mit dem Hirn aus Wackelpudding und natürlich den, der sich anfühlte, als bestünde der Kopf aus Erbsensuppe mit großen Stücken Bockwurst.

Doch der Kopfschmerz, den er gerade fühlte, war neu.

Er vereinigte das Schlechteste aus allen anderen. Er war die Mutter aller Kopfschmerzen. Pit hätte am liebsten das Atmen eingestellt, denn selbst das tat weh. Am meisten pochte es am Hinterkopf. Als er die Beule dort berührte, floss Starkstrom bis in seine Fußsohlen. Die Beule war so groß, dass sie sich wie ein Ersatzkopf anfühlte.

Pit war sich nicht sicher, ob seine Augen offen waren. Es fühlte sich so an, doch alles war stockdunkel. Er tastete danach. Aua. Okay, offen, ganz klar. Dann tastete er um sich, berührte warmes Metall, konkav gebogen, wie im Inneren eines Zylinders. Er stand auf und fühlte mit den Fingerspitzen eine Decke über sich, ohne Öffnung. Er war in einem Tank. Und in diesem war es nicht nur warm, dunkel und eng, sondern auch feucht. Doch es war kein Wasser, in dem er saß, es war zähflüssiger, und es roch berauschend nach Schokolade. Pit tauchte einen Finger hinein, führte ihn vor die Nase und dann erst in den Mund. Herrliche, warme Schokolade, dickflüssig und verdammt lecker. Sie tat gut, Pit nahm mehr davon, schippte sie schließlich mit beiden Händen empor.

Die Erinnerung kehrte zurück.

Pit hatte nicht gesehen, wer ihn niedergeschlagen hatte. Auf jeden Fall hatte dieser ihm das Handy abgenommen. Den Schrammen und Prellungen zufolge, die er am ganzen Körper spürte, war er die Düne hinuntergerollt worden, durch das Gestrüpp, bis zur Straße, wo er dann ins Auto geladen wurde. Das musste entweder jemand verdammt Starkes gewesen sein oder mehr als eine Person. Einen Pit Kossitzke schulterte man nicht so einfach.

Und einen Pit Kossitzke sperrte man nicht ein.

Niemals.

Er stand auf und trat gegen die Wand, schlug sie, mit all seiner wütenden Kraft, bis Fäuste und Füße schmerzten, er warf sich dagegen, mal an die eine, dann an die andere Seite, um das, worin er steckte, umzuwerfen. Pit sprang auf und versuchte durch den Boden zu krachen. Die flüssige Schokolade fing einen Großteil der Kraft seines Sprungs ab.

Genauso gut hätte er versuchen können, den Brügger Belfried umzureißen. Keinen Millimeter rührte sich die metallene Hülle. Alles, was er erreicht hatte, war, dass er über und über mit warmer Schokolade bedeckt war. Er hatte erotische Träume von so etwas gehabt, aber zurzeit war ihm gar nicht danach. Er schrie, aber nicht um Hilfe, er stieß Drohungen aus, versprach Rache, Qualen und Tod.

Irgendwann sackte er kraftlos zusammen.

Es war Freitag, und wenn das der Tank eines Chocolatiers war, dann würde dieser erst am Montag wieder arbeiten. So lange musste er ausharren. Immerhin hatte er genug zu essen.

Pit versuchte zu lächeln.

Der Versuch misslang.

Denn noch etwas beunruhigte ihn. Er mochte sich täuschen, doch eben war ihm die warme Schokolade nur bis zur Hüfte gegangen. Nun schon bis zum Bauchnabel. Aber wahrscheinlich bildete er sich das nur ein. Vermutlich saß er nur anders.

Pit schaffte es nicht, sich zu belügen.

Und er verlor etwas, das er sonst nie verlor.

Seinen Humor.

Eine Dreiviertelstunde war vergangen, ohne dass Didier Kalou irgendetwas getan hatte, das Bietigheim umstimmte. Dieser saß nun auf dem Beifahrersitz von Kalous Fiat Panda, der einer fahrenden Müllhalde glich. Der Boden war nicht zu sehen, weswegen Bietigheim auf der ganzen Fahrt seine Füße in die Höhe hob. Vor ihm lagen etliche »National Geographics«, anscheinend alles dieselbe Ausgabe. Der Professor griff sich eine, blätterte darin und fand schnell den Grund dafür. Ein deutscher Fotograf namens Max Rehme hatte eine Fotoserie über die Kakaoproduktion geschossen – und nichts ausgespart. Die Bilder vermittelten zugleich die Faszination der Kakaofrucht, ihre Verwandlung, ja geradezu Verpuppung vom Bitteren zum Süßen dank Fermentation, Trocknung und Röstung, wie auch die Härte der Arbeit und die Lebensbedingungen der arbeitenden Familien. Die Bilder sogen ihn so ein, dass er gar nicht merkte, wie sie am Stadtrand Brügges hielten. Unattraktiv war eine Untertreibung für diese Ecke. Dagegen war die Müllverwertungsanlage Borsigstraße eine Perle der Stadtplanung. Am Straßenrand stand dennoch eine Gruppe Touristen. Ein Großelternpaar samt schreiender Enkel, eine Muslimin mit Burka und ein junges Touristenpärchen inklusive aufgeklapptem Reiseführer lungerten vor einem Kanal herum, der schnurstracks ins Land führte, links und rechts von Platanen gesäumt. Von ferne näherte sich ein in die Tage gekommener Schaufelraddampfer und machte sich gemächlich daran, vor dem Noorweegse Kaai 31 anzulegen.

Der Professor drehte sich zu Didier Kalou. »Sie wollen eine Bootstour mit mir machen? Wirklich? Glauben Sie, die Schönheit der Natur beziehungsweise der windgeneigten Platanen macht mich mürbe?«

»Nein, Professor«, beschwichtigte Kalou ihn mit einem müden Lächeln.

»Was dann?« Doch mit einem Mal wusste Adalbert es. »Ich kann nicht fort vom Boot. Sie wollen sicherstellen, dass ich mich nicht entferne, ohne dass Sie eine Leiche auf mich rollen müssen.«

»Ja«, sagte Didier Kalou. »Dort können wir ungestört reden, solange die Fahrt dauert. Fünfunddreißig Minuten.«

Die »Lamme Goedzak« hatte festgemacht, drei Menschen verließen das Boot, die Wartenden stiegen ein, Kalou und der Professor zuletzt. Während alle anderen zielstrebig die Treppe zum Oberdeck nahmen, da das Wetter gewechselt hatte und der Sonne mal wieder ein paar Minuten auf der Showbühne vergönnt waren, blieben die beiden unten. Kalou wies den Professor an, auf welche Bank er sich zu setzen hatte. »Möchten Sie etwas trinken?«, fragte er. »Oder ein Eis?«

Bietigheim zog die Augenbrauen missbilligend empor. »Karten auf den Tisch, und zwar schnell, sonst springe ich vom Boot.«

»Hier sind Aale im Wasser.«

»Die werden mich schon nicht fressen auf dem langen

Weg zum Ufer. Was meinen Sie? Sind es zwei Meter? Oder sogar gigantische drei?«

Das Schiff tuckerte los.

Bietigheim blickte hinaus. Links und rechts hohe Platanen, dahinter lagen Felder.

Die Muslimin kam herunter und kaufte sich ein Bier. Sie setzte direkt zu einem langen Schluck an. Danach war die Flasche leer. Auf dem Weg zurück zur Treppe bog sie ab und setzte sich auf die Bank gegenüber dem Professor.

Kalou nickte ihr zu, und sie nahm die Burka ab.

Die Augen waren Bietigheim eben schon bekannt vorgekommen. So glutvolle hatte der liebe Gott nicht im Dutzend verteilt.

»Es freut mich, Sie wohlauf zu sehen, Senhora da Costa.«

Die Brasilianerin wandte sich an Kalou. »Mir ist ganz flau. Ich brauch noch ein Bier. Holst du es mir?« Dann erst sah sie den Professor an. »Ich dachte, Sie würden vor Schreck aufschreien oder zumindest ungläubig glotzen wie ein Fisch an Land.«

»Da muss ich Sie enttäuschen.«

»So würde ich es nicht nennen.«

Kalou kehrte mit dem Bier zurück, diesmal trank sie es nicht in einem Schluck. Sie brauchte zwei. »Wie Sie jetzt sehen, hat Didier mich nicht umgebracht, Sie brauchen ihn also nicht bei der Polizei zu melden.«

»Das muss ich sehr wohl«, korrigierte Adalbert sie. »Wegen Urkundenfälschung, Falschaussage, Täuschung der Staatsgewalt, Behinderung der Ermittlungen, und da gibt es sicher noch mehr Straftaten, die mir gerade nicht einfallen.«

Kalou sagte nichts, stattdessen ging er los und holte sich selbst ein Bier.

Der Professor blickte in die Landschaft. Noch immer links und rechts hohe Platanen, dahinter Felder.

»Wieso sind Sie nicht überrascht? War es so offensichtlich? Wissen alle, dass ich noch lebe?« Jana Elisa da Costa hob fragend ihre schönen dunklen Augenbrauen.

Der Professor lächelte huldvoll. »Keine Sorge, mein Kind. Dazu braucht es schon eines außergewöhnlichen Geistes, wie ich ihn mein Eigen nenne. Folgende Frage stellte ich mir schon lange: Warum sollte der Jaguarkrieger gerade eine Frau töten, deren Familie und Landsleute unter den Arbeitsbedingungen zu leiden haben, die er anprangert? Sollte sie stattdessen nicht seine Verbündete sein? Deshalb machte dieser Mord so wenig Sinn. Aber ich kam nicht darauf, dass er fingiert war. Bis eben, als ich unseren Jaguarkrieger enttarnte, der so nervös gewesen war, als er Ihre vermeintliche Leiche in Augenschein nahm, und so gelassen, als er es bei der von Franky van der Elst tat. Weil er bei Ihnen dafür sorgen musste, dass sie möglichst schnell in die Rechtsmedizin kamen und nicht auffiel, dass Sie – so vermute ich – nur tief schliefen. Verantwortlich war meiner Vermutung nach ein Gift, mit dem ich mich erst vor Kurzem eingehender auseinandergesetzt habe, nämlich das des Fugo, den meisten wohl nur bekannt als Kugelfisch. Schon im Woduismus wurde es den Mythen nach dafür verwendet, einen todesähnlichen Zustand herbeizuführen, der alle Körperfunktionen auf ein kaum feststellbares Minimum herabsetzt.«

Kalou nickte. »Die Dosierung war ein großes Risiko.«

»Sie waren umgehend am Tatort – weil Sie diesen nur kurz zuvor verlassen und sich umgezogen hatten«, setzte Adalbert seine Beweisführung fort. »Gleichzeitig wusste niemand, wohin der Jaguarkrieger verschwunden war, denn man hätte ihn auf der Flucht über die flache Polderlandschaft sehen müssen. Es war alles von langer Hand geplant, nicht wahr? Sie waren es, der an einer Schweinehälfte ausprobierte, wie die Obsidianklinge ins Fleisch dringt, um Fräulein da Costa nicht allzu sehr zu verletzen. Sie sorgten dafür, dass Ihr Chef gesundheitlich ausfiel, sodass Sie gerufen wurden, um Fräulein da Costas Tod festzustellen, die Obduktion durchzuführen – und damit Sie die vermeintliche Leiche verschwinden lassen konnten.« Bietigheim nickte anerkennend. »Aber warum dann der vorherige Angriff auf Fräulein da Costa im Rathaus?«

»Das war keiner«, antwortete die brasilianische Chocolatière und nahm den Faden der Ereignisse auf. »An dem Abend, als Sie Didier hinter mir sahen, sollte er, völlig unabhängig von mir, einen bedrohlichen Auftritt haben. Ich habe ihn durch einen Nebeneingang hereingelassen und führte ihn gerade hoch. Aber weil Sie auftauchten, schlug er mich dann«, sie sah Didier zärtlich an, »sehr vorsichtig nieder.« War da etwa Liebe in der Luft?

Na ja, im Gegensatz zu Kohlendioxid konnte nie genug Liebe in der Luft sein. Deshalb wartete Adalbert, bis sich ihre Blicke wieder voneinander gelöst hatten, bevor er wieder sprach. Kalou ging neues Bier holen.

»Sie haben die Fernbedienung für diesen lächerlichen Jaguarfellregen im Rathaussaal bedient.«

»Ja«, antwortete Jana Elisa da Costa. »Didier hat alles gebaut und angebracht. Als Abgeordneter der Socialistische Partij Anders hat er Zugang zum Rathaus. Er ist durch den Haupteingang rein, hat ein Toilettenfenster aufgesperrt und die Leiter ins Innere geschafft. Er blieb dann die Nacht vor der ersten Runde der Weltmeisterschaft im Rathaus, montierte alles und spazierte am nächsten Morgen wieder raus. Ich musste die Apparatur dann nur noch auslösen. Sie sollte das Mysterium beginnen lassen.«

»Das ist mir klar. Was mir nicht klar ist: Was sollte sein Besuch bei Madame Baels? Sie steckt doch wohl nicht auch mit drin?« Adalberts Magen krampfte sich bei dem Gedanken daran zusammen.

»Nein, aber sie war sehr warmherzig zu mir. Und diese Weltmeisterschaft ist ihr Ein und Alles, Didier sollte sie beruhigen, das war mein Wunsch.«

»Beruhigen, indem er nachts in ihrem Schlafzimmer auftaucht?«

»Eine blöde Idee, das weiß ich jetzt auch. Als ich sie mir überlegt habe, klang sie noch ganz logisch. Er kam ja gar nicht dazu, in Ruhe mit ihr zu sprechen.«

»Was bei völlig verängstigten Menschen auch schwierig ist.«

Bietigheim blickte hinaus. Links und rechts hohe Platanen. Dahinter Felder. Kalou kam mit dem dritten Bier.

»Wo halten Sie sich zurzeit denn versteckt?«, wandte Adalbert sich erneut an die Chocolatière.

»Bei Didier. Er hat ein Gästezimmer und extra für mich dekoriert. Mit Fotos von Brasilien, damit ich mich wohlfühle. Auch wenn ich für den Karneval in Rio nichts übrighabe.« Sie lachte.

Jetzt wurde Bietigheim das Ganze doch zu gelöst. »Wessen Idee war dieser ganze Unfug?«, fragte er deshalb mit strengem Ton.

»Meine«, sagten Jana Elisa da Costa und Didier Kalou gleichzeitig. Dann nahm dieser die Hand der Brasilianerin. »Es war meine, ich suchte eine Verbündete unter den Teilnehmern und stieß auf Jana. Es hat gedauert, doch ich konnte sie überzeugen. Sie ist eine starke Frau, der Gerechtigkeit wichtiger ist als Ruhm.«

»Das glaube ich Ihnen, obwohl Ruhm – oder zumindest Berühmtheit – kübelweise auf sie zukommt, sobald diese Sache bekannt wird.«

»Wir werden unsere Botschaft verbreiten, aber uns der medialen Aufmerksamkeit entziehen«, antwortete Kalou in ruhigem Tonfall.

»Sind Sie wirklich so blauäugig? Das kommt Hand in Hand. Es geht gar nicht anders.«

Adalbert blickte hinaus. Weiterhin hohe Platanen vor Feldern. Es war, als würde eine Fototapete in Dauerschleife an ihnen vorbeigezogen.

Nun blickte Bietigheim die beiden scharf an. »Aber Sie sind nicht nur zu zweit, sondern zu dritt, oder? Sie brauchten jemanden, der Schmiere stand beim angeblichen Mord an Ihnen, Frau da Costa. Sie hatten versucht, Beatrice Reekmans zu überzeugen, hatten ihr Vertrauen gewonnen, doch dann …«

»… als ich ihr von unseren Plänen erzählte, wollte sie nichts davon wissen und beendete unsere Freundschaft.« Jana Elisa da Costa senkte die Augen. »Sie überlegte sogar, alles publik zu machen. Aber umgebracht haben wir sie nicht, Herr Professor!«

»Also wandten Sie sich an einen der anderen Finalisten.«

Da Costa nickte zögerlich. »Aber ich werde Ihnen den Namen nicht verraten.«

»Doch, das werden Sie.« Hier gab es für Adalbert nichts zu diskutieren. Nun war er an der Reihe, Forderungen zu stellen. »Falls es Ihnen nicht klar ist: Sie versuchen gerade, sich mein Schweigen zu erkaufen. Und mein Schweigen, Verehrteste, ist teuer. Ist es Gnarr?«

»Nein.«

»Hohenhausen?«

»Nein.«

»Raus damit! Meine Geduld ist zu Ende.« Mürrisch verschränkte Adalbert die Arme vor der Brust.

»Macallan«, räumte sie nach kurzem Zögern ein. »Er wird auch das zweite Opfer des Jaguarkriegers sein, sollte auf unsere Forderungen nicht eingegangen werden.«

»Hören Sie mir gut zu, Sie beide! Es wird keine Auftritte des Jaguarkriegers mehr geben, keine Opfer, keine einstürzenden Zirkuszelte, nichts von alledem! Bedenken Sie, welches Unheil damit einherging. Cloizel lebt Ihretwegen in Todesangst. So etwas tun Sie einem herausragenden Chocolatier an – so viel zum Thema Kollegialität! Und nur weil er das größte Unternehmen repräsentiert, dessen Hinwendung zu fair gehandelter Schokolade Ihren größten Erfolg bedeuten würde.« Bietigheim legte kopfschüttelnd eine kurze Pause ein, um seinen Worten Nachdruck zu verleihen. »Wann wollten Sie das Spiel denn aufdecken? Schließlich können Sie nicht ewig tot sein. Je eher diese Scharade ein Ende hat, desto besser.«

»Bei der Kür des Weltmeisters«, erläuterte Kalou, »da sind alle Medien anwesend.«

»Damit würden Sie den Finalisten die verdiente Aufmerksamkeit rauben! Auf keinen Fall. Das werde ich nicht zulassen.«

»Sie wollen uns also doch verraten?« Jana Elisas große Augen wurden noch größer. Doch Bietigheim war dank Benno von Saber abgehärtet. Mit solch flehenden Blicken kam er klar.

»Dies ist kein Spiel, und ich bin kein Spielverderber. Ich weiß noch nicht, wem ich was wann sagen werde, aber Schluss muss jetzt sofort sein! Keine Diskussion. Seien Sie zufrieden mit dem, was Sie erreicht haben. Die Zeitungen sind voll von den Aktionen des Jaguarkriegers.«

»Heute nicht«, sagte Kalou. »Noch keine Zeitung gelesen?«

»Es fehlten mir Zeit und Muße.«

Der Gerichtsmediziner stand auf, ging zum Tresen und kam mit einem zerlesenen Exemplar des »De Standaard« zurück, das er vor dem Professor auf den Tisch warf. »Damit sind die Zeitungen voll. Jetzt ist die Weltmeisterschaft eine Farce.«

»Eine Farce ist eine aus verschiedenen Zutaten bereitete Füllung für Fleisch- und ...« Doch dann stockte Bietigheim.

Die Schlagzeile lautete: »Josephine-Charlotte Baels Mehrheitseignerin bei Franky van der Elst – Ein weiterer Skandal überschattet die Weltmeisterschaft der Chocolatiers in Brügge«.

Der Professor las hastig den Artikel. Eine anonyme

Quelle hatte die Zeitung informiert und ihr Kopien der entsprechenden Beweisunterlagen zukommen lassen. Zweifel gab es keine. Deshalb war Phinchen heute Morgen so schlecht gelaunt gewesen und hatte ihm die Zeitung versagt! Es gab bereits internationale Stimmen aus der Schokoladenwelt. Urs Egeli, Vorstandsvorsitzender der Egeli Chocolatiers Suisse, kündigte an, Rechtsmittel einzulegen. Die Sponsoren der Weltmeisterschaft – *Pralines Aristoteles* und *Chocolats Walrhano* – versuchten, den Skandal in Grenzen zu halten, indem sie versicherten, dass Madame Baels kein stimmberechtigtes Mitglied der Jury und Professor Adalbert Bietigheim sowieso über jeden Zweifel erhaben sei.

Es gab sogar eine Stimme aus Deutschland. Von Hildegard zu Trömmsen, Präsidentin der »Confrérie Chocolaterie Universal – Sitz Hamburg«, von welcher Bietigheim noch nie gehört hatte. Ihr Zitat lautete: »Ich bedaure zutiefst, dass der von mir hoch geschätzte Professor Dr. Dr. Adalbert Bietigheim sich mit solch einer Frau eingelassen hat. Aber ich begrüße, dass ihr schändliches Tun nun zutage gekommen ist und er den Kopf wieder für die bedeutenden Dinge im Leben frei hat.«

Das Boot stoppte und legte nahezu ohne Ruckeln an. Links und rechts hohe Platanen. Dahinter Felder.

Adalbert rührte sich nicht.

Er starrte nur auf den Zeitungsartikel.

Der Professor ließ sich auf dem Rückweg nach Brügge von Kalou am Meer absetzen, über dem gerade ein Hubschrauber der Küstenwacht Patrouille flog. Wolken hatten den Vorhang zugezogen und die Sonne ausgesperrt, der Wind hatte ein paar Knoten zugelegt, und die Gischt spritzte hoch.

Genau richtig.

Der Professor zog sich komplett aus, rannte über die angespülten Muscheln und sprang beherzt ins kalte Nass. Mit schnellen, starken Kraulbewegungen legte er Meter um Meter zurück, bis er keinen Boden mehr unter den Sohlen spürte. Sein Körper war geschockt vom gerade einmal sechzehn Grad kalten Wasser, das Herz raste, der Atem ging schnell.

Für ein paar Sekunden vergaß er allen Kummer, war nur noch Körper, nur noch Kälte und Bewegung,

Doch viel zu schnell war es wieder vorbei.

Wie hatte nur alles so weit kommen können? Morde, verkleidete Männer, doppeltes Spiel, eine Frittenolympiade, Skandale um Skandale bei seiner Chocolatiersweltmeisterschaft. Ein Fiasko, das mit seinem Namen verbunden war, da es ihm nicht gelungen war, diesen Augiasstall frühzeitig auszumisten.

Adalbert schwamm weiter hinaus, die Strömung wurde stärker, zerrte an ihm wie ein ungezogenes Kind, eine Feuerqualle trieb an ihm vorbei. Etwas berührte ihn am Bein, vielleicht ein Fisch, ein Krebs oder nur eine Alge, doch mit einem Mal wollte er zurück ans Ufer. Aber es war Ebbe, der Mond voll und die Gezeiten stark. Das Meer riss auf seinem Rückzug alles mit sich, nichts wollte es dem Land, dem ewigen Feind überlassen. Auch Bietigheim nicht.

Dieser schwamm gegen den Sog an, wollte zurück, doch er war bereits zu weit draußen.

Er konnte von Glück sagen, dass der Hubschrauber der Küstenwacht eine Meldung gemacht und ein Boot aufs Meer geschickt hatte, das nachsah, ob der einsame Schwimmer vor Strandabschnitt 347 irgendeinen Blödsinn machte.

Wie Schwimmen zum Beispiel.

Nachdem die Formalitäten erledigt waren, bestellte Adalbert sich in der Telefonzelle ein Taxi zum Schokoladenmuseum. Trotz der warmen Decken, des Elektrolytgetränks und seiner eigenen Kleidung war ihm fürchterlich kalt. Er fror von innen. War dies noch seine Welt? Eine Welt, in der man sich auf niemanden verlassen konnte, nicht einmal auf eine Frau, der man, nun ja, vielleicht, eventuell, irgendwann einmal sein Herz zu schenken gedachte?

Der Taxifahrer war erfreulich schweigsam und setzte ihn direkt vor seinem Ziel ab.

»Das Museum zahlt«, sagte Bietigheim beim Aussteigen und ging schnurstracks zum Eingang, so schnell, dass er das wütende Zetern des Fahrers nicht mehr hörte. Was aber auch an den Arbeitern lag, die, laut miteinander redend, Skulpturen Fred de Vaeles heraustrugen und in einen LKW verluden.

»Wohin bringen Sie diese … Werke?« Bietigheim schaffte es nicht, das Wort »Kunst« über die Lippen zu bringen.

»Zum Jan Garemijnsaal, wegen des Finales der Olympiade.«

»Weltmeisterschaft!«, grinste ihn ein anderer Packer an. »Die Olympiade ist das mit den Fritten. Hast du eigentlich schon gesehen, was die Unglaubliches …?«

»Ja, aber sicher!«

Bietigheim wandte sich entschlossen ab und ging die Treppen zum zweiten Stock empor, wo die Büros untergebracht waren. Dort hatte er Benno in Mareijke Dovendaans Obhut gelassen, doch deren Büro war leer und der getreue Freund bei der telefonierenden Vorzimmerdame Madame Baels deponiert worden. Der Foxterrier freute sich wie ein Schneekönig, seinen Professor wiederzusehen, und brachte das zum Ausdruck, indem er ihm einmal quer über das Gesicht leckte. Adalbert kraulte ihm herzlich die Ohren.

Dann sammelte er sich einen Augenblick und schritt, ohne anzuklopfen, ins Büro der Hausherrin.

Doch diese saß nicht auf ihrem Platz.

Dafür jemand anderes.

Mareijke Dovendaan.

»Ah, Herr Professor. Gut, dass Sie da sind«, begrüßte sie

den verdutzten Professor fröhlich. »Ich muss Ihnen leider eine unangenehme Mitteilung machen. Madame Baels hat sich beurlauben ... worden.«

»Verstehe.«

»Ich bin die kommissarische Leitung.«

»Des Museums?«, fragte Bietigheim nach.

»Und der Weltmeisterschaft«, verkündete Mareijke Dovendaan stolz, die heute einen schicken Hosenanzug trug, der wie maßgeschneidert an ihrem schönen Körper lag.

»Viel Last auf Ihren Schultern.«

»Ja, und deshalb leider viel zu wenig Zeit. Die Pressemitteilung zum Nachrücker ist gerade raus. Nun kommen die Nachfragen.« Theatralisch rollte sie die Augen.

»Nachrücker?«

»Jón Gnarr. Madame Baels hat mir als letzte Amtshandlung übermittelt, dass Sie sich auf ihn festgelegt haben, um Franky van der Elst zu ersetzen.«

Das hatte Bietigheim nicht, seine Wahl wäre fraglos Urs Egeli gewesen. Vielleicht hatte Madame Baels – wie er sie nun selbst in Gedanken wieder zu nennen pflegte – auch bei dem Isländer Geschäftsanteile erworben?

Ein erneuter Sprung ins Meer erschien ihm plötzlich nicht mehr unangebracht.

»Darf ich Sie etwas fragen?

»Wenn es schnell geht.« Sie lächelte gequält.

»Welche der anderen Finalisten wussten von Franky van der Elsts Jogging?«

»Alle. Er hatte versucht, einige zum Mitmachen zu bewegen, ihnen von der Strecke erzählt. Aber wenn Sie damit andeuten wollen ...«

»Ich will gar nichts andeuten«, schnitt Adalbert ihr das Wort ab. »Ist mal jemand mitgelaufen?«

»Nicht, dass ich wüsste. Und nun muss ich wirklich ...« Sie hielt irgendwelche Ausdrucke hoch, Bietigheim nickte.

»Nur eine Sache noch.«

Mareijke Dovendaan stöhnte auf.

»Ist Madame Baels zu Hause zu erreichen?«

Der Professor erntete ein Kopfschütteln. »Sie ist zu Verwandten nach Gent gefahren. Ich habe allerdings keine Adresse.« Mareijke Dovendaan starrte angestrengt auf ihren Bildschirm.

Der Professor verließ das unwirtliche Büro. Im Gang fiel ihm das flugs angefertigte Gemälde der neuen Chocofee auf. Es hatte den Platz des Porträts von Beatrice Reekmans eingenommen, welches nun, gegen die Wand gelehnt, auf dem Boden stand und wohl darauf wartete, vom Hausmeister oder ihren Hinterbliebenen abgeholt zu werden. Er hielt kurz inne und betrachtete Beatrice Reekmans geheimnisvollen Blick, ihre wie zu einem keuschen Kuss gespitzten schokoladenbraunen Lippen, das prächtige Collier, das ihm nun erstmals auffiel, ihr größtenteils transparentes Kleid, ihre gerade Haltung, als stünde sie an der Ballettstange. Adalbert fand, dass der junge van der Elst dieses Bild erhalten sollte. Ein wenig Licht im Dunkel für ihn.

Er nahm es deshalb einfach mit.

Doch bevor Adalbert dem Junior das Bild seiner Verflossenen übergeben würde, musste er noch einen kurzen Abstecher in den Jan Garemijnsaal machen, der sich im Westflügel der Tuchhallen befand, aus deren Mitte der Belfried spross. Heute durften die Chocolatiers erstmals ihre Plätze sehen und probearbeiten – allerdings nichts für das Finale vorbereiten. Es ging darum, dass sie sich an die Gerätschaften und ihren Aufbau gewöhnten, der aus Platzgründen anders als zuvor war.

Ein Teil der Strecke, die der Professor mitsamt Benno zu Fuß zurücklegte, führte ihn über Pflastersteine, und mit einem Mal begriff er, dass sie es waren, die ihm am stärksten das Gefühl von Historie gaben. Die Form der polierten Steine, die er spürte, wenn er über sie schritt, der Klang der

Ledersohlen seiner handgenähten italienischen Schuhe darauf, dieses harte, scharfe Geräusch, das von den Wänden der alten Häuser widerhallte. Mit jedem Schritt zogen ihn die Steine um Jahrhunderte zurück.

Eine kleine Zeitreise, die ihn sonst immer entspannte. Doch heute nicht. Und der Tag wurde tatsächlich noch schlimmer. Ja, er legte einen großen fettigen Batzen obendrauf. Denn die größte Frittenskulptur der Welt war ausgerechnet im Innenhof der Tuchhallen errichtet worden und damit quasi auf der Fußmatte des Chocolatiersfinales. Sie kündete von der physikalischen Schönheit des Atomiums in Frittenform. Der ganze Platz roch danach. Benno bellte hungrig und drehte sich im Kreis.

Da das unappetitliche Monstrum mit einem sicher zehn Meter hohen Pavillon geschützt war, würde selbst ein Sturmregen diesen Schandfleck nicht aus der Brügger Innenstadt hinwegwaschen können. Wo war nur Pit mit seinem unbändigen Frittenhunger, wenn man ihn brauchte? Vermutlich schlug er sich gerade in diesem Moment den Magen voll. Sollte er doch bleiben, wo er wollte! Adalbert würde ihm ganz bestimmt nicht hinterherlaufen.

Der LKW mit den Schokoskulpturen hielt bereits vor dem Gebäude. Sorgfältig wurde jede einzeln und aufwendig verpackt hineingetragen. Bietigheim folgte ihnen.

Der Saal aus dem 13. Jahrhundert war wunderschön, mit einem von Säulen gehaltenen Kreuzgewölbe und einem edel aus zweierlei Grautönen gefliesten Boden.

Hier würde also das Finale stattfinden.

Die vier Teilnehmer waren anwesend – auch Nachrücker Jón Gnarr, der gerade die Messer in seiner Besteckschublade neu sortierte. Pierre Cloizel machte Bewegungen, die an Tai-Chi erinnerten, doch vermutlich nur dem Test dienten, ob seine Bewegungsabläufe in diese Küchenzeile passten. Als der Franzose fertig war, rückte er den Kühlschrank gute zwei Zentimeter näher an die Arbeitsplatte heran.

Edward Macallan hatte einen Kuchen im Ofen und schaute ihm erfreut beim Aufgehen zu. Als Adalbert näher trat, wandte er sich diesem zu. »Wollen Sie gleich auch was von meinem Whisky-Spongecake? Gefüllt mit lecker Orangenschokolade!«

»Sie wissen doch, dass Sie keine Vorbereitungen zum Finale durchführen dürfen!«, rügte Adalbert den Schotten.

»Mach ich ja auch nicht. Den hier backe ich nur zum Spaß, weil ich ihn so gern esse, ist ein Rezept von meiner Mutter. Sonst kann sie nix, aber diesen einen Kuchen.« Macallan grinste.

»Sie sollen diese Küche kennenlernen, nicht zu Ihrem Privatvergnügen Kuchen backen.«

»Und wie lernt man eine Küche am besten kennen? Indem man sie benutzt!«

Auch Vanessa Hohenhausen war dieser Ansicht. Sie modulierte gerade eine pralle Weinrebe in Originalgröße, mitsamt Blättern aus grün eingefärbter weißer Schokolade. Um sie zum Stehen zu bekommen, drückte sie einen kleinen Stahlwinkel in die weiche Schokolade und verputzte die Stelle danach perfekt. Es hielt! Die Ahrtalerin strahlte und schoss mit ihrem Handy ein Foto von dem Werk. Auch Adalberts Herz begann sich wieder zu erwärmen. Deshalb war er hier. Weil Schokolade so etwas Wundervolles war. Weil sie schon beim Anblick glücklich machte, weil dieser ein Versprechen für das Vergnügen am Gaumen war. Hohenhausens kleine Skulptur versprach allein aufgrund ihres samtigen Glanzes eine hohe Schokoladenqualität. Sie lockte förmlich zum Reinbeißen – und doch würde dies nur ein Kretin wagen, denn damit zerstörte er das Kunstwerk.

Mit etwas gelösterem Schritt verließ Adalbert den edlen Jan Garemijnsaal, gefolgt von einem aufgeregt wedelnden Benno.

Dann hielt der Professor inne.

Und ein letzter Brocken löste sich in seinem Kopf auf,

gab den Blick vollends frei auf die Lösung des Mordes an Beatrice Reekmans.

Umgehend hielt er die Möbelpacker auf.

»Stop! Unter den Werken de Vaeles könnte sich eine Fälschung befinden! Wir müssen sie wiegen! Sofort!«

»Aber wir haben einen Auftrag von...«

»...nun haben Sie einen von mir«, unterbrach Adalbert den Mann barsch, »und ich bin der Juryvorsitzende der Weltmeisterschaft, um nicht zu sagen: der Fels in der tödlichen Brandung. Ich sagte: sofort, und damit meinte ich sofort. Sind Ihre Hirne in der Morgensonne etwa geschmolzen?«

Einer der Träger schaute bedröppelt zu Boden, vermutlich, so dachte der Professor mit einem Augenfunkeln, um sein verflossenes Hirn zu suchen. Doch der andere machte den Rücken gerade und stellte sich Adalbert entgegen.

»Wer fälscht denn solche zu groß geratenen Schokoriegel?«

»Ein internationaler Schokoladenskulpturen-Fälscherring mit Zentrum in Bremen.« Den Bremern, dachte Bietigheim, war schließlich alles zuzutrauen.

Sein Gegenüber schien noch nicht vollends überzeugt. »Und was soll das mit dem Wiegen?«

»Obwohl dies niemand von mir verlangen kann, gönne ich Ihnen einen Einblick in mein Denken. Ich vermute, dass bei der Fälschung nicht nur hochwertige Schokolade verwendet wurde, sondern eine günstigere Milchschokolade – was sich im Gewicht zeigen wird, da Zucker und Milchpulver weniger wiegen als Kakaomasse und Kakaobutter. Und jetzt machen Sie endlich, wie Ihnen aufgetragen wurde!«

Das mit dem Gewicht war natürlich völliger Mumpitz, in diesem Moment ausgedacht, ein Kilo Milchpulver wog genauso viel wie ein Kilo Kakaobutter. Nämlich ein Kilo. Und wenn es Unterschiede wegen der verwendeten Mengen gab, so wären sie minimal. Doch wiegen musste er die Skulpturen wirklich. De Vaele hatte bei jeder dazugeschrieben, aus wie viel Kilo Schokolade sie erschaffen worden war. Was für ein Glück!

Eine Industriewaage wurde beschafft. Der Professor musste dafür nur ein wenig schreien und ein klitzekleines bisschen drohen. In der Wartezeit probierte er die von de Vaele verwendete Schokolade, indem er winzige Stücke vom unteren Rand abbrach. Hochinteressant.

Nach dem Wiegen wusste Bietigheim, dass eine der Skulpturen seit ihrer Erschaffung einige Kilo zugelegt hatte.

Wahrscheinlich ungesunde Ernährung.

Er musste ganz breit grinsen.

Pits Gefühl nach war es … ja, wie spät eigentlich? Wie viel Zeit war vergangen, seit er hier eingesperrt worden war? Ungefähr um halb zwei am Nachmittag musste er überwältigt worden sein, danach der Transport zum Auto, gefolgt von der Fahrtstrecke zum Tank und der sicher nicht einfachen Aufgabe, ihn hier hereinzuhieven. Das alles hatte sicher eine gute Stunde gedauert. Mindestens. Doch wie lange er danach noch bewusstlos gewesen war, wer konnte das schon sagen?

Pit spürte, dass der Sauerstoffvorrat nicht ewig ausreichen würde, dass die Luft dicker zu werden schien, wie klumpige Erbsensuppe, die nur schwer den Schlund hinunterglitt.

Das Loch, durch welches flüssige Schokolade hineingepumpt wurde, befand sich auf rund einem halben Meter Höhe und hatte den Durchmesser seines Daumens. Zuerst hatte Pit ein Stück seines T-Shirts abgerissen und hineingestopft, wirklich fest hinein, sodass es bombenfest saß. Doch schon nach wenigen Sekunden war es langsam herausgepresst worden. Dabei drang meist nur wenig aus dem Loch, manchmal auch gar nichts. Er hatte es nochmals versucht, den Stoff stärker zusammengepresst, aber mit dem gleichen Ergebnis. All das in völliger Dunkelheit und Wärme, die ihn zum Schlafen verleitete, ihn in Morpheus' Arme lockte, als seien diese ein weiches Kissen.

Dann hatte er so viel Stoff abgerissen, bis die gesamte Vorderseite seines T-Shirts aufgebraucht war, und alles tiefer hineingedrückt, hatte auch die Schnürsenkel seiner Schuhe gelöst und ebenfalls ins Loch geschoben.

Es hielt.

Pit atmete durch.

Es hielt. Nichts kam mehr durch.

Doch nach zwei Minuten war es geradezu herausgeschossen, und ein ganzer Schwall warmer Schokolade hatte sich in den Tank ergossen.

Dann hatte Pit die Lösung gefunden. Er musste nicht viel hineindrücken, der Stoff musste jedoch vollends durchfeuchtet sein, dann ein trockenes Knäuel. Und dann …

… musste er dagegendrücken.

Ohne Unterlass. Bis an irgendeiner Stelle außerhalb seiner dunklen Welt ein Ventil platzte. Das musste doch geschehen, oder? Die Gesetze der Physik bewiesen es. Und die waren unbestechlich.

Seine Muskeln drohten zu erlahmen. Doch er durfte nicht nachlassen.

Pit hielt die Augen offen, obwohl er nichts sah.

Doch es fühlte sich an, als könne er den Schlaf so noch ein paar Minuten länger fernhalten.

Der Professor hatte das Gemälde Beatrice Reekmans in van der Elsts Chocolaterie abgegeben – der junge Mann war ihm zum Dank um den Hals gefallen. Danach hatte er sich bei einem Herrenausstatter in der Steenstraat komplett neu eingekleidet, da seine komplette Wechselgarderobe noch bei Madame Baels deponiert war. Es war keine

Maßkleidung. Und der Stoff nicht fein gesponnen. Es juckte überall, als er die Sachen am nächsten Morgen anlegte, und es zwickte an Stellen, wo es nie zwicken sollte, wo es einfach unschicklich war, wenn es zwickte, weil man nicht ohne Gesichtsverlust die Kleidung dort durch einen kleinen Ruck in eine nichtzwickende Position bringen konnte.

Wie der Professor nach dem Frühstück durch einen Anruf im Hotel »De Boerenpummel« in Erfahrung brachte, war Pit immer noch nicht wieder aufgetaucht. Unverschämtheit! Wahrscheinlich war er zurück nach Cambridge, weil die Sehnsucht so gebrannt hatte. Ohne ihm ein Wort zu sagen. Der musste nicht meinen, noch mal von ihm zu hören. Adalbert war ehrlich enttäuscht.

»Na, das ist aber nett, dass du uns ausreichend Plätze freigehalten hast, Adi. Familientisch sozusagen!« Wolfram setzte sich zu ihm und Benno – Elfi, Kevin, Chantalle, Angelina und Heinz-Horst auch.

»Gestern haben wir uns die Frittenolympiade angeschaut, das ist vielleicht ein Spektakel, sage ich dir!« Elfi schien immer noch beeindruckt. »Und dieses Atom aus Fritten, das ist ja wahnsinnig groß, wirklich sehr beeindruckend. Sind eure Schokoskulpturen ja auch, nur halt nicht so groß.«

»Also winzig dagegen, sag es dem Adi doch ehrlich«, brachte Wolfram es auf den Punkt. »Da könnt ihr nicht mithalten, ist halt so. Je größer, desto besser. Deshalb bieten wir demnächst auch richtig große Fritten bei uns an. Die größten von ganz Bietigheim. Und große Pralinen, größer noch als die belgischen, doppelt so groß, mega, sagt man ja heutzutage.«

»Das schauen wir dann mal, wenn wir wieder zu Hause sind, Wölfchen. Wo ist denn dein Freund, dieser Peter?«

»Pit. Ich weiß nichts über seinen aktuellen Aufenthaltsort«, entgegnete Adalbert muffig.

»Habt ihr euch gestritten? Bist wieder mal oberschlau gewesen?« Wolfi knuffte ihn.

»Nicht, dass ich wüsste.«

»Manchmal kannst du schon sehr anstrengend sein, Adi. Macht dir doch nix aus, wenn ich den letzten Käse nehme, oder? Und die Wurst auch, dein Benno sieht schon genauso satt aus wie du.«

Wölfchen musste was auf den Augen haben, Benno sah nie satt aus. Selbst wenn er einen Blauwal vertilgt hatte.

»Wir kommen heute übrigens zum Finale!«, verkündete Elfi mit strahlenden Augen. »Bei den Buchmachern steht dieser Macallan mittlerweile vor Cloizel, dann unsere Vanessa und danach dieser Isländer. Wir drücken natürlich der Vanessa ganz feste die Daumen.«

»Ach was, du willst doch, dass dieser Schotte gewinnt, von dem hängst du dir zu Hause sicher ein Foto in den Spind«, raunte Wolfi mit vollem Mund.

Adalbert zog seine goldene Taschenuhr an der Kette hervor. »Oha, ich muss dringend los. Ihr entschuldigt mich und Benno.«

»Wir entschuldigen alles«, sagte Wolfram. »Nur nicht zu wenig Kaffee am Morgen. Bedienung! Zacki, zacki, der Papa hat Durst.«

Adalbert wickelte am Büfett ein Stück Boerewurst als Wegzehrung in eine Papierserviette ein und verschwand. Zum ersten Mal in seinem Leben dachte er über eine Namensänderung nach.

Dass es regnete, passte zu Adalberts Laune, jedes andere Wetter wäre Hohn gewesen. Immerhin hielt sein rotweißer Regenschirm – in den Farben des Hamburger Stadtwappens und mit poliertem Mahagonigriff – ihn stilvoll trocken.

Schon Hunderte Meter vom Ort des Finales entfernt waren alle Parkplätze besetzt, selbst die inoffiziellen. Fernsehteams aus aller Welt waren eingetroffen, dazu Zeitungs- und Magazinjournalisten. Die Morde und Madame Baels' finanzielle Verflechtungen hatten das mediale Interesse an der Weltmeisterschaft potenziert – mehr als bei jedem Wettbewerb der Chocolatiers zuvor. Wer auch immer gewann, war ein gemachter Mann oder eine gemachte Frau.

Die Medien machten Adalbert schon von Weitem aus, stürmten zu ihm, umringten und überschütteten ihn mit Fragen, wollten Stellungnahmen und Fotos. Sonst nutzte der Professor jede Chance, seinen Standpunkt wortreich darzulegen. Doch nun hieß sein Standpunkt Seriosität, nur er war schließlich noch da, um diesen zu vertreten. Und mit Stille und Ernsthaftigkeit tat er dies am besten. Mithilfe seines Regenschirms bahnte er sich durch die Meute einen Weg in die Tuchhallen und verschwand im Hinterzimmer, das für die Besprechung der internationalen Fachjury vorgesehen war. Diese bestand aus von Bietigheim persönlich ausgewählten ehemaligen Weltmeistern sowie berühmten Chocolatiers und war bereits komplett anwesend. Bevor der Professor die Modalitäten der Bewertung erläuterte, organisierte er noch ein Schälchen Wasser für Benno.

Nach rund einer Stunde trafen die vier Finalisten ein. Der Professor schritt zum Jan Garemijnsaal, um sie dem Publikum vorzustellen. Hinter der Absperrung pressten sich die Zuschauer aneinander. Und bei mehr als einem hatte der Professor das Gefühl, er wollte nur sehen, wer wohl als Nächster den Löffel abgab.

Die Spots gingen an, allesamt auf Adalbert gerichtet, der ohne viel Aufhebens begann.

»Aus Bayonne, Frankreich: Pierre Cloizel.« Spot auf dessen Küchenzeile. Anerkennender Applaus.

»Aus Bad Neuenahr, Deutschland: Vanessa Hohenhausen.« Spot und aufmunternder Applaus, einige Pfiffe junger Männer, die wohl gerne die komplette Schokoladenseite der jungen Chocolatière gesehen hätten.

»Aus Edinburgh, Schottland: Edward Macallan.« Spot und stürmischer Applaus, Johlen, ein Dudelsack erklang, der ›Amazing Grace‹ anspielte.

»Und schließlich aus Kópavogur, Island: Jón Gnarr.« Pfiffe und Buhrufe übertönten den Applaus. Den Belgiern gefiel es nicht, dass Gnarr anstelle von van der Elst vorne im Spotlicht stand. Bietigheim schritt ein.

»Schämen Sie sich! Sie beschmutzen Franky van der Elsts Andenken. Er war ein fairer Sportsmann, und Sie sollten sich ein Beispiel an ihm nehmen. Jón Gnarr hat sich sicher nicht gewünscht, durch einen Todesfall ins Finale einzuziehen, doch nun wird er sein Land vertreten, wie Herr van der Elst es für Belgien getan hätte. Seien Sie so gute Gastgeber, wie Sie es bisher waren. Auch für Franky van der Elst, der seine Kollegen und Kolleginnen hier willkommen geheißen hat.« Spärlicher Applaus setzte ein, der allmählich stärker und lauter wurde, bis er schließlich ohrenbetäubend war.

Und Jón Gnarr sichtlich unangenehm.

Der Beifall erstarb erst, als die weißen Vorhänge vor den Finalisten zugezogen wurden. Heute war alles den Blicken entzogen – abgesehen von den Blicken einiger Aufpasser natürlich, welche die Einhaltung aller Wettbewerbsregeln überwachten. Exakt drei Stunden Zeit hatten die Chocolatiers, dann würden die Vorhänge gleichzeitig fortgezogen. Danach folgten die jeweilige Präsentation und die Begutachtung durch die Jury, welcher jeder Arbeitsschritt und jede Zutat grammgenau erklärt werden musste und die sich danach gustatorisch von der Qualität der Arbeit überzeugen würde. Mit dem Professor waren es insgesamt zwölf Juroren, wobei die Stimme des Juryvorsitzenden im Falle eines Patts den Ausschlag gab. Aufgabe der Chocolatiers war es nun, eine vollständig aus Schokolade bestehende Skulptur zu schaffen, in der mindestens achtzehn Pralinen eingearbeitet waren – entsprechend dem Jahrhundert, in dem Carl von Linné erstmals den Kakaobaum beschrieb.

Obwohl es nun vorerst nichts zu sehen gab, blieben die meisten Zuschauer und Juroren im Saal. Nur ein paar der Jurymitglieder zogen sich in das Hinterzimmer zurück, in dem Getränke und belegte Brodjes für sie bereitstanden. Alle im Jan Garemijnsaal waren leise, lauschten den Geräuschen der hinter den Vorhängen werkelnden Finalisten, den Jauchzern des Glücks bei überwundenen Klippen, der scharf eingezogenen Luft bei schwierigen Handgriffen und den Flüchen, wenn etwas nicht gelang. Es wirkte wie ein Hörspiel, bei dem das Publikum raten konnte, welche Regung wohl von welchem Chocolatier stammte. Vanessa Hohenhausen fluchte nicht, sie sang, wahrscheinlich merkte sie es selber vor lauter Konzentration nicht. Lieder, wie Bietigheim dem Gerede um sich herum entnahm, von Frank Turner, Billy Bragg, Peter Gabriel und U2. Sagte ihm alles nichts. Aber von ihr gesungen, klangen sie äußerst angenehm. Vielleicht trat ja einer davon mal in der Elbphilharmonie auf – wenn diese im Jahr 3024 eröffnete.

Der Saal füllte sich langsam mit dem Duft warmer Schokolade. Gab es etwas Betörenderes und Verlockenderes, etwas mehr Vergnügen Versprechendes? Bietigheim konnte verstehen, warum Menschen Badezusatz mit Kakaoaroma verwendeten, es musste sein wie im Inneren einer Praline.

Es gab Helfer bei dieser Weltmeisterschaft, Stewarts genannt, die den Finalisten Wasser brachten oder für Nachschub sorgten, wenn eine wichtige Zutat fehlte oder ausgegangen war – was allerdings Punktabzug zur Folge hatte, da es unzureichende Vorbereitung verdeutlichte. Die Stewarts trugen dunkelbraune Kochjacken und weiße Kochhosen. Für jeden der vier Finalisten war ein Stewart abgestellt.

Doch Bietigheim zählte fünf.

Er zählte nochmals.

Was einige Zeit dauerte, da sie nur gelegentlich hinter den Gardinen vortraten und er sich ihre Gesichter merken musste.

Fünf. Ohne Frage.

Eines der Gesichter kannte er.

Nur allzu gut.

Gerade verschwand es hinter Cloizels Vorhang.

Es gehörte einem Rothaarigen, und dieser Rothaarige gehörte nicht hierhin.

Bietigheim griff sich seinen Regenschirm und ging zum Vorhang. Gerne hätte er Benno »bei Fuß« befohlen, doch das hätte vermutlich dazu geführt, dass er toter Hund auf dem Siegerpodest gespielt hätte. Also sagte er nichts.

Was überraschenderweise dazu führte, dass ihm der widerspenstige Foxterrier brav bei Fuß folgte.

Ganz nah stellte sich Bietigheim an die Gardine, denn eintreten durfte er nicht, selbst in diesem Fall, Regel war Regel!

Ganz leise hörte er eine Stimme – nicht die Cloizels. Die Stimme war nah, der Rothaarige musste sich direkt auf der anderen Seite des Stoffes befinden und flüstern.

»... mischt Salzkaramell unter die Schokoladenmasse ... Meersalz aus Mallorca ... außerdem Safranpulver sowie Tahiti-Vanille in die weiße Schokolade, jedoch nur äußerst geringe Mengen ... frisch. Für die Bepuderung nicht nur Brombeerpulver, sondern auch etwas Erdbeer- und Himbeerpulver ... äußerst raffiniert.«

Ein leises Klicken ertönte. Vermutlich die Pausetaste eines Diktiergeräts.

Ganz langsam trat der Rothaarige wieder heraus.

Wie von selbst schlang sich der Griff an Bietigheims Regenschirm um den am Rothaarigen angebrachten Hals.

»Wir gehen jetzt zur Polizei«, verkündete Adalbert entschlossen.

»Was? Wieso? Ich arbeite hier.« Er hob die Hände abwehrend empor.

»Ach, was bin ich Lügen leid.« Schnell zog der Professor ihn in den Gang hinter dem Saal, fort von den Augen der Juroren, Schaulustigen und Medienvertreter. Benno umrundete den Mann wie ein Hai sein Opfer – statt Rückenflosse mit erhobenem Stummelschwänzchen. »Sie haben Vanessa Hohenhausen zweimal ausspioniert, einmal davon verkleidet mit Perücke sowie einer Fensterglasbrille.«

»Ich weiß nicht, wovon Sie reden!«

»Wenn Sie meinen, es so spielen zu können, dann machen Sie ruhig weiter! Sie sind keiner der vier Stewarts, und Fräulein Hohenhausen wird Sie bei einer Gegenüberstellung sicherlich wiedererkennen, denn Ihre Augen bleiben Ihre Augen.« Er zog den Mann hinter sich her. Benno begann zu knurren.

»Das tut höllisch weh«, röchelte der Rothaarige und griff nach dem Regenschirm, doch Adalbert hielt fest, bugsierte ihn in einen kleinen Abstellraum, in dem Putzutensilien aufbewahrt wurden, löste blitzschnell den Griff vom Hals, verschwand aus dem Raum und schloss diesen ab.

»Ich verständige nun die Polizei«, rief er durch die verschlossene Tür.

»Nein! Warten Sie doch! Ich bin von ...« Schweigen.

»Ja? Ich warte. Und ich warte nur noch fünf Sekunden. Fünf ... vier ... drei ... zwei ...«

»Ich bin von *Pralines Aristoteles*!«

Na also. »*Aristoteles*? Sie meinen den Hauptsponsor dieser Weltmeisterschaft?«

»Ich habe nichts mit den Morden zu tun und nichts mit dem Jaguarkrieger. Ich schwöre es! Ich kontrolliere nur, dass alles ordnungsgemäß vonstattengeht.«

»Lüge«, sagte der Professor, dem plötzlich auffiel, dass Benno fehlte.

»Nein, es ist keine. Was macht denn der Hund hier drinnen?« Ah, das hatte sich schon mal geklärt. »Geh weg! Nicht an mein Bein! Hörst du jetzt auf, ich bin keine Hündin. Ich tret dich gleich weg! Hör auf zu beißen! Nicht festbeißen! Holen Sie Ihren Hund raus, verdammt, holen Sie sofort diese Bestie raus!«

Adalbert konnte sich ein Grinsen nicht verkneifen. »Sagen Sie einfach die Wahrheit. Habe ich schon erwähnt, dass ich Lügen leid bin? Sonst sage ich es gerne noch mal. Aber erst verständige ich die Polizei, dann können Sie dieser Ihre Märchen erzählen. Meinen Hund hole ich danach ab. Es kann allerdings etwas dauern, da ich nicht im Besitz eines tragbaren Telefons bin und nicht weiß, wo sich im Haus ein stationärer Fernsprechapparat befindet.«

»Warten Sie!«, drang es durch die Tür. »Ich bin nur ein Beobachter, ein kleines Rädchen. Nur ein Berichterstatter…«

»Sie spionieren!«

»Ich tu doch keinem weh, sondern leite nur weiter, wie alles gemacht wird. Kleinigkeiten, die sowieso irgendwann herauskommen. Die meisten Chocolatiers werden ihre Rezepte hinterher veröffentlichen.«

»Aber nicht alle Geheimnisse, das wissen Sie genauso gut wie ich.« Auch wenn der Inhaftierte es nicht sehen konnte, war dies wieder ein Moment für Adalberts erhobenen Zeigefinger. »Wie bei Kochbüchern von Spitzenköchen. Alle Tricks werden nie verraten. Und Sie schöpfen genau diese Tricks ab. Zuerst in zwei verschiedenen Verkleidungen bei Vanessa Hohenhausen, nun bei Pierre Cloizel, und wer weiß, bei wem noch. Das ist geistiger Diebstahl. Und wer weiß, vielleicht hat Franky van der Elst Sie erwischt, wollte sich nicht bestehlen lassen und stattdessen einen Skandal entfachen? Und Sie wollten diesen um jeden Preis vermeiden?«

»Haben Sie eben nicht gehört, dass ich von Pralines Aristoteles komme?« Der Rothaarige blieb bei seiner Geschichte. »Ohne die wären Sie gar nicht hier, Professor, was meinen Sie, wer Ihre Aufwandsentschädigung und Ihr Hotelzimmer zahlt?«

»Es ist mir völlig egal, wer Sie geschickt hat, und wenn Sie der Sondergesandte des Papstes wären, Sie werden sich der Polizei stellen und der Öffentlichkeit gegenüber verantworten.«

»Mein Auftraggeber wird seine finanzielle Unterstützung zurückziehen!«

»Das wollen wir ja mal sehen. Ich wage es schwer zu bezweifeln, und das Risiko gehe ich ein. Mit allem Geld der Welt können Sie sich nicht freikaufen. Dies ist meine Weltmeisterschaft, und sie läuft sauber ab. Ich will nichts mehr von Ihnen hören. Benno, fass!«

»Was haben Sie gesagt? Nein! Nein!!!!! – Was ist jetzt? Ist er tot? Habe ich ihn eben doch erwischt?«

»Er tut nur so. Sagen Sie ihm bloß nicht, dass er ein Braver ist.« Adalbert kicherte leise.

»Ja, du bist aber ein Braver. Aua! Das war meine Hand!«

Bietigheim beschloss, die Deeskalation einzuleiten. »Stellen Sie sich mit dem Rücken zur Tür an die Wand. Und keine Tricks! Ich kann es durch das Schlüsselloch sehen.«

Der Rothaarige tat wie befohlen.

Dann öffnete Adalbert die Tür und rollte das Stück Boerewurst vom Frühstücksbüfett aus der Papierserviette. Der kleine Foxterrier stürzte sich darauf, der Professor musste lächeln. Egal, wie revolutionär Bennos Wesen war, Fressen ging stets vor.

Die restliche Zeit bis zum Öffnen der Vorhänge verging erfreulich ereignislos. Die rückwärtszählende Digitaluhr am Saalende näherte sich der Null, die letzten zehn Sekunden wurden von der Menge laut mitgezählt, dann rief Bietigheim, »*Rien ne va plus*«, und die Stewarts zogen gleichzeitig die Vorhänge fort. Nun erst war zu sehen, dass hinter den

Küchenzeilen große Nationalflaggen entsprechend der Herkunft der Chocolatiers aufgehängt worden waren.

Allen Chocolatiers war der Stress anzusehen, ihr Lächeln wirkte angestrengt. Bis auf das von Edward Macallan. Dieses wirkte selbstsicher und frech.

Der Professor bat alle Anwesenden um eine Schweigeminute für den verstorbenen Franky van der Elst. Der angespannte Saal quälte sich durch die sechzig Sekunden, ehe Bietigheim allen für ihre Geduld dankte. Per Losentscheid war entschieden worden, dass zuerst Vanessa Hohenhausen, dann Jón Gnarr, anschließend Pierre Cloizel und schlussendlich der siegessichere Schotte Edward Macallan ihre Skulpturen präsentieren sollten.

Der jungen Deutschen wurde ein Mikrofon gereicht, in charmantem Englisch sagte sie: »Ich nenne meine Skulptur ›Köstliche Heimat‹, sie zeigt das Gebäude des Weinbauvereins Dernau. Die Skulptur ist einen Meter zweiundvierzig hoch und aus dreierlei Schokoladen gefertigt, die ich von *Walrhano* bezogen und selbst verfeinert habe: feinherb, Alpenmilch und weiße Schokolade. Vor dem Haus sehen Sie kleine Barriquefässer, exakt achtzehn Stück. Dies sind Pralinen mit klassischer Trüffelfüllung. Entsprechend ihrem Anteil am Weinanbau in meiner Heimatregion habe ich der Füllung eine Mischung aus verschiedenen Weinsorten zugegeben. Diese besteht aus zweiundsechzig Prozent Pinot Noir, acht Prozent Portugieser, acht Prozent Riesling, sieben Prozent Frühburgunder, vier Prozent Regent, weiteren vier Prozent Dornfelder, drei Prozent Müller-Thurgau, zwei Prozent Domina sowie noch einmal zwei Prozent Weißburgunder. Vor dem Gebäude fließt die Ahr, ein kleiner Nebenfluss des Rheins, den ich mit Bezug auf die meisten Weine des Tals nicht blau, sondern mittels Fruchtpulver rot dargestellt habe.« Sie presste die Lippen zusammen, nickte kurz, trat zurück und blickte sich fragend um. Bietigheim nahm ihr geschwind das Mikrofon ab.

»Herzlichen Dank und Applaus für Vanessa Hohenhausen!« Das Heranzoomen von Kameralinsen war zu hören, Blitze erhellten den Saal, lautes Klatschen setzte ein.

Die Jury wanderte zu Jón Gnarr, vor dessen Küchenzeile eine Pyramide aus schokoladigen Sektkelchen stand. Bietigheim erkannte mit einem Blick, dass es sich dabei um eine Meisterleistung der Chocolatierskunst handelte.

»Meine Damen und Herren, ich präsentiere meine Skulptur: ›Ich esse Sterne!‹ Angelehnt an Dom Perignons berühmten Ausspruch ›Ich trinke Sterne‹. Die Gläserpyramide, welche Sie hier sehen, ist komplett aus weißen Schokoladenkelchen erbaut. Sie stehen auf einem Bistrotisch, der ebenfalls komplett aus Schokolade besteht, auch wenn es aus der Entfernung anders aussieht. Der Tisch wiederum steht auf einem Flokatiteppich, dessen Muster den römischen Weingott Dionysos bei einem Gelage zeigt – auch er wurde selbstverständlich aus Schokolade gefertigt. Nun entkorke ich eine Methusalem, also eine Sechsliterflasche, gefüllt mit nordschwedischem Birkensaftsekt.« Mit einem lauten Plopp schoss der Korken aus der Bouteille, und schäumend ergoss sich der sprudelnde Wein in das oberste Schokoladenglas. Als es überlief, füllte sich die Reihe darunter und so fort bis zur untersten Ebene der Pyramide.

Spontaner Applaus setzte ein.

»Sie fragen sich jetzt bestimmt, wo die Pralinen versteckt sind. Verrate ich Ihnen sofort: Es sind die kugelförmigen Verzierungen, seitlich an der runden Tischplatte. Bei ihrer Füllung habe ich das kulinarische Motiv des Weins – in meinem Falle des Schaumweins – aufgegriffen und es mithilfe der Technik, die auch bei der Herstellung von Luftschokolade benutzt wird, umgesetzt. Zudem enthalten meine Trüffelkugeln Brausepulver, das im Mund kleine Explosionen verursacht. Sie prickeln also auf der Zunge genau wie Schaumwein.«

Der glatzköpfige Isländer verbeugte sich und genoss das Blitzlichtgewitter, als wären es die ersten warmen Sonnenstrahlen des Frühlings nach einem viel zu langen Winter. Echte Begeisterung lag im Jubel der Anwesenden. Wer sollte das noch toppen?

Doch als Pierre Cloizel das Mikrofon erhielt, war er die Ruhe selbst. Von Anspannung in seinem gelassenen Gesicht keine Spur, kein Vibrieren in der Stimme. Cloizels Skulptur war kleiner als die von Gnarr und Hohenhausen und stand auf einem schlichten, hellen Eichenholztisch.

»Mesdames et messieurs, Sie sehen einen Rebstock. Denn schließlich ist er es, von dem alles ausgeht, was später in der Flasche zu finden ist. Boden, Kleinklima, Jahrgangsunterschiede, aber auch Fauna und Flora vor Ort, alles, auch die Hand des Menschen, fließt mit ein, die Kultur und Tradition des Weinmachens, all das ist Terroir. Deshalb nenne ich meine Skulptur auch so.« Cloizel legte eine kurze Redepause ein, in der erster Applaus zu hören war. »Sie sehen einen Rebstock, wie ich ihn bei Château Mouton-Rothschild im Bordelais gesehen und von allen Seiten fotografiert habe. Es ist eine detailgetreue Wiedergabe im Maßstab 1:1, die entsprechenden Fotos können Sie hier betrachten.«

Er drückte auf eine Fernbedienung, und hinter ihm warf ein Beamer Bilder des Rebstocks an die weiße Wand. Die Nachbildung war bis auf die kleinsten Verästelungen der Zweige und die minimalsten Verdickungen des Stammes perfekt. »Ich habe ihn am Tag der Lese abgelichtet, mitsamt seinen Blättern in all ihren herbstlichen Farben, den reifen Trauben, ja sogar einen verfressenen Spatz können Sie unten erkennen und zu seinen Füßen eine Rebschere.« All das spiegelte Cloizels Skulptur in allen Facetten und Details wider. Die Blätter hatte er so hauchdünn geformt, dass er sie nun mithilfe eines kleinen Ventilators in ein sachtes Schwingen versetzen konnte. Pure Poesie. Es sah unfassbar echt aus. Der Franzose spielte von einer CD Geräusche ab: Vogelgezwitscher, Wind in den Blättern, ferne Geräusche der Lesehelfer bei ihrer Arbeit, die Melodie der klackenden Rebscheren.

»Die Weintrauben sind gleichzeitig Pralinen und lassen sich genauso pflücken wie ihre realen Vorbilder. Unter ihrer Oberfläche finden sich vier Schichten Nugat. Im Kern Nussnugat, angereichert mit feinsten Spuren von Calciumkarbonat, das für den kalkhaltigen Boden von Château Mouton-Rothschild in Pauillac steht. Es folgt Wildkräuternugat als Verkörperung der Flora, die auf diesem gedeiht, dann Weinnugat, selbstverständlich vom Mouton aus dem Jahrgang, der kurz nach den Fotoaufnahmen geerntet wurde, und schließlich Nugat mit Weingeist. Der flüchtige Geist steht dabei für die Luft. Alles ist in rot gefärbte, fünfundsechzigprozentige Bio-Arriba-Ecuador-Schokolade gehüllt, die besonders blumig-vanillig am Gaumen zergeht.« Er verbeugte sich. »Terroir. Für Sie!«

Der Applaus war zuerst ungläubig-zurückhaltend, dann überwältigend. Selbst Adalbert war sprachlos und vergaß ganz die Abmoderation, bis ihn einer der Juroren darauf hinwies.

»Mesdames et messieurs, Pierre Cloizel!«

Nur noch einer war nun übrig, nur noch eine Präsentation, dann hatte die Jury die Qual der Wahl.

Edward Macallan saß auf seiner Küchenzeile, die Arme verschränkt, die Beine baumelnd. Er pustete kurz in das von Professor Bietigheim gereichte Mikro, bevor er drei Wörter sagte: »Göttin der Lust«.

Doch nichts dergleichen war zu sehen. Weder eine Göttin noch irgendetwas Lustvolles.

Vor Macallan stand ein quadratisches Bassin, ungefähr zwei mal zwei Meter groß, aus Schokoladenbacksteinen errichtet, darin eine tiefrote Flüssigkeit, dem Duft nach Wein. In diesem Bassin stand eine schlichte, römische

Amphore, die aussah wie tönern, aber aus Schokolade sein musste.

Macallan klatschte einmal in die Hände, und der *Bolero* von Ravel ertönte.

Plötzlich tat sich etwas im Wein. Die Amphore hob sich. Darunter erschien der Kopf einer Frau, ein kleines Atemgerät im Mund, das sie mit dem Auftauchen ausspuckte. Grazil erhob sie sich, und es wurde unübersehbar, dass sie zu einem Drittel … zur Hälfte … zu drei Vierteln … nein, komplett nackt war. Sie hatte Traummaße, und das Tuscheln hinter dem Professor verriet ihm, dass es sich um das schottische Supermodel Annie MacDonald handelte. Auf ihren Körper waren mit Schokolade Weinranken gemalt worden. Die Amphore musste auf irgendeine unsichtbare Art auf ihrem Kopf befestigt sein, denn sie bewegte sich kaum, als Annie MacDonald nun erneut in die Hocke ging und vom Boden des Bassins einen großen Hammer hervorholte, der nicht aus Schokolade, sondern aus Metall bestand.

Sie trat aus dem Becken, holte aus – die Menge hielt den Atem an – und zerschlug die Amphore auf ihrem Kopf.

Alles im Rhythmus der Musik. Wie Ballett.

Die Amphore zerbrach in große Schokoladenscherben, und heraus purzelten burgunderfarbene Pralinen. Sie waren so klein und so viele, dass es für einen Moment aussah, als ströme Wein vom Kopf der Nackten.

Macallan trat nach vorne und hob einige davon mit der Hand vom Boden auf, während das schottische Supermodel sich nach vorn beugte, wodurch die Ranken auf ihrem Rücken nun die Buchstaben E und M bildeten: Edward Macallan.

»So, Freunde der Schoki«, raunte der Chocolatier sichtlich zufrieden ins Mikro, »jetzt verrate ich euch noch, was es mit den kleinen Dingern hier auf sich hat, weil ihr das nicht sehen könnt. Die Schokoladenhülle ist sehr dünn – kein Wunder bei dieser Größe. In den Kugeln befinden sich noch kleinere Kugeln, nämlich Weinkaviar, mithilfe der molekularen Küche erzeugt. Er hat die Konsistenz von echtem Kaviar, besteht aber komplett aus Wein. Wenn die Kügelchen im Mund aufplatzen, fließt der in ihnen eingeschlossene Wein an den Gaumen. Es ist natürlich nicht irgendein Wein, sondern ein Romanée-Conti La Tache. Und das schmeckt man. Gott sei Dank. Also, ich schenke der Welt: Göttin der Lust. Mit tausend Dank an meine gute Freundin Annie MacDonald.« Er klatschte, und auch die Menge applaudierte. Manche Münder standen immer noch offen, manche Männeraugen allerdings noch weiter.

So waren die vom Spanier Ferran Adrià entwickelte Molekulare Küche und die Pralinenkunst nie zuvor vereint worden. Dies war etwas völlig Neues.

Und auch die Präsentation.

Eine Schokoladenperformance.

»Göttin der Lust« würde in die Geschichte eingehen. Edward Macallan mit ihr. Ob als Fußnote oder als ganzes Kapitel, würde sich noch zeigen.

Nun begann die Jury mit der Verkostung der Kunstwerke und stellte ihre Fragen an die Chocolatiers. Kreuzverhör. Erst danach würden auch Publikum und Medien näher treten dürfen.

Um ihre Eindrücke auszutauschen und zu bewerten, setzte sich Adalbert mit den anderen Juroren in dem für sie bestimmten Hinterzimmer zusammen. Pit, den Schokobär, hatte er von vornherein ausgeschlossen, das Finale durfte schließlich nicht auch noch zur Zirkusveranstaltung verkommen. Die Jurymitglieder verglichen ihre Noten, neben der Kreativität wurden erneut auch Schwierigkeitsgrad und Ausführung bewertet. Ähnlich dem Turmspringen. Aber es ging auch um Komplexität, Balance und Genussfreude bei den Pralinen – wobei letzteres Kriterium sich darauf bezog, ob man mehr als eine essen wollte und konnte oder ob eine allein schon satt machte. Von einer grandiosen Praline musste man stets mehr als eine essen wollen.

Der Raum, in dem die Jury tagte, war zwar groß, aber fühlte sich doch schnell eng an, denn man war sich nicht einig. Lange wurde diskutiert, wieder und wieder abgestimmt. Die Pralinen wurden nochmals angefordert, geviertelt und verteilt. Doch weißer Rauch stieg lange nicht auf.

Schließlich gab Adalbert Bietigheims Vorsitzendenstimme den Ausschlag. So wurde er zum Königsmacher. Habemus Chocolatierweltmeister!

Doch der Sieger – oder die Siegerin – würde erst am Sonntag bekannt gegeben werden. In festlicher Garderobe, ein Streichquartett würde spielen, vor geladenen Gästen, ein Hauch Wiener Opernball. Bis dahin galt es, völliges Stillschweigen zu wahren.

Adalbert war froh, dass er noch etwas Zeit hatte.

Denn so, wie die Skulpturen der Chocolatiers Detailarbeit erforderten, so war es auch mit seiner Falle für den Mörder.

Jedes Detail musste passen.

KAPITEL 10

Das Leben ist wie eine Schachtel Pralinen …

… es wird nie mehr, nur stetig weniger.

Pit dachte an den goldenen Herbst, der sich draußen über Flandern legte, als tupfe ein Maler goldene Farbe auf ein Gemälde. Er hielt seine Augen mittlerweile geschlossen, stellte sich vor, es wäre Licht da, wenn er sie öffnete. Doch sich zu belügen fiel ihm immer schwerer.

Irgendwann war er eingeschlafen.

Natürlich war er eingeschlafen. Und seine Finger hatten aufgehört, die Öffnung zu verschließen.

Als er aufwachte, stand ihm die Schokolade bis zum Hals. Den Zufluss unterbinden konnte er nicht mehr, zu sehr schmerzten seine Hände, seine Unterarme, seine Schultern von der langen Anstrengung.

Im Inneren des Tanks fühlte sich alles wohlig warm an, als wolle ihn der Schlaf einlullen und der Tod ihn ganz sanft zu sich holen. Doch Pit wollte noch nicht. Schweiß perlte ohne Unterlass von seiner Stirn, die Luft war dünn geworden wie gestreckte Suppe, nur noch wenig Sauerstoff befand sich in ihr, und er ertrug den Duft der Schokolade nicht mehr.

Pit hörte im Kopf sämtliche Alben von Slayer, Motörhead und Iron Maiden durch, sang jede Zeile mit, spielte jedes Solo. Und wenn er trotzdem wieder drohte einzuschlafen, würde er auch nicht davor zurückschrecken, sich die Ohrwürmer ins Gedächtnis holen, die er am meisten hasste. »Life is Life« zum Beispiel (nanaaaanaanana), das gesamte Œuvre von Modern Talking (Cheri, Cheri Lady) und wenn gar nichts mehr ging: Pur. Der Hass würde ihn wach halten.

Es musste einfach sein.

Denn was würde passieren, wenn er wieder einschlief? Würde er schlafend in der Schokolade ertrinken oder vorher wach werden, weil sein Körper den unbewussten Tod nicht zuließ?

Pit wollte es nicht auf einen Versuch ankommen lassen.

Doch tief in seinem Inneren schwand die Hoffnung, mit jedem Atemzug. Am Anfang war sie ein junger Zehnkämpfer gewesen, nun ein gebrechlicher Greis. Pit wusste, er hatte nicht mehr viel Zeit. Nicht mehr viel Luft. Nicht mehr viel Kraft.

Er hatte nicht mehr viel.

Das Museum hatte geschlossen, denn morgen würde hier der Weltmeister verkündet. Nun putzte es sich heraus, wie ein Mädel vom Land, das zum Ball in die große Stadt ging – und viel zu viel Rouge auflegte. Die Stühle aus dem Saal im obersten Stock wurden alle hinausgeräumt, weil stehend mehr Besucher hineinpassten. Die Hausmeister besserten Geländer und Wände mit Farbe aus, der Putztrupp polierte alles blank.

Der Professor ging in die zweite Etage, wo Beatrice Reekmans zuletzt lebend gesehen worden war. Bisher war er stets zügig durch die Ausstellung marschiert. Die hier gezeigten Stücke mochten für den Laien von Interesse sein, doch wirklich Wertvolles, das auch den Blick des Experten fesselte, gab es nicht. Nun nahm Bietigheim sich die Zeit, alles in Augenschein zu nehmen, denn hier konnte der Schlüssel zur Lösung des Falls liegen. Eine Vitrine zeigte alte Werkzeuge zur Bearbeitung von Kakaobohnen, Mühlen, Schöpfkellen, Gussformen. Wobei es ihm nicht darum ging, was er sah, sondern einzig darum, was nicht. Bietigheim schaute, zählte und inspizierte den feinen Staubfilm in den Vitrinen. Sein Blick drohte nach einiger Zeit schneller zu werden, doch er erhielt die Konzentration aufrecht, während Benno irgendetwas durch die menschenleeren Gänge jagte, vielleicht eine Maus, eine Motte, einen Lichtstrahl oder die Welt im Großen und Ganzen. Benno brauchte keinen Anlass, um seine verrückten fünf Minuten zu haben.

Dann sah der Professor es.

Oder besser: Er sah es nicht.

Nun passte alles, viel besser als sein schrecklich unbequemer Anzug.

Nur eine kleine Frage musste er noch stellen, mehr eine Formalie, doch die Antwort würde alles rund machen, die letzten feinen Ecken und Kanten wie Schleifpapier glätten.

Mareijke Dovendaan blickte nur ganz kurz auf, als er eintrat, doch dann drehte sie sich wort- und grußlos mit ihrem Stuhl zum Fenster. Das hätte Madame Baels nie getan, egal, wie viel sie zu tun hatte.

Er ging wieder hinaus, die Tür lautstark hinter sich schließend.

»Die Chocofee, also die erste, Beatrice Reekmans, wurde der Öffentlichkeit erst zur Weltmeisterschaft vorgestellt, nicht wahr?«, fragte er die Sekretärin.

Diese nickte. »Eine Idee von Frau Dovendaan.«

»Mhm«, sagte Bietigheim. »Wann haben die Chocolatiers von ihr erfahren?«

»Erst bei Ankunft. Jeder erhielt von Fräulein Reekmans eine Führung durch die Ausstellung.«

»Auch durch den Skulpturensaal von de Vaele?«

»Diesen Teil übernahm der Künstler bei jedem Wettbewerber selbst«, antwortete die Sekretärin.

»Noch eine letzte Frage.«

»Immer gern, Herr Professor. Wir sind alle sehr froh, Sie hierzuhaben.«

Bietigheim blickte in Richtung von Dovendaans Büro und hob die Augenbrauen. »Können Sie bitte kurz im Hotel ›De Boerenpummel‹ anrufen und Pit Kossitzke ans Telefon holen lassen?« Er brauchte ihn, auch wenn es Adalbert nicht leichtfiel, über seinen Schatten zu springen und Pit zu verzeihen, dass er sich nach dem Fund von van der Elsts Leiche einfach verdrückt hatte.

Nach kurzer Zeit war der Anruf getätigt. »Er ist dort seit Freitag nicht mehr gesehen worden, auch das Bett ist unberührt, Herr Professor.«

»Besitzen Sie ein Auto?«, wandte er sich nach kurzem Überlegen an die Vorzimmerdame.

»Ja, aber nur ein kleines«, entgegnete sie mit einem schüchternen Lächeln.

»Das wird reichen. Fahren Sie mich zu dem Parkplatz, in dessen Nähe Franky van der Elsts Leichnam gefunden wurde.«

»Bitte«, setzte er nach kurzer Zeit hinzu.

»Es eilt«, wenige Sekunden später.

Leider stand Pits Taxi, Alfons der Viertelvorzwölfte, immer noch auf dem Parkplatz.

Bietigheim machte sich Sorgen.

Zurück im Museum, lieh sich der Professor ein Fahrrad und trat in die Pedale, Benno von Saber vorn im Körbchen. Aufgrund der fehlenden Hosenklammern kam er sich zwar unangemessen gekleidet vor, doch er hatte noch einen Termin, einen sehr wichtigen, mit dem alles stand und fiel. Und noch einen zweiten, unangenehmeren, den er rasch hinter sich bringen musste. Die Zeit eilte. Alles musste bereit sein bei der Bekanntgabe des Weltmeisters – eine bessere Gelegenheit zur Demaskierung des Mörders würde er nicht bekommen.

Es gab ohnehin Dinge, bei denen man nicht viel Zeit verstreichen lassen durfte. Schokolade gehörte dazu. Bei dunkler ging es qualitativ nach zwei Jahren, bei Milchschokolade schon nach anderthalb Jahren und bei weißer nach nur einem Jahr rapide bergab. Wenn sie nicht originalverpackt war, natürlich deutlich eher. Und noch früher, wenn sie zu warm gelagert wurde, denn dann bildete sich Fettreif, der aussah wie Schimmel, oder zu kalt, dann wurde sie bröckelig. Zuckerreif bildete sich dagegen, wenn man Schokolade aus einer kalten Umgebung schlagartig in eine warme brachte. Und auch das ging auf Kosten der Qualität.

Manchmal durfte einfach nicht gewartet werden.

Nach kurzer Zeit führte Adalberts Weg ihn am Fritten-Atomium vorbei. Das ausgehärtete Fett hielt die Abscheulichkeit in Form.

»Benno, fass! Bereite diesem Augenschmerz ein Ende!«, sagte er zu seinem hechelnden Vierbeiner, worauf dieser aus dem Fahrradkorb sprang, sich zwischen den Absperrgittern hindurchquetschte, unter den Schutzpavillon lief und sich auf das Fundament des Frittomiums – wie Adalbert beschlossen hatte es zu nennen – stürzte und es riss, wie ein Wolf das fetteste Schaf der Herde.

»Seit wann tust du, was ich dir sage?«, rief Adalbert ihm erstaunt zu.

Benno gab alles. Stück um Stück riss er heraus, wie ein vierbeiniger Schredder.

»Benno, aus!«

Der Foxterrier gab noch mehr Gas.

Zwei Männer vom Sicherheitsdienst rannten auf ihn zu.

Adalbert musste sich etwas einfallen lassen. Schnell! Aber tat Benno jetzt, was man ihm sagte, oder das Gegenteil? Oder half nur Fressen? Der Professor entschied sich für alles auf einmal.

»Benno, spring ins Körbchen. Komm nicht zurück! Ich fahre zur Metzgerei.«

Was auch immer das Wunder vollbrachte, Benno spurtete zurück und sprang mit so viel Wucht in das Körbchen, dass er Adalbert fast umriss. Dieser trat in die Pedale.

Hinter ihm erklangen Schreie und dann ein dumpfer, fast weicher, ja matschiger Schlag, als das Frittomium zusammenstürzte und sich in etwas verwandelte, das sehr nach einer riesigen Portion alter Fritten aussah.

Bietigheim musste schnell fort, die Zeit drängte doppelt. Rasch rauschte er um eine Ecke und direkt um die nächste. Bald waren keine Rufe mehr hinter ihm zu hören.

Doch plötzlich hörte er eine Kuh blöken. Lang gezogen und, nun ja, vorwurfsvoll. Dann wieder, in genau derselben Intonation. Dabei war die Anzahl von Kühen innerhalb der Altstadt Brügges eigentlich begrenzt.

Auf null.

Wieder blökte die Kuh.

Und zwar in seiner Sakkotasche. Seiner ausgebeulten Sakkotasche. Das Iphel5. Da es unwesentlich handlicher als ein Pflasterstein war, hatte er es zum Zwecke der Selbstverteidigung eingepackt.. Er hielt, atmete kurz tief durch und nahm das Gespräch an – denn er wusste, welch lieblich-rauchige Stimme erklingen würde.

»Mein lieber Professor, in was für einen Schlamassel sind Sie da nur hineingeraten? Mir kamen ja fast die Tränen, als ich davon hörte. Meine Gedanken sind bei Ihnen!«

»Danke, meine Liebste ... Frau zu Trömmsen«, ergänzte Adalbert schnell und stieg wieder aufs Rad. In ungleichen Schlangenlinien radelte er weiter.

»Wir sollten demnächst zum Du wechseln, finden Sie nicht auch?«

Adalberts Herz wummerte. »Oh, ja.«

»Und danach bumsen wir die ganze Nacht durch.« Hildegard zu Trömmsen lachte herzhaft auf.

»Köstlich, Ihr Humor, Liebste. Beinahe hätten Sie mich gekriegt.«

»Noch haben Sie Freilauf, liebster Professor Dr. Dr. Bietigheim. Die Betonung liegt auf noch! Ich habe übrigens gehört, in Brügge gebe es einen Dreifachdoktor namens Ceulemans?«

»Ja«, bestätigte Adalbert brummend.

»Ich mag es nicht, wenn jemand mehr Titel führt als mein Professor.«

»Er wird sie sicher verdient haben.«

»Niemand hat mehr Titel verdient als Sie!«

Trotz der drängenden Zeit hielt Adalbert nun an. Telefonieren und Fahrradfahren erschien ihm gefährlicher, als Grünkohl und Schokolade zu kombinieren.

»Sie machen mich ganz verlegen«, antwortete er.

»Ach, papperlapapp! Aber nun zu dieser Mordserie, die Sie schnell aufklären müssen, um zu mir zurückkehren zu können, die ich in meiner Villa geradezu vereinsame. Von meinem Londoner Buchmacher habe ich erfahren, dass man sehr, sehr viel Geld mit dieser Weltmeisterschaft machen kann, indem man auf diejenigen wettet, die weiterkommen. Aber nicht nur. Nach dem zweiten Mord wurden auch Wetten darauf angenommen, wer dem Mörder wohl als Nächster zum Opfer fallen wird. Sie standen auch auf der Liste.«

»Ich hoffe, ganz unten.« Bietigheim musste hart schlucken.

»Nein, aber ich habe Sie herunternehmen lassen, das geht ja nicht! Der Mann mit den höchsten Wetteinsätzen ist ein gewisser de Vaele, bei den Buchmachern auch unter dem Namen Einstein bekannt. Sie kennen ihn sicher.«

»Ja, dem Namen nach. Ich hatte das … Erlebnis seiner Gegenwart noch nicht.«

»Ein Naturwissenschaftler, oder?«, fuhr Hildegard zu Trömmsen fort. »Da ist Vorsicht geboten. Einst untersuchten französische, griechische und deutsche Wissenschaftler, warum die Spitze des männlichen Gliedes dicker ist als der Schaft. Ein halbes Jahr später vermeldeten die Franzosen, der Grund sei, den Frauen mehr Lust zu bereiten. Die Griechen brauchten ein Jahr, um zu der Erkenntnis zu kommen, der Grund liege darin, den Männern mehr Vergnügen zu bereiten.«

»Und die Deutschen?«

»Die meldeten sich schon nach drei Tagen mit ihrem Ergebnis. Die Spitze sei aus Sicherheitsgründen dicker als der Schaft, damit man beim Onanieren nicht abrutscht und sich mit der Faust aufs Hirn schlägt.« Sie lachte laut, und es klang, als stürze ein Achttausender ein. Atemberaubend!

»Eine Linie meiner Vorfahren stammt aus Frankreich«, brachte Bietigheim zu seiner Verteidigung an.

»Das beruhigt mich ungemein.« Hildegard zu Trömmsens Redefluss bahnte sich ein neues Bett. »Was mich gar nicht beruhigt, ist dagegen diese unsägliche Frittenolympiade.«

»Ja, sie ist wirklich eine Schande«, bestätigte Adalbert.

»Nicht nur der Wettbewerb an sich, sondern auch, was diese Frittenmenschen jetzt als Prüfung herstellen mussten.«

»Was denn? Sie können doch nur Fritten.«

»Frittenpralinen!«, antwortete sie empört.

»Oh, mein Gott!« Adalbert wurde übel.

»Jemand muss etwas gegen diesen Wettbewerb unternehmen.«

Der Professor tätschelte Benno das Köpfchen. »Jemand hat bereits etwas dagegen unternommen.«

»Ich werde trotzdem nach Brügge kommen«, verkündete Frau zu Trömmsen nun. »Und Sie beschützen, falls sich Ihnen dieses Weibsstück wieder nähern sollte. Diese Bahlsen. Die geht mir auf den Keks.«

»Baels«, korrigierte Adalbert.

»Egal. Hatten Sie wenigstens Ihren Spaß mit ihr?«

»Ich darf doch sehr ...« Adalbert erinnerte sich rechtzeitig daran, mit wem er sprach. »Nur ein Kuss, von ihr, geradezu überfallartig«, räumte er dann ein.

»Und Sie sind des Nachts nicht in ihr Bettchen hinübergeschlichen? War ja nicht weit. So etwas nimmt man doch gerne mit.«

Adalbert atmete durch und sagte etwas, das er bisher noch nie ausgesprochen hatte. »Mein Herz ist bereits vergeben. Meine Augen mögen sich manchmal von fernen Gestaden täuschen lassen, doch mein Herz weiß, dass es nur einen Hafen gibt, wo es sein Glück findet.«

»Und welcher wäre das, mein lieber Professor?«, hakte sie nach. Es war sogar ein Hauch Zärtlichkeit in ihrer Reibeisenstimme. Sie wollte es nun wohl endlich hören.

Nochmals Luft holen und gleich noch mal, Luft konnte man ja nie genug in den Lungen haben. »Dieser Hafen, verehrte Hildegard zu Trömmsen, ist niemand anderes als ...«

Piepen. Dann noch ein Piepen. »Akku leer«, verkündete das Display.

Akku leer? Hatten diese Geräte einen Akku? Adalbert schüttelte das klobige Gerät. »Geh an!«, befahl er laut. Denn er hatte gehört, dass es heutzutage Sprachsteuerung gab. »Sprich mit mir!«

Benno bellte.

Es konnte doch nicht sein, dass es gerade jetzt ausging, da er endlich den Mut gefasst hatte, der Liebe seines Lebens seine Gefühle zu gestehen! Das konnte, das durfte das Schicksal ihm doch nicht antun!

Doch das Schicksal kümmerte sich kein bisschen darum, was man von ihm erwartete.

Und Adalbert versenkte das vermaledeite Gerät fluchend in der nächsten Gracht.

Nur zwischen einunddreißig und zweiunddreißig Grad konnte dunkle Schokolade verarbeitet werden. Ein extrem kleiner Bereich, in dem die Voraussetzungen perfekt waren, um zum Ziel zu kommen. Kühlte sich die Lage ab, musste von Neuem mit der Erhitzung begonnen werden. Genau so fühlte es sich für Adalbert an, was das Geständnis seiner unendlichen Liebe an Hildegard zu Trömmsen betraf. Weswegen er davon absah, von einem Festnetzapparat anzurufen. Stattdessen trat er umso energischer in die Pedale, die verlorene Zeit so gut wie möglich aufholend. Bei Pit konnte es auf Minuten ankommen. Nie hätte er gedacht, sich Sorgen um diesen riesenhaften, bärenstarken Mann machen zu müssen. Doch niemand war sicher vor Gewalt, so breit sein Kreuz auch sein mochte.

Der Samstagabend wurde lang, die für die Überführung des Mörders nötigen Gespräche gingen bis tief in die Nacht, welche ebenso sanft wie schnell auf Brügge fiel, wie warme Vollmilch, in die so lange dunkle Schokolade gemischt wurde, bis sie fast schwarz war. Vieles musste erklärt werden, wieder und wieder, einiges noch nachgeprüft.

Nun war der Sonntag da. Und Benno fort. Er hatte einen Spezialauftrag. Adalbert musste ohne ihn auskommen, was ihm sehr schwerfiel – mit Benno an der Seite ging man halt auf sechs Beinen durch die Welt.

Die Stunden bis zur abendlichen Preisverleihung verbrachte der Professor mit einer »Tour de Chocolat« durch Brügge, um seine Nerven zu beruhigen. Mehr als fünfzig Schokoladengeschäfte gab es zurzeit, und es wurden immer mehr. Eigentlich galt Brüssel als belgische Hauptstadt der Schokoladenkunst, doch Brügge schickte sich an, ihr den Rang abzulaufen.

Der junge van der Elst hatte die Busentorte aus dem Schaufenster verbannt, stattdessen hingen dort nun Fotos seines Vaters und Beatrice Reekmans', jeweils mit schwarzem Trauerflor. Darunter eine neue Pralinenkreation im Gedenken an die beiden Mordopfer: die Heilig-Bloed-Praline. In Kreuzform. Eine Praline war aufgeschnitten worden, damit die Füllung zu sehen war. Der enthaltene Fruchtlikör sah aus wie Blut.

Eine sehr belgische Art zu trauern, dachte der Professor.

Nach zwölf Chocolaterien hielt er es nicht mehr aus, fern des Museums zu sein, wo heute alles stattfinden würde. Er musste einfach hin, auch wenn es dort nichts für ihn zu tun gab.

Kurze Zeit später hatte er das Schokoladenmuseum erreicht, doch er kam nicht hinein. Denn davor fand ein Sitzprotest statt. Und ein Hungerstreik. Was der Gesundheit der Protestierenden sicher zuträglich war, denn es handelte sich um Frittenfans. Sie hielten Spruchbänder und auf Stöcke montierte Plakate empor. »Bietigheim zerstört Frittenkunstwerk!« »Pralinen: Nein! Fritten: Immer rein!« – »Aus Fritten besteht Belgiens Herz«.

Gerade Letzteres fand Bietigheim unappetitlich.

Eine junge Frau stürzte auf ihn zu, die ihrer Kleidung nach aus einem kleinen mexikanischen Pueblo stammte. Sie schüttelte unentwegt den Kopf: »Wir sind so enttäuscht! Also, ich auch ganz persönlich. Vor allem als Belgierin. Gerade Sie, der Verfasser der bahnbrechenden Arbeiten ›Pommes frites – Auf die Größe kommt es (doch) an!‹ und ›Zweifach Frittieren – Von der einzig wahren Zubereitungsart. Mit einem Ausblick auf die Zukunft: Dreifach Frittieren‹. Nicht zu vergessen mein Liebling: ›Frit Speciaal – Das Quartett des kartoffeligen Genusses‹.«

Ach herrje, diese Arbeiten, dieser populistische Kram! Adalbert schämte sich heute noch dafür. Er war jung gewesen und hatte das Geld gebraucht. Immerhin hatte er sich nie dazu herabgelassen, etwas über Minze zu schreiben, Gottes größten Fehler.

»Und dann zerstören ausgerechnet Sie die Atomium-Skulptur!« Die Frau war den Tränen nahe.

»Das Frittomium«, korrigierte Bietigheim.

»Das was?«

»Das … vergessen Sie es einfach. Es war übrigens mein Hund, ich kann nichts dafür«, verteidigte er sich.

»Dafür schmoren Sie in der Hölle!« Adalbert ließ sich nicht davon aus der Ruhe bringen, dass die junge Frau ihm allmählich beunruhigend nah kam.

»Passenderweise würde ich dafür in der Hölle frittieren.«

»*Wie bitte?* Jetzt auch noch witzig werden?« Sie machte einen weiteren Schritt auf ihn zu.

»Ich bemühe mich nach Kräften. Und wenn Sie mich jetzt nicht durchlassen, werde ich beweisen, dass die Fritte nicht in Belgien, sondern in Frankreich erfunden wurde, und zwar hieb- und stichfest. In der geheimen Bibliothek des Vatikans existieren Schriften dazu. Bisher bin ich davor zurückgeschreckt, sie öffentlich zu machen.«

»Das stimmt nicht … Das wagen Sie nicht …«

»Oh, doch! Wenn Sie mich weiterhin am Betreten des Museums hindern – einzig wegen der Übermütigkeit meines entzückenden Hundes. Und?«

»Das ist …« Sie knirschte mit den Zähnen.

»Eine Frage, genau. Gerade stelle ich mir eine andere: Ob es wohl auch die Franzosen waren, welche feststellten, dass Fritten und Mayonnaise so perfekt zueinanderpassen?«

«Lasst ihn durch!«, brüllte die junge Frau. »Wir ziehen hier ab. Unser Standpunkt wurde klargemacht. Der Professor hat versprochen, zukünftig nichts gegen Fritten zu unternehmen. Sieg auf ganzer Linie!«

»Aber wir wollten hier doch ganz occupymäßig bis Weihnachten ausharren?«, brummte ein übergewichtiger Mann, der seinen Hungerstreik gerade für eine Kaaskrokett unterbrach.

«Wir brechen unsere Zelte ab, verdammte Scheiße noch mal!«

›Fritte sei mit euch!‹, lag es Adalbert auf der Zunge, doch er verkniff sich den Kommentar.

Adalbert hatte Sorgen, und die nächsten Stunden, die er einsam im Museum verbrachte, ließen sie sprießen. Er aß deshalb etliche der im Museumsshop zum Verkauf stehenden Pralinen, denn Schokolade war bekanntlich gut gegen Sorgen. Allerdings wusste er, dass die Legende von Rauschmitteln und Glücksstoffen in Schokolade haltlos war. Zwar war in dieser Serotonin enthalten, auch Tryptophan, Anandamid und das Glückshormon Phenethylamin, aber entweder waren die Mengen zu gering, oder sie gelangten nicht ins Gehirn. Und trotzdem gab es einen Glückskick beim Schokoladeessen – einfach deshalb, weil sie demjenigen, der sie aß, gut schmeckte, und dieser ihren Genuss mit positiven Emotionen verband. Das lernte das Gehirn und schüttete Dopamin aus.

Gerade konnte Adalbert viel Dopamin gebrauchen. Er vernichtete knapp anderthalb Kilo Pralinen, begleitet von einer selbst und deshalb perfekt zubereiteten Tasse stark gerösteten Oolong-Tees der Sorte Rou Gui Gui Fei Nostalgia. Danach wanderte er umher und suchte Menschen, die er an seinem reichhaltigen Wissen teilhaben lassen konnte. Auch wenn sie alle nur wenig Zeit hatten, da es so viel zu tun gab, war es doch immer weise, eine gewisse Zeit einem lehrreichen Kurzvortrag zu lauschen. Nachdem er einige davon gehalten hatte, war das Museum wie entvölkert. Niemand zu sehen, egal, wohin er ging.

Nichtsdestotrotz hatte er so etwas Zeit herumgebracht.

Jetzt war es gleich so weit.

Schon lange vor Einlass stand Bietigheim hinter dem Bühnenvorhang. Dann beobachtete er, wie sich der Saal füllte, hoffte auf Madame Baels, eine Erklärung von ihr und die Rückgabe seiner Kleidung, gleichermaßen fürchtete er sich vor den Lüdenscheid-Bietigheims.

Seine Hoffnungen wurden enttäuscht, seine Befürchtungen dafür nicht. Madame Baels blieb fern, die Verwandtschaft kam.

Mareijke Dovendaan stand am Eingang des Saals, im hauchdünnen Seidenkostüm der Chocofee mit Kakaoblüten in ihrem aufwendig toupierten Haar, sah bezaubernd aus, lächelte charmant und begrüßte alle Gäste, die in Abendkleidern und Smokings erschienen. Zuerst spielte ein Streichquartett, es gab einen Champagnerempfang und Fingerfood, Letzteres natürlich mit Schokolade zubereitet, aber dennoch herzhaft.

Um Punkt acht Uhr wurden die großen Türen des Saals geschlossen, das Licht wurde gedimmt, die Gespräche ebbten langsam ab, der eine oder andere nahm zur Stärkung schnell noch einen Schluck aus seinem Champagnerglas. Ein Jazztrio spielte – auf Adalberts Wunsch – »Ich will keine Schokolade, ich will lieber einen Mann«, auch wenn nur wenige der Anwesenden diesen musikalischen Witz verstanden. Gefolgt von Bernhard Brinks »7 Tafeln Schokolade«. Dann betrat Mareijke Dovendaan die Bühne, nun in einem atemberaubenden roten Etuikleid mit tiefem Dekolleté. Grazil trat sie ans Mikrofon und breitete die Arme aus.

»Meine sehr verehrten Damen und Herren, liebe Schokoladenfans.« Es folgten ein kurzer Dank und die Namen sämtlicher Honoratioren und Sponsoren. »Ich darf Sie ganz herzlich in unserem Haus begrüßen. Sie alle sind schrecklich gespannt, das weiß ich, deshalb werde ich mich kurz fassen. Doch es gibt Wichtiges zu sagen. Zum einen habe ich beschlossen, dass wir im Schokoladenmuseum der Stadt Brügge eine ›Hall Of Fame‹ der wichtigsten Schokoladenpersönlichkeiten entstehen lassen werden. Selbstverständlich werden Jean Neuhaus, Daniel Peter und Rudolph Lindt darin gewürdigt werden, doch die erste Tafel wird einem Belgier zuteilwerden: Franky van der Elst.«

Stürmischer Applaus wallte auf. Nur Willem Reekmans rief: »Mörder! Wie können Sie einen Mörder ehren? Dieses Schwein hat meine Tochter umgebracht!«

Mareijke Dovendaan reagierte souverän. »Franky van der Elst war kein Mörder, und das werden die Untersuchungen der Polizei sicher beweisen. Unser aller Anteilnahme ist Ihnen gewiss, Herr Reekmans. Ihr Verlust ist unermesslich. Beatrice war auch mir eine gute Freundin, sie fehlt unglaublich.« Mareijke Dovendaan senkte den Kopf. Als sie wieder aufblickte, räusperte sie sich kurz, wischte eine Träne aus ihren Augen und fuhr gefasst fort: »Nun darf ich den größten Künstler, nicht nur unserer Stadt, sondern ganz Flanderns, wenn nicht ganz Belgiens auf die Bühne bitten: Fred de Vaele.«

Höflich gab ihr der derart Gebauchpinselte einen Handkuss. De Vaele hatte eine vierteilige Skulpturenserie für die Finalisten erschaffen, die er »Traum der werdenden Schokolade« nannte. Jede der vier Skulpturen zeigte – allgemeinverträglich naturalistisch gestaltet – eine junge Frau, die gerade geerntete Kakaobohnen an sich drückte, sie aushöhlte, Schokolade in eine Form goss und sie schließlich aß. Die Frau war eindeutig Mareijke Dovendaan.

Diese bedankte sich danach, ohne rot zu werden, bei de Vaele für die großzügige Spende und heischte einen Riesenapplaus für den Stümper ein. Dann endlich übergab sie das Wort an Prof. Dr. Dr. Adalbert Bietigheim. Wie ein Pfau spreizte dieser sein Gefieder, huldvoll näherte er sich dem in einem Spotlicht stehenden Mikrofon, doch er sprach so laut, tief und volltönend, dass er gar keines gebraucht hätte.

»Es ist so weit, der Moment, auf den Sie alle gewartet haben, ist gekommen«, setzte er an. »Die Bekanntgabe des Weltmeisters der Chocolatiers. Damit endet heute der diesjährige Wettbewerb. Ich möchte nicht von einem lachenden und einem weinenden Auge sprechen. Wir alle hatten viel zu viel von Letzterem. Doch für einen Augenblick wollen, ja müssen wir dies ausblenden, denn unabhängig von den schrecklichen Geschehnissen der letzten Tage haben die Finalisten ungeheure Leistungen erbracht. Das Niveau bei einer Weltmeisterschaft war noch niemals so hoch wie hier in Brügge, und der Sieger – oder die Siegerin – kann sich wahrhaft als König der Chocolatiers fühlen. Ich darf Sie etwas hinter die verschlossenen Türen der Juryarbeit schauen lassen und sagen, dass uns die Wahl sehr schwerfiel, denn alle vier Finalisten wären würdige Sieger gewesen. Und doch gab es einen Kandidaten – oder eine Kandidatin –, der eben diesen einen, entscheidenden Hauch besser war als alle anderen. Alle anderen auf diesem Erdball.« Bietigheim holte tief Luft. »Wir fangen an mit Platz vier, und obwohl dies der undankbarste Rang ist, möchte ich hervorheben, dass die entsprechende Person es bewundernswerterweise ins Finale geschafft hat und zu den Top vier der Welt gehört. Und das als jüngste Teilnehmerin! Auf Rang vier die beste Chocolatière der Welt: Vanessa Hohenhausen aus dem schönen Ahrtal!«

Beifall brandete auf. Vanessa Hohenhausen kam auf die Bühne, Tränen in den Augen, nahm die Urkunde und einen Händedruck des Professors entgegen und fiel diesem dann vor lauter Glück um den Hals.

»Sie müssen nicht enttäuscht sein!«

»Bin ich nicht. Kein bisschen.«

»Sie können stolz auf sich sein, die Zukunft gehört Ihnen«, flüsterte Adalbert ihr ins Ohr. »Julius kann von Glück sagen, dass er Sie in seiner Küchenmannschaft hat. Meine ausdrückliche Bewunderung.«

Sie wischte sich die Tränen weg, hielt die gerahmte Urkunde hoch, genoss lachend das Blitzlichtgewitter, erhielt von Mareijke Dovendaan einen großen Blumenstrauß und rief »Frühburgunder-Power!«, als sie zurück in den Bühnenhintergrund trat, um dort Platz drei zu erwarten. Mareijke Dovendaan eilte, um ihr noch eine Skulptur zu überreichen – für die Vanessa Hohenhausen aber keine Hand mehr frei hatte.

»Platz drei und damit die Bronzemedaille, ist für alle eine Überraschung«, fuhr Adalbert nun fort und genoss im Folgenden die Kunst der wohl gesetzten Pause. »Ich darf sagen, dass ich jemanden wie den Großmeister Urs Egeli aus dem bedeutenden Schokoladenland Schweiz in diesem erlauchten Kreis erwartet hätte.« Vereinzelt waren Buhrufe zu hören. »Doch erstmalig in der Geschichte der Chocolatierskunst hat es jemand aus einem Land ins Finale und auf Anhieb auf den dritten Platz geschafft, das keinerlei Historie in diesem Bereich vorweisen kann. Umso beeindruckender ist die Leistung des Chocolatiers. Meine Damen und Herren: Jón Gnarr.«

Der Isländer trat sichtlich enttäuscht auf die Bühne. Trotzdem umarmte er den Professor. Als er jedoch zu Küssen ansetzte, entzog sich Adalbert. »Das ist nicht nötig, wirklich nicht. Leben Sie das bitte bei Frau Dovendaan aus.«

»Ich war der Beste! Und jeder weiß das«, moserte der Chocolatier.

»Die Jury war sich einig, dass dem nicht so ist«, unterstrich Adalbert. »Niemand sah Sie auf Rang eins. Es war ein Zweikampf. Trotzdem ist Ihre Leistung großartig, obwohl Ihr Verhalten nun keinerlei Größe zeigt.«

Gnarr lächtelte mit aufeinandergepressten Lippen. »Sie sehen mich wieder!«

Er stellte sich neben Vanessa Hohenhausen.

»Nur noch zwei Kandidaten sind im Rennen«, setzte der Professor an. »Edward Macallan und Pierre Cloizel. Lassen Sie mich etwas ausholen, bevor ich deren Platzierungen verkünde. Die Patisserie ist keine L'art pour l'art, keine Kunst nur um der Kunst willen, sie ist stets für den Genießer. Pralinen sind vielleicht das spielerischste, neckischste aller Lebensmittel. Natürlich gibt es sehr ernste Pralinen – denken wir an ›Maison du Chocolat‹ –, die schlichte Perfektion leben und deren Genuss fast einem Zen-Erlebnis entspricht. Auf der anderen Seite finden sich Schokoladen wie die von der fabelhaften Manufaktur Zotter, bei denen auch mit Fruchtgummi, Tomatenketchup, Holunderblüten oder gar Spargelpüree gearbeitet wird und die den kindlichen Spaß am Süßen nach vorne stellen – mit herausragenden Zutaten und ebensolchen Ergebnissen. Die Entscheidung der Jury soll nicht als Grundsatzentscheidung zwischen diesen Schulen verstanden werden«, betonte Adalbert und ließ seinen Blick einen Moment lang über die Runde schweifen. »Beide braucht die Chocolatierskunst, beide haben ihre Anhänger, keine ist moderner als die andere, jede entwickelt sich weiter. Seien wir offen gegenüber Traditionellem und Neuem, schätzen wir alles für das, was es ist. Ich darf nun die beiden Besten der Weltmeisterschaft zu mir auf die Bühne bitten. Ein Applaus, bitte, und, falls möglich, ein tosender!«

Die zwei traten unter tatsächlich tosendem Applaus auf die Bühne, doch ohne Freude in ihren Gesichtern. Sie wollten endlich wissen, wer der Sieger und wer der Verlierer war. Adalbert kannte diese Unruhe von Benno. Vor dem Essen mochte er keine lieben Worte mehr hören, keine Streicheleinheiten, er wollte nur noch fressen. Das Licht änderte sich, auf beide Chocolatiers wurde ein Spot gerichtet, weiterhin einer auf Adalbert. Gleich würden zwei Spots ausgehen und nur noch der Sieger im gleißenden Licht stehen.

»Manches, was spektakulär aussieht, erfüllt sein Versprechen am Gaumen leider nicht, doch bei den Schöpfungen dieser beiden ist es anders. Das Auge wird genauso verwöhnt wie die Geschmackspapillen. Der Gewinner und Weltmeister der Chocolatiers ist …«

Oh, wie liebte Adalbert diese letzte Pause, wie herrlich still es war, niemand traute sich, einen Mucks zu machen, selbst das Atmen wurde eingestellt. Der Professor blickte in die Runde, lächelte, holte tief Luft und …

Dann passierten zwei Dinge nahezu zeitgleich.

Professor Dr. Dr. Adalbert Bietigheim sagte den Namen des Siegers.

Im gleichen Moment tauchte eine verschleierte Frau am Saalende auf und sprach mit lauter Stimme einen ganz anderen Namen aus.

Der Name, den Adalbert aussprach, der Name des Siegers war: Pierre Cloizel.

Edward Macallans Gesicht zeigte ehrliche Bewunderung für den Franzosen, schon in dem Moment, als der erste Buchstabe seines Konkurrenten genannt wurde, drehte er sich zu diesem, um ihm die Hand zu schütteln. Dessen Gesicht allerdings war ein massiver Auffahrunfall. Zuerst die unbändige Freude, die Erleichterung, dass sich all die Arbeit gelohnt hatte, die tonnenschwere Last, welche seine Schultern verlassen hatte, die Euphorie über einen großen Sieg, das tiefe Glück, seiner Familie Stolz bereitet zu haben. Schon all das wäre für ein Gesicht kaum zu schaffen gewesen. Dazu kam nun die Wut, dass ihm dieser Augenblick durch den Zwischenruf gestohlen worden war, dieser einzigartige Moment seines Lebens verdorben. Cloizels Mund übernahm den freudigen Teil, die Augen den Rest. Es sah aus, als sei ihm eine Frau mit einem hohen Absatz auf die Füße getreten und hätte ihn gleichzeitig sanft auf den Nacken geküsst.

Adalbert konnte es verstehen, dies war wirklich schlechtes Timing.

Vorgesehen war, dass er nun das Mikrofon für die Dankesworte an Cloizel weitergab, doch die verschleierte Frau – ohne jeden Zweifel Jana Elisa da Costa – rief abermals. »Der Jaguarkrieger! Er ist unten in der Testküche!«

Vor die Wahl gestellt, ob sie klatschen oder live ein Verbrechen bezeugen wollten, hätte sich wohl jede Menschenmenge für Letzteres entschieden. Die Gelegenheit kam einfach viel seltener. Und so strömten alle hinunter. Auch die

Chocolatiers, niemand blieb zurück. Die Verschleierte vergewisserte sich dessen.

Mit ernster Miene schritt Bietigheim an ihr vorbei.

Er schaffte es nicht mehr.

Selbst mit den »Kastelruther Spatzen«, selbst mit »Patrona Bavariae«.

Die Müdigkeit war überall in seinem Körper, in jeder Zelle, seine Muskeln konnten seinen Körper nicht länger aufrecht halten, seine Lunge wollte diese lächerliche Luft nicht länger verarbeiten. Der Tod, jahrelang ein Schreckgespenst, das ihn aus dem Leben zu reißen drohte, erschien Pit nun wie ein verlockender Rettungsring der Schmerzlosigkeit. Er beschloss, nach ihm zu greifen und die Hoffnung, dieses janusgesichtige Ding, loszulassen, zu kapitulieren, sich abzufinden, zu enden.

Pit Kossitzkes Beine gaben nach.

Die Tür zur mit Glaswänden abgetrennten Vorführküche im hinteren Teil des Skulpturensaals war verbarrikadiert, ebenso die Hintertür.

Der Jaguarkrieger hatte eine Geisel.

Sie stand auf der großen, marmornen Arbeitsplatte.

Und sie war komplett aus Schokolade.

Die Skulptur der ersten Chocofee Brügges, die Skulptur von Beatrice Reekmans, der Frau, die auf genau dieser Arbeitsplatte tot gefunden worden war.

Mit über der Brust verschränkten Armen stand der Jaguarkrieger daneben. Reglos.

Bietigheim bemerkte, wie die verhüllte Jana Elisa da Costa, die mittlerweile hinter ihm stand, dem Jaguarkrieger Didier Kalou ein Zeichen gab. Erst dann sprach er.

»Euch ist Schokolade wichtiger als Menschenleben! Noch immer haben nicht alle Chocolatiers meine Forderungen erfüllt, ja die Medien wissen nicht einmal davon.

Deshalb bin ich wieder hier, damit alle es hören: Ich, der ich Jana Elisa da Costa hingerichtet habe, fordere, dass alle Teilnehmer der Weltmeisterschaft von nun an ausschließlich mit fair produzierten und gehandelten Schokoladen arbeiten. Ich schmelze diese Skulptur jetzt ein, und wenn sich bis zur vollständigen Verflüssigung nicht alle öffentlich zu meinen Vorgaben bekannt haben, wird heute noch ein weiterer Teilnehmer sterben.«

Er entzündete einen großen Bunsenbrenner. Das Publikum wurde unruhig.

»Hören Sie auf, Sie Wahnsinniger! Das ist Kunst! Unwiederbringliche Kunst. Ein Meisterwerk. Sehen Sie sich doch nur den Ausdruck ihres Gesichts an!«

Es war Fred de Vaele, der sein Werk schützen wollte.

»Nur Schokolade«, sagte der Jaguarkrieger ruhig. »Hoffen Sie, dass diese Skulptur zu mehr Gerechtigkeit führt.«

Beatrice Reekmans Gesicht zerfloss in braunen Tränen. Wie Tropfkerzen in einer italienischen Korbflasche, einer Fiasco, wie sie in unzähligen deutschen Partykellern verstaubten.

»Ich bekenne mich«, rief Edward Macallan von der anderen Seite des Saals.

»Ich auch«, sekundierte Vanessa Hohenhausen.

»Einverstanden«, sagte Jón Gnarr.

Alle Augen suchten Pierre Cloizel, der nahe der Glastür stand. »Hat jemand die Polizei gerufen? Diesem Spuk muss ein Ende gesetzt werden!«

»Bekennen Sie sich!«, rief die Menge. »Los, Mann! Jetzt sofort!«

»Ich lasse mich nicht erpressen«, erwiderte Cloizel mit entschlossenem Blick. »Meine Familie lässt sich seit jeher von niemandem unter Druck setzen!«

Beatrice' Hals zerfloss, dann ihre Schulterblätter.

Und nun geschah es. Das, worauf der Professor so gehofft hatte. Er beobachtete die Ereignisse wie eine chemische Reaktion, bei der eine Verbindung endlich die richtige Temperatur erreichte, um sich in einen anderen Aggregatzustand zu versetzen.

»Hören Sie auf!«, brüllte Pierre Cloizel. »Sofort aufhören!« Er drehte sich um. »Wir können ihn überwältigen, er hat ja nicht einmal eine Waffe. Wir brauchen nur eine Axt oder einen Stein, um die Scheibe zu zerstören. Das ist kein Panzerglas, sondern ganz normales. Kommt, lasst uns dem Spuk ein Ende bereiten.« Aufrührerisch reckte er die Faust in die Höhe.

»So viel Einsatz für Kunst?«, setzte der Professor ihm entgegen.

»Er ist ein Mörder, er hat Beatrice Reekmans getötet, Jana Elisa und Franky!«

»So viel Einsatz für die Gerechtigkeit?«, fragte Adalbert.

»Ja, beides. Helfen Sie mir!«

»Oder haben Sie Angst, dass wir den Kakaobohnenaufbrecher finden?«

Cloizels Lippen formten Worte, doch keine drangen heraus.

»Ich will Ihrem Gedächtnis sehr gern auf die Sprünge helfen. Der Kakaobohnenaufbrecher ist das mittelalterliche Werkzeug, mit dem Sie Beatrice Reekmans ermordet haben.« Wie von selbst bildete sich eine Gasse zwischen dem Professor und dem französischen Chocolatier. »Erinnern Sie sich noch an die Spuren in Beatrice Reekmans' Hals, die tiefen Einbuchtungen durch die stumpf gewordenen Zacken? Erinnern Sie sich noch, wie oft Sie zudrücken mussten, bis ihr Genick schließlich brach?«

Die Menschen wichen von Cloizel fort. Schockierte Laute waren zu hören.

»Wovon …? Was soll das?«, stammelte der Franzose.

»Die Tatwaffe musste weg. Schnell. Sie war zu groß, um sie einfach herauszuschmuggeln. Also wohin? Sie dachten wie ein Chocolatier. Und deshalb schmolzen Sie die Skulptur der Chocofee am Rücken auf, entfernten die Schokolade so weit, dass der Aufbrecher hineinpasste, und strichen alles wieder zu, natürlich so perfekt, dass es niemandem auffiel.« Bietigheim legte eine kurze Pause ein, um seinen Enthüllungen Nachdruck zu verleihen. »Als Nächstes standen Sie vor der Frage: Was tun mit der Schokolade, die der Mordwaffe weichen musste? Und noch wichtiger: Wohin mit der Leiche? Dann kam Ihnen eine zweite Idee: Sie würden den Leichnam selbst in eine Skulptur verwandeln und zwischen die anderen stellen. Eine mehr oder weniger würde nicht auffallen, zumindest nicht direkt. Irgendwann schon, wenn die Leiche verweste, aber dann wären Sie längst zurück in Frankreich. Deshalb trugen Sie die Schokolade so dick auf – die Hülle sollte den Leichnam in der Senkrechten halten. Doch irgendwann wurde Ihnen klar, dass dies zu lange dauern würde, und deshalb brachen Sie die Aktion auf halbem Weg ab. Dass es dieselbe Schokolade war, aus der auch die Skulptur der Chocofee gemacht war, habe ich aber erst später begriffen. Nämlich als Sie bei Franky van der Elsts Leiche bewusst die Schokoladenmischung eines Konkurrenten verwendeten – die von Urs Egeli, in dessen Firma Sie einst ein Praktikum absolviert hatten. Ganz unfeine Art, sich dafür erkenntlich zu zeigen, dass die Familienrezepte mit Ihnen geteilt wurden.«

»Alles Lüge!«, schrie Cloizel nun durch den Raum.

»Warten wir es doch ab«, entgegnete Bietigheim gelassen. »Der Jaguarkrieger hat die Schultern der Chocofee schon eingeschmolzen, und der Größe der Tatwaffe nach dürfte sie nicht viel tiefer versteckt sein. Es kann also nicht mehr lange dauern. Ich habe die Skulptur übrigens wiegen lassen, und sie ist viel schwerer, als sie es sein dürfte. Metall ist einfach ganz schlecht, wenn man sein Gewicht halten will.«

Die Umherstehenden begannen, Fotos zu schießen und das Geschehen zu filmen. Zuerst nur vereinzelt, doch dann wurden immer mehr Handys in die Höhe gehalten.

»Warum hätte ich Beatrice Reekmans töten sollen?«, fragte Cloizel nun. Aber auch darauf kannte Bietigheim die Antwort.

»Ja, warum? Das Motiv ist profan und eines Künstlers wie Ihnen nicht angemessen. Wegen Geld, lieber Pierre Cloizel, wegen sehr viel Geld. Lassen Sie mich ein wenig ausholen. Die ältere Schwester Ihrer Großmutter Madeleine war 1943 spurlos verschwunden – sonst hätte sie damals alles geerbt, und nicht Ihre Vorfahrin. Ihr Name war Justine, und allem Anschein nach hatte die Familie etwas gegen ihre Entscheidung, einen Belgier zu ehelichen und noch dazu einen Aalfänger. Also ging Justine fort, zu ihm, ihrem Geliebten, wurde eine Reekmans und ließ nie wieder von sich hören. So berichtete es mir zumindest ein Kollege, der an der Sorbonne über die Schokoladenhistorie Frankreichs forscht und mit dem ich gestern deswegen sprach. Was für ein Schock muss es da für Sie gewesen sein, ein Familienerbstück der Familie Cloizel am Hals der Brügger Chocofee zu sehen.« Dem Chocolatier wich die Farbe aus dem Gesicht. »Ach, sehen Sie, da hängt noch das Bild von Beatrice Reekmans, was für ein Zufall. Sehen Sie die große Brosche mit der doppelten Lilie, Ihrer Familienblume? Es wird Sie nicht viel Mühe gekostet haben, in Erfahrung zu bringen, dass es sich bei Beas Großmutter, die einst aus Frankreich nach Belgien kam, um die wahre Erbin des Cloizel'schen Vermögens handelt. In Zusammenarbeit mit der Polizei habe ich dies gestern Abend einwandfrei beweisen können. Hat die junge Bea es ebenso schnell herausgefunden, als sie Ihr Wappen sah? Und Sie erpresst? Wollte sie Geld? Oder gingen Sie einfach auf Nummer sicher? Sagen Sie es ruhig.«

Die schokoladigen Brüste hatten sich verflüssigt, der Jaguarkrieger richtete den Bunsenbrenner nun auf den Bauchnabel.

Cloizel schwieg.

»Und Franky van der Elst? Der war Ihnen auf der Spur, oder? Der Streit, den Sie beide hatten und von dem der junge Emile berichtete, da ging es genau darum. Auch wenn Sie van der Elsts Sohn etwas ganz anderes erzählten. Van der Elst war fuchsteufelswild, weil jemand die Zukünftige seines Sohnes ermordet hatte, die Frau, welche zudem eine unselige Fehde zweier Brügger Familien beenden würde. Und er spürte, dass es mit Ihnen zusammenhing.«

»Alles bloße Behauptung.« Cloizel winkte kopfschüttelnd ab.

»Warten wir einfach, bis die Tatwaffe aus der Schokolade auftaucht. Die DNA-Analyse wird nicht lange dauern. Die Tat geschah im Affekt, Sie haben sicher keine Handschuhe getragen, dafür nachher alles gründlich gesäubert. Aber vielleicht gibt es irgendwo ein Haar oder eine Haarschuppe, ein Textilfaserchen von Ihrer Kleidung, und das wird ausreichen.«

Der Bauchnabel der Chocofee hatte sich aufgelöst, der ganze Bauch wurde weich, verflüssigte sich.

Dann erfüllte ein Raunen den Saal, denn etwas Metallisches war in der Schokoladenmasse aufgetaucht.

Klick.

Stromausfall.

Die Düsternis überschwemmte den Saal, alle Augen ertranken darin. Durch die Fenster war zu sehen, dass ganz Brügge im Dunkeln lag.

Pierre Cloizel nutzte die unerwartete Gelegenheit und rannte los.

»Er rennt weg!«, rief jemand.

»Wo ist er?«, fragte eine Stimme.

»Hier«, antwortete eine dritte.

»Wo ist hier?«, wollte eine vierte wissen.

»Nach rechts«, sagte eine fünfte, und spätestens nun hatten alle den Überblick verloren.

»Ruhe!«, brüllte plötzlich Wolfi Lüdenscheid-Bietigheim. »Ich sehe zwar schlecht, aber höre wie ein Luchs.« Stille trat ein.

»Adi, wo bist du?«

»Hier.«

Kurze Zeit später schloss sich eine Hand ungeschickt um Adalberts Handgelenk. »Wir schnappen uns den jetzt. Aber gerade bewegt der gerissene Hund sich nicht mehr.« Hatte der Professor Wolfi etwa unterschätzt?

»Am Ausgang«, sagte jemand leise, und damit begann Cloizel wieder zu rennen.

Der Professor wurde mitgezerrt.

»Den kriegen wir gleich, den Verbrecher«, sagte Wolfram. »Der will bestimmt zum Ausgang. Also, ich würde da an seiner Stelle auf jeden Fall hinwollen.« Mit einem Mal gingen die Schritte in eine andere Richtung. »Das hab ich gerade nur gesagt«, flüsterte Wolfram nun, »damit er da nicht hinrennt. Ganz schön schlau, was? Mir macht keiner was vor. Der ist hoch in die Ausstellung. Hörst du die Schritte auf den Treppenstufen?«

Cloizel ging tatsächlich in die Ausstellungsräume der ersten Etage. Die großen Schaukästen dort waren nicht abgeschlossen. Dank der gutgläubigen Madame Baels hatte Cloizel sich damals die Mordwaffe beschaffen können.

»Und wo ist er nun?«, fragte der Professor leise.

»Rechts, der ist rechts hineingegangen.«

Wolfi hatte recht. Das merkte der Professor, als er den Raum betrat und Cloizel ihm eine Machete an den Hals drückte. Die Schneide war aufgeraut und hatte die Gefährlichkeit einer Säge. Cloizel musste den ersten Ausstellungsschrank geöffnet und sich eine Machete gegriffen haben, die sonst zur Ernte der Kakaoschoten verwendet wurde.

»Zurück, sonst stirbt er! Auf einen mehr oder weniger kommt es nicht mehr an. Die Treppe hinunter. Und sagen Sie allen, dass ich keinen hier oben im Museum sehen will, alle bleiben unten im Skulpturensaal! Sonst bring ich ihn um!«

Wolfram wich zurück. »Adi?«

»Ist schon gut. Geh hinunter zu den anderen. Ich komme schon klar«, beruhigte Bietigheim ihn.

»Soll ich irgendwem was ausrichten, dass du sie liebst oder so?«

»In ihrem Herzen weiß sie es.«

»Gehen Sie endlich!«, zischte Cloizel.

»Damit kommen Sie niemals durch, nicht beim Adi. Der ist ein Schlaukopf!«, rief Wolfram voller Inbrunst, bevor er sich umdrehte und verschwand.

»Das werden wir ja sehen«, antwortete der Franzose.

Wolfram war fort, die Machete drückte immer noch gegen Adalberts Kehlkopf. »Und nun?«, fragte er und versuchte ruhig zu bleiben. »Es ist aus, Cloizel. Das wissen Sie.«

»Es gibt immer einen Weg. Muss es.«

Adalbert spürte ein leichtes Zittern in Pierre Cloizels Hand.

»Wussten Sie eigentlich, dass die Kakaofrucht direkt vom Stamm geerntet wird? Eine der wenigen Pflanzen, bei denen sie nicht an einem Ast wächst. Der wissenschaftliche Ausdruck dafür ist Kauliflorie. Sehr faszinierend.« Es beruhigte den Professor immer zu referieren. »Kakaobäume sind übrigens sehr wählerische Pflanzen. Oberhalb von zwanzig Grad nördlicher sowie unterhalb von zwanzig Grad südlicher Breite weigern sie sich, Früchte zu tragen.«

»Hören Sie auf zu reden, bitte, ich kann nicht denken«, fuhr Cloizel ihn an.

»So, wie ich es sehe, haben Sie schon seit dem Mord an der jungen Reekmans das Denken eingestellt. Wollte sie Anspruch auf das Erbe erheben?« Adalbert versuchte, ihn zum Reden zu bringen. Es schien zu gelingen.

»Nein, zumindest hat sie es nicht gesagt. Bea freute sich

über Verwandtschaft in Frankreich, freute sich, mich getroffen zu haben. Sie hatte die Lilie in meinem Wappen tatsächlich erkannt – am Abend ihres Todes hat sie es begriffen. Ihre Großmutter hatte ihr nie etwas gesagt, das Geheimnis für sich behalten.« Er wurde für einen Moment still. »Ich konnte es einfach nicht riskieren, verstehen Sie? Vorher hatte ich ihre Nähe gesucht, um zu erfahren, was sie wusste, was ihre Eltern wussten. So, als hätte ich noch eine Wahl.« Er schluckte schwer. »Sie haben recht, ich dachte beim ... Mord nicht darüber nach, was ich tat. Nicht wirklich. Ich griff mir einfach etwas und war wie von Sinnen. Das, wofür ich mein Leben lang gekämpft hatte, die Anerkennung meines Vaters, die Firma, der ich mich endlich würdig erwiesen hatte, das schien mir nun alles von einer jungen Belgierin genommen zu werden.«

»Und Franky ...«

»... da lagen Sie ebenfalls richtig, Professor. Aber das ist jetzt alles egal, ich muss schauen, dass ich nach Frankreich komme. Ich weiß nicht, ob es ein Auslieferungsabkommen mit Belgien gibt, falls ja, reise ich weiter. Meine Familie hat auch eine Produktionsstätte in Montreal.«

»Sie sind ein Mörder, Pierre. Und ein kaltblütiger noch dazu. Das sind Sie in jedem Land. Diesem Skandal können Sie nirgendwohin entfliehen.« Adalbert seufzte. »Es zeigt sich wieder einmal, dass ein großer Künstler nicht automatisch ein guter Mensch ist.«

»In diesem Leben«, erwiderte Cloizel, »muss ich mich wohl mit einem davon zufriedengeben. Und jetzt verschwinden wir beide. Bevor das Licht wieder angeht, will ich die Stadtgrenzen hinter mir gelassen haben.«

Sie kamen nur langsam voran, denn der Franzose löste die Machete keinen Millimeter von Adalberts Hals. Besonders die Treppe erwies sich als kompliziert. Doch danach war die Eingangstür des Museums nicht mehr weit.

Die Flucht würde gelingen. Durch das Glas der Eingangstür war zu erkennen, dass Brügge noch immer im Dunkeln lag. Vor dem Museum war kein Blaulicht zu sehen. Hatte denn niemand mit einem tragbaren Telefonapparat die Polizei verständigt? Bietigheim fühlte, dass sein Hals aufgeritzt worden war, nicht tief, doch das Blut floss bereits unter den Kragen. Und mit ihm floss Angst seinen Körper hinab.

Plötzlich veränderte sich die Luft.

Intensiver Schokoladenduft erfüllte den Raum.

Nur wenig Mondlicht fand den Weg hinein und spielte mit den Schatten. Es erweckte den Eindruck, als bewege sich eine der Wände langsam und lautlos seitlich auf Cloizel zu, der die Machete vor Aufregung immer tiefer ins Fleisch drückte. Dann ließ das Mondlicht es wirken, als erscheine ein Ziegelstein aus dem Nichts und sause auf den Kopf des französischen Chocolatiers zu – mit einer Wucht, die einem Dampfhammer glich. Das Geräusch des Aufpralls war dumpf und tief, als würde ein Schnitzel mit einem einzigen Schlag in die perfekte Dicke von vier Millimetern geklopft. Cloizel gab ein leises Stöhnen von sich und sackte zusammen.

Die vermeintliche Wand prüfte kurz den Puls des Franzosen und trat dann grinsend zu Adalbert.

»Hallo, Professore. Was machen Sie bloß für Sachen? Sie sollten andere Leute echt keine Klingen an Ihren Hals drücken lassen. Sehr ungesund.«

»*Pit!*« Noch nie hatte Bietigheim sich so gefreut, ihn zu sehen.

»Genau der, ich bin selber überrascht.«

Adalbert konnte sein Glück nicht fassen. Aber irgendetwas stimmte nicht mit Pit. Er nahm den alten Freund in Augenschein. »Sie sind ja ganz naß! Und klebrig.«

»Der Schokobär hat seinen Spitznamen etwas zu wörtlich genommen«, entgegnete Pit lachend.

»Ich sehe deshalb davon ab, Sie kameradschaftlich zu

umarmen. Obwohl mir sehr danach ist. Aus Dankbarkeit und weil ich mich ernsthaft um Sie gesorgt habe.«

»Dann waren wir zwei. Ich mich nämlich auch.«

Der Professor blickte auf den bewusstlosen Cloizel. »Sie haben äußerst fest zugeschlagen.«

»Ich war ihm noch was schuldig. Kam wohl gerade richtig, oder? Die Bullerei wollte mich ins Hotel zum Umziehen bringen, aber als dieser Aspe fallen ließ, dass Sie irgendwas vorhätten, aber ihm gestern Abend nicht sagen wollten, was genau, da dachte ich mir: Pit, der braucht dich.« Er stupste Cloizel an, um zu testen, ob er immer noch bewusstlos war oder Nachschlag vertragen konnte. Im wahrsten Sinne des Wortes. »Der Aspe ist übrigens draußen.«

»Und Benno?«

»Der Held des Tages?«, fragte Pit.

»Ist er das?« Schon in Adalberts Frage schwang Stolz mit.

»Ist er. Obwohl Aspe arg irritiert war, dass Sie ihm sagten, er müsse Benno zurufen: ›Du darfst auf keinen Fall Pit finden! Nicht Pit finden!‹ Aber Aspe hat's genau so gemacht, und ich hörte plötzlich ein Kratzen und Bellen am Tank.«

»Welcher Tank? Es scheint, wir haben viel zu besprechen.« Trotz der Schokolade klopfte Adalbert dem Freund auf die Schulter.

»Vor allem haben Sie mir noch einiges zu berichten. Schließlich haben Sie wieder mal den Mörder gestellt.«

»Das wussten Sie doch von vornherein, oder?«, sagte der Professor. Und dieses eine Mal war es tatsächlich keine Eitelkeit, dieses eine Mal sollte es wirklich ein Scherz sein.

»Ja«, antwortete Pit. »Das wusste ich wirklich. Ich war mir nicht sicher, ob ich überlebe, aber ich wusste: Wer immer dafür verantwortlich wäre, dass die Welt plötzlich pitlos ist, Sie würden die Sau in den Knast bringen.«

»Ich hätte es anders formuliert«, sagte Adalbert, »aber Sie haben recht: Ich hätte nicht eher geruht.«

Mit einem Mal ging das Licht wieder an.

Und die Welt war eine bessere als in der Sekunde, da es ausgegangen war.

EPILOG

Das Leben ist wie eine Schachtel Pralinen …

… ein Nachschlag wäre schön.

Es war der Montag danach. Brügge strahlte, die Reflexionen auf dem smaragdgrünen Wasser der Grachten waren golden. Das kleine Ausflugsboot legte sanft vom Rozenhoedkaai ab und tuckerte unter der niedrigen Sint-Jan-Nepomucenus-Brücke hindurch. Pit lehnte sich zufrieden brummend zurück und zog Jacke sowie T-Shirt aus, um seinen Schmerbauch etwas anbrutzeln zu lassen. »Heute Morgen beim Frühstück ist mir ein Gedanke gekommen, Professore«, sagte er, mit geschlossenen Augen die Sonnenstrahlen genießend. »Der Jaguarkrieger hat doch nicht zufällig bei der Bekanntgabe des Weltmeisters diese Show abgezogen.«

»Ein sehr weise gewählter Zeitpunkt, das muss man schon sagen«, antwortete der Professor und aß eine der Pralinen, welche die Chocolatiers noch in der Nacht als spontanes Dankeschön für die Aufklärung der Mordfälle für ihn produziert hatten. »Sämtliche Medien waren anwesend, ebenso alle wichtigen Persönlichkeiten.«

»Darunter der Mörder«, sagte Pit mit einem Schnalzen der Zunge. »Und der Jaguarkrieger beschließt, ausgerechnet die Skulptur einzuschmelzen, in welcher sich das Mordinstrument befindet. Eine Skulptur, die eigentlich aussortiert worden war und in einem Nebenzimmer stand …«

»Zufälle gibt es.«

»Es gibt Gerüchte …« Misstrauisch beäugte Pit den neben ihm sitzenden Professor.

»Ach, Gerüchte! Geben Sie bloß nichts drauf! Schauen Sie lieber, wie hübsch sich die Schwäne da vorne anfauchen. Benno ist ganz fasziniert.«

»... Gerüchte, dass Sie bei der Polizei mehr als ein gutes Wort für die da Costa und diesen Calou eingelegt haben«, sprach Pit weiter, »da ohne deren Mithilfe – die mit Ihnen abgesprochen war – der Täter niemals provoziert und in der Folge hätte gestellt werden können.«

»Was die Leute so reden.« Adalbert konzentrierte sich auf die vorbeiziehenden Häuserfassaden.

»Und dass die beiden mitgeholfen haben, obwohl klar war, dass die Polizei sie aufgrund dieser Aktion fassen würde – sie sich also quasi selber gestellt hätten.«

»Ich meine gehört zu haben«, sagte der Professor und schoss ein Foto mit seiner alten Leica, »dass es heute noch eine Pressekonferenz zu diesem Thema gibt. Also gerüchteweise.« Nach einer kurzen Pause fügte er hinzu: »Ich muss um kurz vor drei da sein.«

Das kleine Schiff tuckerte weiter durch die schmalen Kanäle Brügges. Nur drei Personen konnten in ihm nebeneinandersitzen, so schmal war es gebaut. Es gab auch nur acht Reihen. Überdacht war es nicht, da es sonst zu hoch gewesen wäre, um unter den niedrigen Brücken hindurchzupassen. Brügges Grachten waren einfach nicht für größere Touristenscharen konzipiert worden. Bietigheim mochte das.

Eigentlich dauerte die Fahrt nur eine Dreiviertelstunde, doch dies war eine Spezialtour. Speziell für den Professor.

»Schauen Sie, das ist die Bonifatiusbrücke«, erklärte er seinem Nebensitzer nun. »Bonifatius gilt als ›Apostel der Deutschen‹.«

»Nicht ablenken, Professore. Sie sind gestern ja ganz schnell in die Heia gegangen, deshalb hab ich noch ein paar Fragen, und die Brücke ist mir herzlich egal. Woher wussten Sie, dass Cloizel mich eingesperrt hatte?«

»Nun ja«, setzte Adalbert an, »es war eine Vermutung. Sehen Sie, seine beiden Opfer hatte er sofort getötet. Warum lagen Sie also nicht irgendwo mit Schokolade auf dem Leib tot herum? Weil er Sie eben nicht ermordet, sondern entführt hatte. Und wohin? Die naheliegendste Möglichkeit waren die Räumlichkeiten seiner eigenen Firma, zu der er Schlüssel und deshalb zu jeder Uhrzeit Zutritt hatte. Ansonsten kennt sich Cloizel hier nicht aus. In unsicheren Situationen wählt man stets das Bekannte. Es schien mir logisch.« Abwiegelnd zuckte er mit den Schultern.

»Hat er Ihnen gesagt, warum er mich nicht direkt getötet hat?«, fragte Pit.

»Nein, aber ich vermute, Sie waren seine Rückversicherung, falls etwas schiefging. Seine Reservegeisel sozusagen. Van der Elst war ihm auf der Spur gewesen, deshalb musste er sterben. Vielleicht waren noch andere hinter das Geheimnis gekommen? Die Polizei sogar? Er ging davon aus, dass Sie bis Sonntagabend überleben würden – danach wäre er fort gewesen. Er hat sie quasi, nun ja, frisch gehalten für den Fall, dass er Sie noch brauchte.«

»Er wusste wohl, dass man auf flüssiger Schokolade treibt wie auf dem Toten Meer. Und dass in Schokolade Sauerstoff gelöst ist, der die Luft zwar nicht frisch hält, aber immerhin dafür sorgt, dass sie einem nicht ausgeht.«

»Und genug zu essen hatten Sie auch«, ergänzte der Professor.

»Lustig war es trotzdem nicht. Lieber hätte ich in einem Überlauftank für Mettwurst gelegen. Mit einem Zugang zum Biertank. Und ein paar Zwiebeln.« Bei diesem Gedanken kehrte Pits Lächeln zurück.

»Es sollte ja kein Wellnessurlaub sein. Sie waren schließlich seine Geisel.«

»Da sollte man eine Konvention einführen, so wie die Genfer für Kriegsgefangene. Und die legt dann fest, dass es immer ausreichend Mettwurst, Bier und Zwiebeln geben muss. Die Brügger Geiselkonvention. Oder können wir sie die Kossitzke-Geiselkonvention nennen?«

Am Ufer sonnten sich einige Enten, das vorbeifahrende Boot störte sie kein bisschen. Sie hatten die Ruhe weg. Und auch Bietigheim war so tiefenentspannt, dass er Pits Schnapsidee mit keinem Kommentar würdigte.

»Bald fahren wir am Eingang des Beginenhofes vorbei, eine Art Kloster, ohne Gelübde. Die Frauen blieben trotzdem unverheiratet und führten ein gottgefälliges Leben.«

»Glauben Sie ernsthaft, gottgefällige Frauen würden mich interessieren, Professore? Eben!«

Sie fuhren mit dem Boot an einem Café vorbei, in dem Adalbert das bekannte Gesicht des jungen van der Elst ausmachte. Ihm gegenüber saßen die Eltern Reekmans. Emile redete aufgebracht mit Händen und Füßen, ebenso Willem Reekmans, doch in den Augen der Mutter schien Sympathie für den jungen Chocolatier zu liegen, ein wenig Wärme. Vielleicht gab es ja doch noch Hoffnung für die beiden Familien. Die Toten hätten es sich allemal gewünscht. Der Professor hatte mittlerweile erfahren, dass es bei dem Streit der beiden Familien um das Haus der Reekmans ging, das van der Elst deshalb auch abfackeln wollte. Einer seiner Vorfahren hatte es einst gegen einen Vorfahren von Willem Reekmans beim Manillen-Kartenspielen verloren – und behauptet, dass es dabei nicht mit rechten Dingen zugegangen und der Aalhändler ein Lump und Betrüger sei. Was er bei jeder sich bietenden Gelegenheit wiederholt hatte. Bis an sein Lebensende.

Der Professor blickte zu Pit. »Wir scherzen hier miteinander, aber es tut mir sehr leid, dass Sie das mitmachen mussten. Ich hätte mir sehr gewünscht, der Aufenthalt im Tank wäre Ihnen erspart geblieben. Dass Sie dem Mörder alleine gefolgt sind, finde ich außerordentlich mutig von Ihnen.«

»Dumm. Es war dumm.« Pit schüttelte den Kopf.

»Dummheit und Mut sind Brüder. Der eine ist jedoch erfolgreicher.«

»Nie um einen klugen Spruch verlegen, was?«

»Nein. Klug ist schließlich mein Beruf.«

Pit knuffte ihn. »Dann habe ich noch eine Frage an den Klugheitsprofi. Cloizel muss ja einen Helfer gehabt haben, vermutlich einen Mitarbeiter, den er massiv unter Druck gesetzt hatte, damit er half, mich in den Tank zu verfrachten. Arme Sau. Aber auch: unmoralisches Schwein. Hätte mich ja später herauslassen können. Haben Sie den bekommen?«

Der Professor nickte, Aspe hatte ihn am Morgen noch informiert. »Cloizel hat der Polizei dessen Namen genannt.«

»Während ich im Tank eingesperrt war, hatte ich viel Zeit nachzudenken«, fuhr Pit fort. »Ehrlich gesagt, hatte ich Jón Gnarr in Verdacht. So ein Bauchgefühl. Bei dem bin ich mal zufällig ins Hotelzimmer hineingefallen und hab tonnenweise Pornos gefunden.«

»Davon will ich nichts wissen, das geht mich nichts an, es ist sein Privat... nun ja, -vergnügen.«

»Das war so Meisje-Porno. Blonde Frauen in Holzschuhen mit weißer Bauernmädelhaube und großen Käselaiben – auf denen sie saßen, die sie hochstemmten oder vor ihre dicken Tüten hielten. Ein ganz Perverser.«

»Die sexuellen Vorlieben eines Menschen sagen nichts über seine kriminelle Energie aus«, verteidigte Adalbert den Isländer nichtsdestotrotz.

»Sie hätten die Frauen sehen sollen, Professore. Das waren echte Maschinen. Apropos echte Maschinen: Was wird denn nun aus Madame Baels?«

Der Professor sah ihn verdutzt an. »Nun, die Beteiligung an einer Chocolaterie kann man einer Museumsdirektorin kaum zum Vorwurf machen. Das ist ihre Art von Privatvergnügen. Dem Jurymitglied einer Weltmeisterschaft ist eine solche jedoch anzulasten. Und als solche hat sie auch ihrem Amt als Museumsdirektorin Schande gemacht. Ich werde mich trotzdem für sie verwenden.«

»Das wundert mich gar nicht.« Pit grinste.

»Ich weiß wirklich nicht, worauf Sie anspielen. Es war alles rein freundschaftlich.«

»Klar, intensiv freundschaftlich.« Er lachte bellend. »Wieso hat sie sich eigentlich nicht nur für van der Elst, sondern auch für Jón Gnarr so starkgemacht in der Jury?«

»Falls Sie damit andeuten wollen, dass sie auch bei diesem beteiligt sei, kann ich Sie beruhigen: Dies ist nicht der Fall. Sie schätzt ihn nur aufrichtig. Eine Frau, die sich begeistern kann, eine leidenschaftliche Frau.«

»Sie müssen es ja wissen, Professore! – Oh, da vorne gibt's Fritten. Können wir kurz?« Er blickte zu Bietigheim, der ihn säuerlich ansah. »Okay, okay, ist schon gut, ich reiß mich am Riemen.«

Doch Adalbert wandte sich an den Kapitän. »Könnten wir dort drüben bitte kurz anhalten und eine Riesenportion Frit für den jungen Herrn hier erwerben? Es ist völlig verständlich, dass er keine Schokolade mehr sehen kann.«

Murrend hielt der vorne in dem schmalen Bötchen sitzende Kapitän darauf zu. »Wird sonst nie gemacht. Weil Sie es sind, Professor Bietigheim.«

Pit holte sich zwei Portionen, eine Speciaal mit Frietsaus, Curryketchup und Zwiebeln, eine andere mit seiner persönlichen Lieblingskombination: Pindasaus und Knoflook – Erdnuss- und Knoblauchsauce. Für alle anderen Passagiere hatte er sicherheitshalber einen Eimer Fritten geholt und dem Händler außerdem eine Plastikdrückbuddel Tomatenketchup sowie eine mit Mayonnaise abgekauft.

»Ach, was ich Ihnen noch gar nicht mitgeteilt habe«, sagte der Professor, welcher lieber bei Schokolade blieb, als er gerade eine Pfefferminzpraline aus Sicherheitsgründen im Wasser versenkte, »die Universität Brügge hat mir mitgeteilt, dass ich die Ehrendoktorwürde verliehen bekomme, einen Doktor h.c., honoris causa.«

»Damit wären es drei!« Pit pfiff bewundernd.

»Fürwahr. Ich hoffe, dass Cambridge nun auch mit der längst überfälligen Ehrendoktorwürde nachzieht.«

»Dann wären es vier. Na ja, andere sammeln Briefmarken. Oder Meisje-Pornos.«

»Und Sie? Was sammeln Sie, Pit?«

Der Hamburger Freund sah Adalbert überrascht an. »Haben Sie mich noch nie gefragt. Also, so was Persönliches.«

»Es fehlte die Gelegenheit dazu. Also, was sammeln Sie? Autos? Lederjacken? Professoren?«

»Sie erzählen es keinem weiter?«

»Nein.«

»Niemals?«

»Niemals«, versicherte Adalbert.

»Lego. Modelle. Aus dem Weltraum. Ich hatte ja erzählt, dass meine Nichte Lego liebt. Das war gelogen. Ich bin's selbst.«

»Kinderspielzeug?«

»Nein, kein Kinderspielzeug«, wehrte Pit ab. »Teilweise komplizierte Modelle mit Tausenden von Teilen. Die baue ich zusammen. In Spitzenzeiten. Das ist Sport!«

»Mit Kinderspielzeug«, stellte der Professor noch einmal klar.

»Fußbälle sind auch Kinderspielzeug.«

»Touché«, erwiderte Bietigheim. »Ich bleibe jedoch weiter bei meinen mickrigen Doktortiteln.« Ein feines Lächeln umspielte seine Lippen.

»Apropos Titel«, sagte Pit mit vollem Mund. Es war verwunderlich, wie viele Fritten seine Anatomie in diesem zuließ – und trotzdem Sprache ermöglichte. Eine Art Sprache. »Die Drecksau von Cloizel bleibt Weltmeister?«

»Oh, nein. Er hat den Titel zwar fair gewonnen, aber zuvor einen Konkurrenten aus dem Weg geräumt und sich damit einen Vorteil verschafft.«

»Van der Elst hätte nie gewonnen«, gab Pit zu bedenken.

»Es geht ums Prinzip.«

»Das heißt, jetzt ist der nette Schotte Weltmeister?«

»Edward Macallan, sehr richtig. Er hat mich übrigens zu sich nach Edinburgh eingeladen, meinte, ich müsse mich unbedingt eingehend mit Whisky beschäftigen – als wenn ich das nicht schon längst getan hätte. Merkwürdigerweise hat er Sie auch eingeladen. Sie sollen wohl bei irgendwelchen Highland Games Baumstämme werfen.«

»Oha.« Der Gedanke gefiel Pit. »Ich habe übrigens nie gedacht, dass Macallan es ist. Am Anfang war ich mir sicher …«

Doch weiter kam Pit nicht. Denn jetzt war Wolfi es leid.

»Könnt ihr endlich aufhören, über diese Mordgeschichte zu schwafeln? Ihr tuschelt ja wie Mädchen auf dem Schulhof!« Er wandte sich zu seinen Kindern im Heck. »Und ihr hört mit den Nintendoboysdingern auf und guckt euch gefälligst die alten Häuser an. Die sieht man sonst nie so schön von hinten.«

»Lass sie doch«, versuchte Elfi ihn zu beruhigen. »Die haben doch gerade so viel Spaß. Und sie sind kurz davor, Level siebenunddreißig zu schaffen. Mit dem einen Endgegner. Schon eine tolle Technik, Adi, das solltest du dir mal anschauen. Da gibt es auch so eines, wo man Pfannkuchen wenden muss. Das ist doch was für dich als Kulinaristiker.«

»Eher schlucke ich eine Packung Reißzwecken, aber danke für die Anregung«, gab Bietigheim trocken zurück. Benno baute sich vor Elfi auf, legte das Köpfchen schief und begann zu hecheln. »Gib ihm bloß keine Fritten! Ein Foxterrier hat drahtig zu sein. Für die Fuchs-, Dachs- und Wildschweinjagd!«

»Ich habe aber gerade keine frittierten Füchse da. Der

arme Kerl ist hungrig, und du kannst ja wohl kaum von ihm verlangen, dass er sich selber Fische fängt.« Und damit fütterte sie ihn. Benno von Saber ließ es sich schmecken, ungeachtet der diätischen Vorgaben. Vermutlich plante er nicht, im Laufe des Tages noch in einen Fuchsbau zu kriechen.

Kevin, Chantalle, Angelina und Heinz-Horst brüllten fast zeitgleich »Yes!« und stritten sich dann darüber, wer das Level zuerst geknackt hatte.

»Ich hätte Ihnen nie anbieten sollen, Sie als Dankeschön zu fahren«, sagte der am Steuer sitzende Aspe mit nur mühsam unterdrückter Wut. »Stattdessen hätte ich mir das Herz mit einem Löffel ausstechen sollen, das wäre mehr Spaß gewesen.« Der Hauptkommissar gab Gas, sodass sie etwas durchgeschüttelt wurden. »Ihr sollt euch Brügge angucken, genießen, das ist nämlich eine scheißschöne Stadt. Die schönste überhaupt. Handys und so was aus!«, kläffte er seine Passagiere an.

Pit schlug sich gegen die Stirn. »Das hätte ich ja fast vergessen.« Er reichte Adalbert ein weißes Paket mit einer roten Schleife. »Für Sie!«

»Für mich?« Der Professor war ehrlich überrascht. »Mit Schleife?« Sonst schenkte Pit ihm nie etwas.

»Ist nicht von mir. Ich bin nur der Überbringer.«

Adalbert löste die Schleife und faltete sie ordentlich zusammen, bevor er sie neben sich legte, das Geschenkpapier auseinanderschlug und den darin enthaltenen Karton öffnete.

»Ein neues Iphel 5?« Er konnte nicht glauben, was er da sah. »Ich brauche keinen tragbaren Apparat. Ein für alle Mal. Ich verweigere mich der Nutzung!« Bietigheim machte sich daran, das Handy über Bord zu werfen.

Doch da klingelte es.

Das Glockengeläut des Hamburger Michels ertönte.

Adalbert sah Pit fragend an, dabei kannte er die Antwort

längst. Mit fast zärtlichem Druck seines Zeigefingers nahm der Professor ab und hielt sich das Monstrum ans Ohr.

»Professor Dr. Dr. Dr. Adalbert Bietigheim hier. Sind Sie es, Gnädigste?«

»Hamburg vermisst Sie«, hauchte Hildegard zu Trömmsen, sofern man bei ihrer Stimme von Hauchen sprechen konnte. Es war ein rauchiges Hauchen. Wie ein lang gezogenes Husten.

Bietigheim war hingerissen. Wenn seine Ohren nicht gewesen wären, hätte er im Kreis gelächelt.

»Bei unserem letzten Gespräch sind wir unterbrochen worden«, fuhr die göttliche Hildegard zu Trömmsen fort. »Wissen Sie noch, wo wir stehen geblieben waren?«

Adalbert atmete tief durch.

Ende

Rezepte

Private Rezeptsammlung
Professor Dr. Dr. Dr. h.c. Adalbert Bietigheims
Abschnitt »Weiterverarbeitung von Schokolade«
(kreiert unter Mithilfe von Sternekoch Julius Eichendorff)

Tarte au Chocolat

Zutaten

200 g Butter
200 g Vollmilch- oder Zartbitterschokolade
100 g Vollmilch- oder Zartbitterschokolade, gehackt
100 g Puderzucker
4 Eier
1 Päckchen Puddingpulver Schoko
1/2 TL Backpulver
1 Päckchen Vanillezucker
1 Prise Salz
Fett für die Backform

Zubereitung

Den Ofen auf 175°C vorheizen. Butter und Schokolade in einem Topf schmelzen lassen, dabei ständig rühren. Von der Herdplatte nehmen und abkühlen lassen.

Puddingpulver und Backpulver mischen.

Eier, Vanillezucker, Salz und Puderzucker cremig schlagen. Die Schokoladen-Butter-Masse vorsichtig einrühren. Danach die fein gehackte Schokolade unterrühren. Dann Puddingpulver mit Backpulver unter den Teig heben. Den fertigen Teig in eine gefettete Tarteform füllen.

Ca. 20 bis 25 Minuten backen.

Der Kuchen bleibt dünn und sollte innen etwas weich sein bei einer zarten Kruste außen. Den Kuchen vor dem Verzehr abkühlen lassen.

Nimmt man besonders bittere Schokolade, sollte die Zuckermenge erhöht werden. Z. B. bei 85%iger Bitterschokolade 130–150 g Zucker verwenden.

Schokoladentörtchen mit flüssiger Füllung

Zutaten

210 g Butter
210 g Schokolade
7 Eier
270 g Zucker
12 g Mehl
40 g Kakaopulver
Fett für die Backförmchen (Muffinformen oder Ähnliches, ca. 7,5 cm Durchmesser und 4 cm hoch)

Zubereitung

Den Backofen auf 210°C vorheizen. Butter und Schokolade im Topf bei ständigem Rühren schmelzen. Vom Herd nehmen und abkühlen lassen. Währenddessen Eier und Kristallzucker schaumig rühren, dann Mehl und Kakaopulver dazu sieben und unterheben. Zuletzt die abgekühlte Schokoladen-Butter-Mischung vorsichtig unterrühren.

Teig auf die gefetteten Förmchen aufteilen und 8 bis 12 Minuten backen.

Der Kern bleibt flüssig. Die Törtchen schmecken besonders gut mit frischen Früchten oder Vanilleeis.

Mousse au Chocolat

Zutaten

12 Eiweiß
400 g Kuvertüre, Zartbitter
200 g Kuvertüre, Vollmilch

Zubereitung

Die Kuvertüre im Wasserbad schmelzen. Das Eiweiß sehr steif schlagen. Die geschmolzene Kuvertüre etwas abkühlen lassen, dann unter das Eiweiß ziehen. Danach kalt stellen.

Variation bei Professorenbesuch aus England: Einen Teil der Kuvertüre durch Zartbitterschokolade mit Orange ersetzen.

Sachertorte

Zutaten

Für den Teig

140 g weiche Butter
110 g Puderzucker
Mark von einer Vanilleschote
6 Eier
130 g Vollmilchschokolade
110 g Zucker
140 g Mehl
250 g Marillenmarmelade

Für die Glasur

200 g Zucker
125 ml Wasser
150 g Vollmilchschokolade
Etwas Butter und Mehl für die Backform

Zubereitung

Zuerst den Backofen auf 170°C vorheizen.

Dann Puderzucker, Butter und Vanillemark cremig rühren. Eigelbe langsam unterrühren und alles zu einer dickschaumigen Masse aufschlagen. Schokolade im Wasserbad oder in der Mikrowelle schmelzen und unterrühren.

Eiweiß steif schlagen und dabei den Zucker einrieseln lassen. Wenn der Schnee schnittfest und glänzend ist, auf die Eigelbmasse häufen. Dann das Mehl darübersieben und alles vorsichtig miteinander vermengen.

Den Boden einer Springform (22–24 cm Durchmesser) mit Backpapier auslegen und den Rand mit Butter ausstreichen und mit Mehl ausstreuen. Den Teig einfüllen und ca. 60 Minuten backen.

Hierbei sollte die Backofentür die ersten 10 bis 15 Minuten einen Fingerbreit offen bleiben. Torte mit der Form auf ein Kuchengitter stürzen und etwa 20 Minuten auskühlen lassen.

Dann Papier abziehen, Torte umdrehen und in der Form erkalten lassen. Aus der Form lösen und mit einem Messer waagrecht halbieren. Marmelade leicht erwärmen und beide Tortenböden damit bestreichen. Tortenböden wieder zusammensetzen und rundherum ebenfalls mit Marmelade bestreichen. Etwas antrocknen lassen.

Für die Glasur Zucker und Wasser aufkochen, dann leicht abkühlen lassen. Schokolade darin schmelzen und unterrühren, bis eine dickflüssige, glatte Glasur entsteht. Lauwarme Glasur über die Torte gießen und mit einem Spachtel verstreichen, dann einige Stunden trocknen lassen.

Balsamico-Marzipan-Pralinen

Zutaten
400 g Marzipan
50 g Puderzucker
30 g Kakaopulver
30 ml Espresso
35 ml Aceto balsamico
60 Pralinenhohlkugeln, zartbitter
500 g Kuvertüre, zartbitter

Zubereitung

Marzipan, Puderzucker, Kakao, Espresso und Balsamico in eine Schüssel geben und alles verkneten, bis eine homogene Masse entstanden ist. Die Masse mit einer Spritztüte in die Hohlkugeln füllen.

100 g Kuvertüre fein hacken und schmelzen. Eine Spritztüte mit möglichst kleiner Tülle füllen und die Hohlkugeln mit der Kuvertüre verschließen. Danach ca. 15 Minuten abkühlen lassen.

Die restliche gehackte Kuvertüre schmelzen. Die Kugeln mit einer Pralinengabel eintauchen, abtropfen lassen und zum Abkühlen auf Backpapier setzen.

In einer geschlossenen Dose aufbewahren.

Chili con Carne con Chocolate

Zutaten

250 g Rindfleisch
250 g Hackfleisch, halb und halb
2 EL Pflanzenöl
1 große Gemüsezwiebel
2 rote Chilischoten
3 EL Tomatenmark
2 Dosen Tomaten, stückig
200 g Kidneybohnen
100 g Mais
500 ml Gemüsebrühe
70 g Zartbitterschokolade
1 Knoblauchzehe
1 rote Paprikaschote
1 TL Kreuzkümmel
1 TL gemahlener Koriander
Salz und Pfeffer
Cayennepfeffer
saure Sahne

Zubereitung

Das Rindfleisch in Stücke schneiden. Öl in eine Pfanne geben und erhitzen. Das Rindfleisch darin scharf anbraten, herausnehmen und warm stellen.

Das Hack, die klein geschnittene Zwiebel und den Knoblauch in derselben Pfanne anbraten, die klein geschnittene Chili, Tomatenmark und Paprika dazugeben, dann die Hitze reduzieren. Mit der Gemüsebrühe ablöschen und die Tomaten aus Dosen hinzufügen. Mit geschlossenem

Deckel auf kleinster Stufe etwa 40 Minuten köcheln lassen.

Dann die Kidneybohnen und den Mais dazugeben. Die Schokolade in kleine Stücke hacken und im Chili schmelzen lassen. Das warm gehaltene Rindfleisch hinzufügen und mit Salz, Pfeffer, Cayennepfeffer, Kreuzkümmel und Koriander abschmecken. Mit einem Klecks saurer Sahne servieren.

Rotwein-Trüffel

Zutaten

700 ml Rotwein
420 g dunkle Kuvertüre
150 g weiche Butter
Etwas Kakao zur Verzierung

Zubereitung

Den Wein auf 250 ml einkochen, dann erkalten lassen. Kuvertüre im Topf langsam schmelzen. Butter schaumig rühren, dann nach und nach Wein und geschmolzene Schokolade abwechselnd einrühren. Masse mit Frischhaltefolie zudecken und ca. 1 Stunde kühl stellen.

Dann aus der Schokomasse Kugeln formen, auf eine mit Backpapier belegte Platte legen und ca. 3 Stunden kühlen. Anschließend Trüffel in Kakao rollen und das überschüssige Kakaopulver entfernen.

Azteken-Schokolade

Zutaten
Für 4 Tassen
500 ml Wasser
1 Stange Vanille
1 Chilischote (oder schwarzer Pfeffer)
250 g Kakaopulver mit hohem Kakaoanteil
2 EL Honig

Zubereitung
Die Vanillestange aufritzen. In einem Topf das Wasser samt Vanillestange zum Kochen bringen. Die Chilischote klein schneiden und ins kochende Wasser geben. Anschließend den Kakao mit etwas Wasser anrühren und in das kochende Wasser geben. Das Ganze nochmals aufkochen lassen, dann die Vanillestange entfernen. Alles pürieren und aufschäumen lassen. Als Letztes den Honig einrühren.

Dies ist ein historisches, aztekisches Rezept. Die Maya genossen ihren Kakao stets warm, die Azteken dagegen kalt. Besonders wichtig ist der Schaum, wofür spezielle Holzquirle verwendet wurden (allerdings erst nachdem die Spanier das Land eroberten). Man kann den Kakao allerdings auch aus großer Höhe von einem Gefäß in ein anderes fließen lassen.

UNIVERSITÄT HAMBURG

INSTITUT FÜR KULINARISTIK

Vorlesung

»Kakao – Eine historisch-vergleichende Kulturgeschichte des fetthaltigen Genussmittels. Unter besonderer Berücksichtigung von Trinkschokolade im europäischen Adel des 17. und 18. Jahrhunderts. Unter besonderster Berücksichtigung des spanischen Königshauses.«

Handout Nummer 33/1

Nicht sinngemäß, sondern wortwörtlich zu memorieren. Rechnen Sie damit, auch auf dem Institutsflur von mir danach befragt zu werden!

Bitterschokolade
Schokolade mit einem Kakaoanteil von mindestens 60%.

Blockschokolade
Enthält keine Kakaobutter, nur Kakaomasse und Zucker. Findet vor allem beim Backen Verwendung.

Buttertrüffel
Eine Trüffelmasse mit sehr hohem Anteil von Butter.

Chocoholic
Schokoladenliebhaber.

Conche/Conchiermaschine
1879 wurde die Conche von Rodolphe Lindt erfunden und immer weiter entwickelt. In dieser Maschine mit Rührwerk entwickelt die Schokolade durch Bewegung, Belüftung und Wärme erst ihren Schmelz und ihre Aromenvielfalt, zudem werden dadurch unerwünschte flüchtige Säuren entfernt. Zwischen 8 und 120 Stunden lang wird die Schokolade verrührt. In dieser Zeit vermischen sich in der Conche (span. Concha = Muschel) die festen und flüssigen Bestandteile und jedes einzelne Teilchen wird mit Kakaobutter umhüllt. Der Feuchtigkeitsgehalt der Schokolade wird auf unter 1 % reduziert.

Confiseur
Hersteller von Schokoladen, Pralinen und Konfekt.

Criollo
Gilt als edelste Kakaosorte der Welt, da ihre Aromen besonders fein sind. Da die Pflanze besonders anfällig für Krankheiten ist, nur noch selten zu finden. Sie stammt aus Mexiko und ist in Zentralamerika, Venezuela sowie Madagaskar verbreitet.

Cru/Grand Cru
Nicht gesetzlich geregelte Bezeichnung für reinsortige Schokolade, die mit aus einem einzigen Land bzw. einzigem Gebiet oder sogar einer einzigen Plantage stammendem Kakao hergestellt wird. Der Begriff stammt ursprünglich aus dem französischen Weinbau, wörtlich übersetzt bedeutet Grand Cru »Großes Gewächs«.

Dunkle Schokolade
Muss einen Kakaoanteil von mindestens 43 % aufweisen. In den USA nur 35 %.

Edelkakao
Weniger als 5 % der Weltkakaoernte können als Edelkakao bezeichnet werden. Dieser Rohkakao ist geschmacklich besonders hochwertig, die Anforderungen der Kakaobäume an Klima und Boden sind jedoch sehr groß. Hauptanbaugebiete sind Venezuela, Ecuador, Trinidad, Ozeanien und Madagaskar.

Edelschokolade
Mindestens 40 % der Kakaomasse muss aus Edelkakao bestehen.

Fair Trade
Durch ein Siegel garantiert diese internationale Organisation den fairen Handel eines Produkts aus Dritte-Welt-Ländern.

Fettreif
Auch bekannt als »Graue Schokolade«. Entsteht durch Erwärmung von Schokolade, wodurch sich kleine Fettkristalle an der Oberfläche bilden, welche die Schokolade weißlich-grau und matt wirken lassen. Hat wenig bis keine geschmackliche Bedeutung.

Forastero-Kakao
Dieser Konsumkakao macht über 95 % der Welternte aus. Er wird vor allem in Westafrika angebaut, die Kakaobäume sind schnell wachsend besonders widerstandsfähig. Aromatisch gegenüber Criollo oder Trinitario sehr begrenzt.

Ganache/Canache

Eine Masse, die aus Kuvertüre und frischer Sahne (bzw. Crème fraîche) sowie Butter hergestellt wird. Eine klassische Füllung von Pralinen, besonders Trüffelpralinen. Oftmals verfeinert mit Alkoholika, Gewürzen oder Fruchtaromen.

Gefüllte Schokolade

Eine gefüllte Schokolade weist eine Füllung und eine diese umgebende Schokoladenschicht auf, wobei der Kakaoanteil bei mindestens 25 % liegen muss. Anders ausgedrückt: Es sind Pralinen in Tafelform.

Gianduja

Italienischer Nugat, bei dem im Gegensatz zum deutschen der Zucker nicht zuerst geschmolzen, sondern zusammen mit den Nüssen ölig verrieben wird.

Kakaobohne

Der getrocknete fermentierte Samen der Früchte des Kakaobaumes.

Kakaobutter

Zu 45 bis 60 % besteht eine Kakaobohne aus Kakaobutter. Durch ein thermisches Abpressverfahren mit hohem Druck wird es gewonnen. Die Inhaltsstoffe der Kakaobutter sind hauptsächlich die gesättigten Fettsäuren Palmitin- und Stearinsäure und die ungesättigten Fettsäuren Ölsäure und Linolsäure. Kakaobutter wird auch in der Kosmetikindustrie verwendet.

Kakaomasse

Entsteht durch Mahlen der gebrochenen Kakaobohnen. Enthält noch den vollständigen natürlichen Fettanteil.

Kakaonibs
Kakaobohnenstückchen, die nach dem Röstverfahren, Schälen und Brechen entstanden sind. Werden auch in Schokoladen als knusprige Stückchen verarbeitet.

Kakaoinhaltsstoffe (Rohkakao)
Kakaobutter 52 %, Eiweiß 12 %, Zellulose 9,0 %, Stärke und Pentosane 7,5 %, Gerbstoffe 6,0 %, Wasser 5,0 %, Mineralstoffe und Salze 2,6 %, organische Säuren 2,0 %, Theobromin 1,2 %, verschiedene Zucker 1,0 %, Koffein 0,2 %.

Kakaopulver
Entsteht durch die Vermahlung des Kakaopresskuchens, welcher bei der Kakaobuttergewinnung entsteht.

Karamel
Zucker, der aufgrund starker Erhitzung verflüssigt und gebräunt wird. Je länger dies geschieht, umso stärker der bittere Röstgeschmack und umso dunkler die Farbe, welche von goldgelb bis tiefbraun reichen kann. Der Name stammt aus dem Spanischen, von caramelo = gebrannter Zucker.

Kuvertüre
Schokolade mit höherem Kakaobutteranteil (mindestens 31 %). Sehr gut zum Überziehen von Gebäck und Pralinen. Hat nichts mit Fettglasur zu tun.

Lagerung von Schokolade
Um die Frische zu erhalten und keine Aromen zu verlieren, sollte Schokolade zwischen 14°C und 18°C trocken und nicht in der Nähe von stark riechenden Lebensmitteln gelagert werden. Temperaturschwankungen sind zu vermeiden. Der Kühlschrank ist grundsätzlich zu feucht zur Lagerung.

Marzipan-Rohmasse
Für Marzipan werden süße, geschälte Mandeln sowie Zucker gemischt und danach zerkleinert. Diese Masse wird geröstet und wieder gekühlt. Ihr Wassergehalt darf höchstens 17 % betragen, der zugesetzte Zuckeranteil höchstens 35 %.

Milchschokolade
Besteht aus mindestens 25 % Kakaobestandteilen und 14 % Milchbestandteilen. Der Gesamtfettgehalt (aus Kakaobutter und Milchfett) muss mindestens 25 % und der Milchfettgehalt mindestens 3,5 % betragen.

Nacional
Diese Edelkakaosorte wird fast nur in Ecuador angebaut. Gilt als Unterart des Forastero, eventuell auch des Criollo.

Nugat
Geröstete Nuss- oder Mandelkerne werden mit höchstens der halben Menge an Zucker und Schokolade zu einer weichen bis schnittfesten Masse verarbeitet, die entsprechend ihrer Zutaten hell oder dunkel, glatt oder körnig sein kann. Sie wird zur Füllung von Pralinen oder Schokoladen verwendet sowie auch pur genossen.

Praline
Ein Konfekt in mundgerechter Größe mit einem Anteil von mindestens 25 % an Schokolade. Auch Trüffel zählen dazu.

Raw Chocolate
Bei der Produktion dieser besonderen Schokolade darf die Temperatur 49 °C nicht übersteigen. Auf diese Weise bleiben mehr Inhaltsstoffe der Kakaobohne erhalten, unter anderem Antioxidantien.

Rösten

Produktionsschritt der Schokoladenherstellung, essentiell für die Geschmacksentwicklung. Verschiedene Kakaosorten benötigen unterschiedliche Temperaturen und Röstzeiten. Lange bei niedriger Temperatur gilt als besonders schonend.

Schmelz

Mit Schmelz ist der Übergang der Schokolade von fest zu flüssig beim Essen gemeint. Sie sollte nicht am Gaumen, der Zunge oder den Zähnen kleben und keine rauen Partikel aufweisen.

Schokolade

Der Kakaoverordnung gemäß muss Schokolade einen Kakaogehalt von mindestens 35 % und einen Kakaobuttergehalt von mindestens 14 % aufweisen.

Tablieren

Zuerst wird die Kuvertüre bei 40 °C eingeschmolzen, dann wird sie auf einer Unterlage aus Edelstahl oder Marmor heruntergekühlt, wobei man sie mit einem Spachtel stetig von außen nach innen bewegt.

Temperieren

Wichtiger Arbeitsschritt bei welchem die Kakaobutterkristalle mittels Erwärmung und Abkühlung eine stabile Struktur und damit Glanz und Biss erhalten. Üblich sind eine Erwärmung auf 45 °C, dann eine Abkühlung auf 28 °C und eine Wiedererwärmung auf 23 °C.

Trinitario
Sehr aromatische, aber dennoch widerstandsfähige Kakaosorte, die durch eine Kreuzung von Forastero und Criollo gewonnen wird.

Trüffel
Praline in Form einer Kugel.

Vollmilchschokolade
Eine deutsche Qualitätsbezeichnung – in anderen Ländern wird nicht zwischen Milch- und Vollmilchschokolade unterschieden. Vollmilchschokolade muss in Deutschland mindestens 30 % Kakao, 18 % Milchbestandteile und 4,5 % Milchfett enthalten.

Weiße Schokolade
Schokolade ohne Kakaomasse, aber mit mindestens 20 % Kakaobutter und 14 % Milchbestandteilen. Zusätzlich muss der Gesamtfettgehalt mindestens 25 % betragen.

Zartbitterschokolade
Eine Schokolade mit mindestens 50 % Kakaoanteil. Zartbitterschokolade ist gleichbedeutend mit Halbbitterschokolade.

DANK

Mein Gaumen dankt allen Chocolatiers für ihre Pralinen, ihr Konfekt, ihren Nugat, ihr Marzipan, ihre Schokoladen, ihre Brotaufstriche und Trinkschokoladen. Die unvergleichlichen Genüsse und Glücksmomente, die sie mir beschert haben.

Meine Hüfte dankt ihnen nicht.

Bei keinem Roman habe ich so viel zugelegt wie bei »Die letzte Praline«. Zur Inspiration habe ich mir eine Auswahl an Schokoladen der besten Chocolatiers bestellt, habe diesen Künstlern bei ihrer Arbeit über die Schulter geschaut, natürlich genascht und mich auch selber an der Produktion von Pralinen versucht. Nun weiß ich: Es ist deutlich besser, dass ich über Schokolade schreibe, als sie herzustellen. Es ist im Interesse aller.

Dank meiner Yogalehrerin, meinen Joggingpartnern und meinen Fußballkumpels sind die Pfunde aber schon wieder runter. Idealerweise sollten sie zukünftig zusammen mit der Schokolade ausgeliefert werden.

Mein persönlicher Dank geht an meine Erstleser, die mir beim Feilen des Romans geholfen haben, er geht an meinen Agenten Lars Schultze-Kossack, dem größten und langhaarigsten aller deutschen Literaturagenten und meines Wissens auch dem nettesten. Mein Dank geht an meine Lektorin Monika Schönleben, die unerbittlich für das Kopfkino kämpfte, und an die anderen tollen Frauen des Piper-Verlags – Julia Eisele, Antje Leipsic, Simone Seitz, die immer so nett mit mir essen gehen. Aber nicht nur deswegen komme ich immer gerne nach München.

Mein Dank geht vor allem an meine Familie, meine Frau,

meine Kinder, meine Katzen und ein bisschen auch an meine Hühner, die in der Schreibphase alle mehr auf mich verzichten mussten, als es mir, und hoffentlich auch ihnen, lieb war. Zumindest haben die Hühner fleißig weiter Eier gelegt. Die Katzen und Kinder erfreulicherweise nicht.

Auch den wundervollen Menschen Belgiens, vor allem De Haans und Brügges, möchte ich danken. Orte, in die ich seit meiner Kindheit immer wieder reise und die sich ein wenig wie ein zweites Zuhause anfühlen. Die Nordsee ist für mich immer etwas ganz Besonderes, das Geräusch der Wellen und Möwen, der Duft. Das ist Urlaub. Und in einem Ort wie De Haan, an dem überall Bilder von Hähnen zu sehen sind, muss sich jemand mit meinem Nachnamen sowieso wohlfühlen.

Last but not least geht mein Dank an all die Leserinnen und Leser, die zu meinen Lesungen kommen. Es ist schön, als Autor mal rauszukommen und solch warmherziges Feedback zu erhalten, egal ob in Berlin, Leipzig, Hannover oder am Bodensee. Ja sogar in Düsseldorf empfangen die Menschen mich, den geborenen Kölner, herzlich. Danke dafür.

PROLOG

Die Wolken zogen am Nachthimmel nordwärts, so zügig, als wollten sie sich nicht mit dem befassen, was unter ihnen geschah. Die Sterne blitzten am Himmel wie Eisstücke in einem kühlen Drink.

Er blickte zu ihnen empor und wusste, dass sie das Letzte waren, was er je sehen würde. Das samtige Schwarz des Himmels war tief und beruhigend, doch sein Atem, der nur durch die Nasenlöcher entweichen und eintreten konnte, da ein alter Lumpen als Knebel in seinem Mund steckte, ging schnell und panisch. Seinen Gaumen wärmte noch der letzte Schluck Whisky und begleitete ihn diese letzten Augenblicke. Nach verbrannten Autoreifen hatte dieser geschmeckt und nach Torf, und er hatte es geliebt.

Er sah den, der es tat, doch dieser blickte nicht zu ihm, blickte nur auf den Spaten, mit dem er eben das Loch ausgehoben hatte und nun Erdreich emporhob, um ihn damit zu bedecken.

Die erste Schippe Torf traf wie der Tiefschlag eines Schwergewichtsboxers seinen Bauch. Er wand sich, doch die Schnüre um die Handgelenke unter seinem Rücken und die Fußgelenke schnitten so tief ins Fleisch, dass sie keine große Bewegung zuließen.

Die nächste Schippe. Auf sein Gesicht. Der Torf verfing sich in der Nase, kroch in die Augen, schmerzte dort wie Stacheln. Immer mehr Erdreich wurde auf ihn geschaufelt, kühl und schwer, es würde sein Grabdeckel sein. Der Mann warf Schaufel um Schaufel auf ihn, ohne Unterlass. Nur seinen Kopf ließ er weitgehend unbedeckt, ließ ihn bei Bewusstsein.

Er dachte an seine Frau, die er nie wiedersehen würde, jetzt, da die Schwärze kam. Er hatte mit ihr gestritten, hatte sie zum Weinen gebracht und war hart geblieben. Nun wünschte er, dieses eine Mal weich geworden zu sein.

»Hier. Für dich.«

Der Mann mit dem Spaten leerte eine Flasche Whisky über ihm. Bis zum letzten Tropfen.

Seine Augen brannten wie Feuer. Der Whisky vermischte sich mit Erde, drang durch den Lumpen in seinen Mund. Trotzdem konnte er erkennen, dass er nicht nach Mullbinde schmeckte, nicht nach Torf, nicht Seetang oder Jod, sondern nach Heidekraut, Akazienhonig und Herbstlaub in der Sonne.

So schmeckte nur ein Whisky auf der ganzen Welt.

Und es würde nie wieder einen solchen geben.

Er wusste sofort, welcher es war.

Und sah ein, dass er diesen Tod, das Leiden, das ihm bevorstand, verdient hatte.

Jede verdammte Sekunde davon.

KAPITEL 1

Der Anteil der Engel

Laphroaig war von Port Ellen aus die nächstliegende der acht Insel-Distilleries. Eine kleine Straße führte dorthin, linker Hand die Torffelder, welche nicht zu enden schienen, rechts das stetig noch aufgewühlter werdende Meer, wie eine wilde Bestie ans Ufer springend und sich nur zurückziehend, um abermals Anlauf zu nehmen.

Es war beruhigend, die massiv wie eine Trutzburg errichtete Distillery zu sehen. Der Name hieß übersetzt »Schöne Niederung an der breiten Bucht« – und er sah sofort, wieso. Aus dem typischen Schornstein mit dem Pagodendach stieg Rauch, sie mussten heute Gerste mälzen. Edward Macallans schokoladenbrauner Land Rover stand auf dem Parkplatz vor dem Eingang. Besucher sollten links entlang, doch der Professor nahm den Weg, der für Lkws und Mitarbeiter gedacht war. Schließlich hatte man ihn hergebeten.

Er betrat den Eingang, der zum kleinen Museum und dem Shop der Distillery führte. Hinter dem Tresen stand eine junge, braunhaarige Dame mit Pferdeschwanz im Laphroaig-Sweatshirt und begrüßte ihn freundlich.

»Willkommen bei Laphroaig!«

»Professor Dr. Dr. Bietigheim mein Name, ich werde

erwartet.« Den Doktor ehrenhalber ließ er meistens weg, das wäre sonst angeberisch.

»Oh, schön. Von wem?«

»Dem Manager dieser Distillery«, antwortete Bietigheim harsch.

Die junge Frau zögerte. »Und wie ist sein Name?«

Macallan hatte ihn nie genannt. »Das müssen Sie doch wissen!«

»Er ist heute leider nicht zu sprechen.« Sie lächelte. »Kann ich Ihnen mit etwas anderem weiterhelfen? Wir haben heute Käse mit Laphroaig im Angebot.«

»Ach, bleiben Sie mir doch weg mit Käse! Den sollen Sie mir weder erzählen noch verkaufen! Ich bin eine Koryphäe, was Käse betrifft.« Wobei ihm gerade auffiel, dass er diesen Käse noch nicht verkostet hatte. Er sah wirklich interessant aus. Ausgehend von diesem könnte er eine Abhandlung über die Verwendung von Whisky in der Käseproduktion schreiben – und damit die erste ihrer Art. »Ich nehme ein Stück!«

Die Verkäuferin nickte überrascht. »Sehr gern. Auch etwas Lachs mit …«

»Haben Sie zufällig einen gewissen Herrn namens Edward Macallan gesehen? Er wollte mit mir zum Distillery Manager.«

»Sie gehören zu Eddie?« Mit einem Mal strahlte sie. »Der ist schon oben bei Cameron. Warten Sie, ich bring Sie hoch, und den Käse nehmen wir gleich mit. Geht aufs Haus!«

Das Namensschild an der Bürotür wies den Distillery Manager als Cameron McFallon aus. Cameron war ein groß gewachsener Mann mit braunem Lockenschopf, den man aufgrund des festen Händedrucks und seines breiten Lächelns im Dreitagebartgesicht eher für einen Lagerarbeiter als einen Bürohengst gehalten hätte. Er trug ein Holzfällerhemd, Jeans und grüne Gummistiefel.

Allerdings alles mit dem Logo des Hauses.

»Mann, was bin ich froh, dass Sie so kurzfristig auf unser kleines Eiland gekommen sind, Professor.« Er reichte ihm beide Hände und schüttelte die des Professors kräftig.

»Es ist nicht allein Gutmenschentum, welches mich herführt, sondern auch der versprochene Fünfzigjährige.«

Cameron sah Edward Macallan an und nickte anerkennend. »Der Mann gefällt mir! Er setzt die Prioritäten richtig.« Der Manager griff sich einen dunkelgrünen Pullover, den er über den Kopf zog. »Aber erst die Moorleiche. Wir müssen nur über die Straße. Vorher alle Mann Gummistiefel anziehen. Wir haben immer welche für Besucher da.«

Sie hatten sogar welche in allen Größen, denn man konnte kostenlos Besitzer eines Fleckchens Moor werden und dieses dann besuchen. Ohne Gummistiefel war dieser Ausflug jedoch ein Desaster für die Hosen.

Sie mussten nur den Weg zur Straße zurück, über diese, ein Gatter öffnen, und schon waren sie da. Adalbert ließ Benno von der Leine, dieser jagte los und sah nach drei Sekunden aus, als habe er eine Fangopackung erhalten. Das Moor war trotz der Temperaturen nicht gefroren, allerdings sehr kalt. Heidekraut bedeckte es, aber auch allerlei Gräser, überall standen kleine Nationalflaggen, manchmal auch ausgewachsene Exemplare. Es waren viele deutsche und schweizer darunter. Einige hatten bereits die Farbe verloren. Adalberts Gummistiefel schmatzten im feuchten Boden, als er zwischen ihnen Slalom ging.

»Damit kennzeichnen die Besitzer ihr Stück Land«, erklärte Cameron. »Es gibt eine Urkunde mit GPS-Koordinaten – und die kleinen Fähnchen hier kostenlos dazu. Ein großer Spaß.« Hinter einer kleinen Hügelgruppe lag das, was kein Spaß war. Cameron hatte eine Lkw-Plane darüberlegen lassen und sie mit schweren Steinen fixiert, aus denen sonst die typischen niedrigen Mäuerchen errichtet wurden.

»Dieses Stück wollten wir bald für die Landstücke unserer ›Friends of Laphroaig‹ freigeben. Doch dann fanden wir die Leiche. Sie ist wirklich kein schöner Anblick. Sind Sie bereit, Professor?«

»Es ist leider nicht die erste Leiche für mich. Ich will nicht sagen, dass ich mich daran gewöhne, das werde ich hoffentlich nie, aber mein Magen reagiert mittlerweile sehr gelassen.«

»Hilfst du mir, Eddie?«, fragte der Manager. Gemeinsam schoben sie die Steine von der Plane und klappten sie zur Seite.

Adalbert stellte sich ganz nah an den Rand des ausgehobenen Bereichs, in dem, noch zum Teil von Torf bedeckt, die Leiche lag. Zu sehen waren das freigelegte Gesicht und der Brustbereich. Es wirkte, als sei die Haut schwarz angemalt worden. Der Professor hatte so etwas erwartet, nachdem er sich am Abend in Edinburgh noch über derlei konservierte Leichname kundig gemacht hatte.

»Durch das saure Milieu des Moors und den Sauerstoffabschluss werden Leichen gut konserviert, allerdings lösen sich die mineralischen Anteile der Knochen auf.«

»Ah, so«, Cameron McFallon schien ehrlich beeindruckt. »Was meinen Sie, wie alt der Bursche ist?«

»Wenn es sich überhaupt um einen ›Er‹ handelt. Der erste Eindruck kann täuschen. Sie sollten diese wertvolle Moorleiche zur Konservierung übrigens gleich wieder vollständig mit Torf bedecken, sonst droht sie zu verschimmeln wie auch zu verwesen.«

Die Leiche lag auf dem Rücken, die Arme mussten hinter dem Rücken verschränkt sein, vielleicht ein besonderes Beerdigungsritual der Hebriden. Es sah auf jeden Fall nicht aus, als wäre der Tote einfach bei der Arbeit gestorben und ins Moor gefallen. Der Zufall ließ niemanden so ordentlich liegen.

Der Professor geriet in Referiermodus. »Wussten Sie eigentlich, dass bis in die frühe Neuzeit solche Leichen zu sogenanntem Mumia verarbeitet und als Arzneimittel verkauft wurden? Sie sollten bei dieser aber davon absehen. Seit der Mechanisierung des Torfabbaus sind die Funde nämlich sehr selten geworden. Die meisten werden zerstört, ohne dass es jemand mitbekommt.« Er klatschte entschlossen in die Hände. »Dann werde ich mal hinuntersteigen.«

Adalbert kam sich ein wenig wie ein Grabräuber vor.

Das führte zu einem angenehmen Prickeln entlang seines Rückgrats.

Benno war natürlich vor ihm unten. Auf der Brust der Leiche. Der Professor hob ihn empor und drückte den Foxterrier Macallan in die Arme. Zu seiner Überraschung nahm Cameron McFallon den sich wie einen Aal windenden Benno ohne Mühe an sich. »Ich habe Erfahrung mit denen.« Und tatsächlich, Benno war Butter in seinen Armen.

Bietigheim ging in die Knie und wandte sich der Leiche zu. Er hatte eine Taschenlampe dabei und sein Schweizer Offiziersmesser, aus dem er nun die große Klinge klappte, um das Gesicht der Moorleiche von Erde zu befreien. Es stellte sich heraus, dass der Hals fürchterlich zerfetzt war, als wäre ein Wolf an die Kehle gesprungen. Erde war tief in Luft- und Speiseröhre gedrungen, Bietigheim musste eine aufkommende Übelkeit unterdrücken. Dann befreite er den Oberkörper vorsichtig von Erde, um den Stoff der Kleidung zu erkennen.

Er kratzte etwas mehr, dann nahm er die Hände zu Hilfe und legte die komplette Brust frei.

»Und? Können Sie schon was sagen?«, fragte Cameron McFallon von oben. »19. Jahrhundert? Achtzehntes? Oder noch älter?«

»Nein, nicht älter. Das Jahrhundert kann ich zwar nicht ganz genau bestimmen, aber ich denke, der Zeitraum, in dem er lebte, ist trotzdem gut eingrenzbar.«

Bietigheim stand auf und gab den Blick frei. Die Männer über ihm sagten zeitgleich: »Heilige Scheiße!«

»Der erste Hinweis«, fuhr Adalbert seelenruhig fort, »ist, dass es T-Shirts erst seit Anfang des 20. Jahrhunderts gibt. Exemplare mit Logo sogar erst bedeutend später. Und solche mit dem Aufdruck des Logos einer Whisky-Distillery noch viel später.« Er stieg aus dem Grab. »Besonders delikat wird es dadurch, dass dieses zu dem Betrieb gehört, der nur wenige Hundert Meter entfernt liegt und meines Wissens Ihr stärkster Konkurrent ist.«

Damit drehte er sich zum Grab und schoss mit seiner alten Leica ein Foto. Der Name auf dem T-Shirt war verschnörkelt geschrieben, jedoch gut lesbar.

Es war Lagavulin.

Und damit war eines klar.

Diese Leiche käme nicht ins Museum.